住房城乡建设部土建类学科专业"十三五"规划教材
高等学校房地产开发与管理和物业管理学科专业指导委员会规划推荐教材

房地产开发项目管理

刘亚臣 主编

中国建筑工业出版社

图书在版编目（CIP）数据

房地产开发项目管理/刘亚臣主编. —北京：中国建筑工业出版社，2022.8

住房城乡建设部土建类学科专业"十三五"规划教材

高等学校房地产开发与管理和物业管理学科专业指导委员会规划推荐教材

ISBN 978-7-112-27406-2

Ⅰ.①房… Ⅱ.①刘… Ⅲ.①房地产开发—项目管理—高等学校—教材 Ⅳ.①F293.34

中国版本图书馆CIP数据核字（2022）第084670号

本书在总结国内外房地产开发项目管理相关研究成果和行业创新实践的基础上，侧重于房地产开发全过程的实操工作，统筹策划了教材的知识体系，实现了将项目管理的相关理论和房地产开发项目管理工作密切结合。本书立足于房地产开发项目管理的基本内涵与总体要求，在风险识别、评估和应对等基本管理原理的基础上，梳理了房地产开发项目决策、开发和审批等流程的重点工作，举例阐明了房地产开发项目组织的管理模式、开发人员的构成职能以及绩效考核的基本知识，说明了房地产开发项目在勘察、设计、施工等核心阶段的招标投标工作重点内容，特别阐述了房地产开发项目选址、项目定位和产品规划等核心环节的关键工作。本书还通过工程实践案例，介绍了项目管理经典理论中关于质量、进度、成本等成熟项目管理工具的应用对有效提高房地产开发项目管理工作效率和经济效益的作用。

本书可作为高校房地产、物业管理、工程管理、工商管理、资产管理等学科专业的本科和研究生教材，也可供房地产、物业管理和土木施工等行业从业人员学习参考和培训使用。

为了更好地支持相应课程教学，我们向采用本书作为教材的教师提供部分教学课件，有需要的可与出版社联系，邮箱：jckj@cabp.com.cn，电话：（010）58337285，建工书院http://edu.cabplink.com。

责任编辑：张　晶　王　跃
文字编辑：冯之倩
责任校对：芦欣甜

住房城乡建设部土建类学科专业"十三五"规划教材
高等学校房地产开发与管理和物业管理学科专业指导委员会规划推荐教材
房地产开发项目管理
刘亚臣　主　编

*

中国建筑工业出版社出版、发行（北京海淀三里河路9号）
各地新华书店、建筑书店经销
北京建筑工业印刷厂制版
北京建筑工业印刷厂印刷

*

开本：787毫米×1092毫米　1/16　印张：$16\frac{3}{4}$　字数：345千字
2022年8月第一版　　2022年8月第一次印刷
定价：**45.00**元（赠教师课件）
ISBN 978-7-112-27406-2
（39556）

版权所有　翻印必究
如有印装质量问题，可寄本社图书出版中心退换
（邮政编码 100037）

序 言

随着国家改革开放，尤其是住房制度和土地使用制度改革的逐步深化，房地产业从无到有，在改善城镇居民住房条件、改变城市面貌、促进经济增长和社会发展等方面做出了重要贡献，同时也迅速成为对国民经济稳定和社会可持续发展有着举足轻重影响的重要产业。相对而言，房地产专业本科教育的发展历程颇多曲折：先是从1993年开始国内高校适应社会需要相继开设房地产经营管理专业，然后1998年被并入工程管理专业成为该专业的一个专业方向，2012年又被教育部单独列入本科专业目录。经过最近六年左右时间的努力，房地产开发与管理本科专业建设取得了初步成效，编制出版了《高等学校房地产开发与管理本科指导性专业规范》（以下简称《专业规范》）等基础性专业建设指导文件。但从2018年开始，越来越多的高校开始按学科大类招生，给建设中的房地产开发与管理专业提出了新的挑战。

应对面临的挑战，一是看这个专业的毕业生是不是有广泛持久的社会需求，这个答案是肯定的。土地和房屋空间的开发建设具有长期性和周期性，预计未来20年，城镇地区仍然有稳定的新建需求，包括重建和改建在内的房屋和社区更新需求呈不断增加趋势；随着房地产业形态的变革和创新，房地产业活动将从以开发建设为主，向房屋空间运行管理、资产管理、金融投资方向拓展；房地产企业服务将从主要服务于居民家庭居住，向服务于居民家庭美好生活相关的社区和城市综合服务方向拓展，成为城市综合服务提供商；房地产领域应用大数据、互联网、人工智能等新技术所推动的家居、建筑、社区、城市的智慧化发展等。

确认了广泛持久的社会需求，应对挑战的另一个维度，就是要做好这个专业的基础设施建设，包括教材建设、师资队伍建设、学术研究能力与学术交流环境建设、产业界协作与协同等，有了优良的基础设施和清晰的职业生涯发展路径，就会吸引越来越多的优秀学生参与。很显然，教材建设，是可以跨越学校、需要学校间协同的最重要的基础设施建设。

为了支持房地产专业的建设和发展，住房城乡建设部2016年12月20日公布的《高等教育土建类学科专业"十三五"规划教材选题》中，将17本教材纳入房地产开发与管理专业项下的选题，且其中的房地产开发与管理专业导论、房地产投资分析、房地产金融、房地产市场分析、房地产经济学、房地产合同管理、房地产项目策划与营销、城市土地利用与管理、房地产估价、房地产开发项目管理、房地产法律制度、物业与资产管理等12本教材，被专家审定为房地产开发与管理专业核心课程。也就是说，高质量的建设好这12门课程，并将其与各高校的教育理念、办学特色、专业优势结合，就可以实现厚基础、宽口径、通专融合的房地产本科专业培养目标。纳入选题的另外5本教材，包括房地产开发与经营、房地产投资评估与资产定价、房地产投资分析、房地产产品设计与研发原理和房地产项目策划。这5本教材所对应的课程，虽然没有进入专业核心课程，但各高校也可以将其作为备选，或结合自身的情况选用。

为保证教材编写质量，出版社邀请相关领域的专家对每本教材进行审稿，严格贯彻了《专业规范》的有关要求，融入房地产行业多年的理论与实践发展成果，内容充实、系统性强、应用性广，对房地产本科专业的建设发展和人才培养将起到有力的推动作用。

本套教材已入选住房城乡建设部土建类学科专业"十三五"规划教材，在编写过程中，得到了住房城乡建设部人事司及参编人员所在学校和单位的大力支持和帮助，在此一并表示感谢。望广大读者和单位在使用过程中，提出宝贵意见和建议，促使我们不断提高该套系列教材的重印再版质量。

刘洪玉
2019年2月12日于清华大学

前　言

房地产业是我国国民经济和社会发展的支柱产业，随着房地产业的快速发展，企业对专业人员的综合素质要求不断提高。本书主要面向房地产开发与管理专业课程学习，兼顾开发项目工作岗位学习，面向房地产开发全流程管理，为房地产业从业人员的素质结构完善提供重要的知识保障和支撑。本书的目标是对学生进行房地产开发项目管理基础知识和专业素质的基本训练，满足房地产开发与管理专业学生职业发展的知识需求，为学生提供从事房地产开发项目管理和考取各类执业资格的知识储备。

本书依据《高等学校房地产开发与管理本科指导性专业规范》（以下简称《专业规范》）编写，按照《专业规范》中对专业知识体系及其中的知识领域、单元和知识点的相关要求，以学生掌握的房地产基础知识和工程项目管理基本原理为学习基础，依据房地产开发流程的基本特征和需求，使基础理论不断丰富、知识重点更加突出。本书的撰写原则和知识特点包括：

（1）定位于房地产业和企业的实际需求。反映当前房地产业和企业的经济特点和学科前沿。考虑到各知识体系部分的衔接和各部分知识间的相互连续性，通过工程实例阐述房地产开发流程涉及的基本理论和方法，培养学生的实践能力；重点突出已经被多年实践证明的理论和知识点，如层次分析法、网络计划等；引进不断发展的现代理论，如风险分析、价值工程等内容。

（2）侧重于房地产开发需要的实际操作技能。从房地产开发与管理实践出发，对各环节涉及的内容进行合理取舍整合，既保持知识系统化，又在整体结构和内容上有所突破。以房地产开发项目的全过程为主线构建有针对性的知识体系。以理论与实践相结合的方式，用简明精炼和深入浅出的文字，依据"决策—规划—实施"的建设流程阐述房地产开发基本理论，重点突出质量、进度和成本等开发项目管理技能。

（3）着眼于复合应用型专业人才培养。特别是对于将从事施工现场管理工作的毕业生，力求对其进行终身学习观的引导，使学生对房地产开发项目有一个直观和清晰的认知，还能为将来成为监理工程师、造价工程师等提供知识储备。

本书可作为高等学校房地产开发与管理等相关本专科专业的教材，也可作为咨询工程师、项目管理师、造价工程师、监理工程师等执业资格考试的参考用书，同时可供房地产开发人员参考使用。

本书由沈阳建筑大学刘亚臣担任主编，由刘宁、蔚筱偲担任副主编，具体编写分工为：第1、2章由刘亚臣和刘宁编写，第3、4章由刘亚臣和蔚筱偲编写，第5、6章由蔚筱偲和潘宏婷编写，第7、8章由刘宁和叶盛编写，第9、10章由刘亚臣和叶盛编写。本书在写作过程中参阅了众多专业资料、著作和论文，在此向这些专家学者表示诚挚的谢意。本书难免存在不当之处，恳请读者和同仁给予批评和指正。

编者

目 录

1 导论 /001
1.1 房地产与项目管理 ... 002
1.2 房地产开发项目总体要求 ... 006
1.3 房地产市场分析 ... 010
复习思考题 ... 015

2 风险管理 /017
2.1 房地产开发项目风险管理概述 ... 018
2.2 房地产开发项目风险识别 ... 024
2.3 房地产开发项目风险评估 ... 032
2.4 房地产开发项目风险应对 ... 034
2.5 案例分析——某市 JY 项目楼盘开发风险研究 ... 036
复习思考题 ... 042

3 开发流程管理 /043
3.1 房地产开发项目决策流程 ... 044
3.2 房地产项目开发流程 ... 055
3.3 房地产开发行政审批流程 ... 070
复习思考题 ... 073

4 项目组织管理 /075
4.1 房地产开发项目组织设计 ... 076
4.2 房地产开发项目人员管理 ... 084
4.3 房地产开发项目绩效管理 ... 091
4.4 案例分析 ... 098
复习思考题 ... 101

5 项目招标投标 /103

5.1 房地产开发项目招标与投标 104
5.2 房地产开发项目前期招标投标 106
5.3 房地产开发项目施工阶段招标投标 110
5.4 案例分析——某开发项目二期施工招标文件 118
复习思考题 126

6 规划设计管理 /127

6.1 房地产开发项目选址 128
6.2 房地产开发项目定位 134
6.3 房地产开发项目规划设计 147
复习思考题 152

7 开发质量控制 /153

7.1 房地产开发项目质量控制原理 154
7.2 房地产开发项目质量控制的主要内容 158
7.3 质量管理常用工具 164
7.4 质量管理体系标准 173
复习思考题 179

8 开发进度管理 /181

8.1 房地产开发项目进度管理原理 182
8.2 房地产开发项目实施进度管理 187
8.3 房地产开发项目施工进度控制方法 196
8.4 工程项目进度管理软件 206
复习思考题 209

9 开发成本控制 /211

9.1 开发成本控制原理 212
9.2 房地产开发项目各阶段成本控制 221
9.3 工程项目成本的分析与考核 226
复习思考题 233

10 项目验收管理 /235

10.1 房地产开发项目竣工验收概述.................................. 236

10.2 房地产开发项目竣工验收程序.................................. 242

10.3 房地产开发项目竣工验收备案.................................. 248

10.4 房地产开发项目经验总结与工程保修...................... 254

复习思考题.. 257

参考文献 /258

导　论

房地产开发项目管理作为一门新兴的交叉学科，综合性强，涉及的范围非常广，可以说是一项综合了经济学、管理学、土木建筑学、环境学、美学、社会学、市场营销学等诸多学科的复杂系统工程。

1.1 房地产与项目管理

1.1.1 项目管理概述

1. 项目管理的概念

项目管理是指通过项目经理和项目组织的努力，运用系统理论和方法对项目及其资源进行计划、组织、协调与控制，是一种旨在实现项目特定目标的管理方法体系。

项目管理是以项目经理负责制为基础的目标管理。项目经理为了优化实现项目目标，必须考虑项目的环境和约束条件等影响因素，对复杂的管理过程和管理对象进行高效率的组织、计划、协调和控制。

2. 项目的特点

（1）多目标性

对一个项目而言，项目目标往往不是单一的，而是一个多目标系统，希望通过一个项目的实施，实现一系列的目标，以此满足多方面的需求。但是在很多时候不同目标之间存在冲突，实施项目的过程就是多个目标协调的过程，有同一个层次目标的协调，也有不同层次项目总目标和子目标的协调，还有项目目标和组织战略的协调等。

项目目标基本表现为三方面，即时间、成本、技术性能（或质量标准）。实施项目的目的就是充分利用可获得的资源，使项目在一定时间内在一定的预算基础上，获得期望的技术成果。然而这三个目标之间往往存在冲突。例如，时间的缩短通常要以成本的提高为代价，而时间及成本的投入不足又会影响技术性能的实现，因此要合理平衡三者之间的投入与产出关系。

（2）优先性

项目是一个多目标的系统，不同目标在项目的不同阶段，根据不同需要，其重要性也不一样，例如在启动阶段可能更关注技术性能，在实施阶段主要关注成本，在验收阶段主要关注时间进度。对于不同的项目，关注的重点也不一样，例如单纯的软件项目可能更关注技术指标和界面友好。

当项目的三个基本目标发生冲突的时候，成功的项目管理者会采取适当的措施进行权衡，进行优选。当然项目目标的冲突不仅限于三个基本目标，有时项目的总体目标体系之间也会存在协调问题，都需要项目管理者根据目标的优先性进行权衡和选择。

（3）层次性

项目目标的层次性是指对项目目标的描述需要有一个从抽象到具体的层次结

构。即，一个项目目标既要有最高层次的战略目标，也要有较低层次的具体目标。通常明确定义的项目目标按照意义和内容表示为一个递阶层次结构，层次越低的目标描述得应该越清晰具体。

3．项目管理的特点

项目管理是为实现特定目标而进行的综合性很强的管理活动，它要运用各种管理理论、方法和手段，因此与一般管理有很多相似之处。但项目管理的环境不具备常规任务所具有的那种稳定性，它有自己独特的管理特征。

（1）不可重复性

新项目要求新的管理过程，因此要求不断地探索和学习，同一项目的不同阶段也具有不同的管理方式。

（2）不可预测性

项目的最终结果事先并不知道，可能与原计划相悖。

（3）非限定性

项目管理是对临时组织在一起的人员进行管理的过程，由于要求人们承担各种不同的任务，所以部门的结构是开放的。

（4）组织文化特征

组织文化是普遍存在于组织中的生活方式，它由一系列规则、范围和理念组成。这些都是关于工作的组织方法、范围和在给定的组织中如何进行工作的规定。

1.1.2 房地产开发项目管理概述

1．**房地产开发项目管理的概念**

房地产开发是指为达到预期的目标，投入一定的资本，在一定的约束条件下，经过决策与实施的必要程序，从而形成固定资产的一次性事业，所开发出的项目是由一个或者若干个互有联系的单项工程组成的实行统一核算、统一管理的投资建设工程。作为开发主体的房地产开发企业，其业务范围往往包括城镇土地开发、房屋建造、基础设施建设以及房地产营销等。

房地产开发项目管理是以高效率地实现项目目标为最终目的，以项目经理负责制为基础，运用系统工程的观点、理论和方法，在开发项目建设的全过程，按照其内在运行规律，建立有效的计划、组织、协调、监督和控制的管理系统。

具体来讲，房地产项目开发建设要实现的目标主要包括成果性目标和约束性目标。成果性目标是指投资回报率、销售利税率、自有资金利润率等投资效益指标以及项目的内外部功能要求；约束性目标是指建设工期、投资限额、质量标准等。除此之外，房地产开发项目还受城市规划、土地利用规划等条件制约。房地产开发涉及投资方、监理方、勘察、规划、设计、施工、建材、设备、市政、交通、供电、电信、银行、文教、卫生、消防、商业、服务、环境等几十个部门，近百个单位，因此，房地产项目开发建设是一项复杂的系统工程，必须要有一整套完整、规范和科学的管理保证体系，来统筹和协调开发项目的全过程和确保总体目标的实现。

2. 房地产开发项目特征

房地产开发项目一般由整理土地、在建工程和建成后的物业（含土地）等开发过程组成，因此有其自身鲜明的特征。

（1）综合性

综合性是房地产开发项目最突出的特点，"全面规划、合理布局、综合开发、配套建设"是现代房地产开发追求的目标，因此，开发过程不仅体现在房屋建设本身，而且须与周边的公共设施和公共建筑进行统一规划。项目操作复杂，每个开发项目面临的土地条件、融资方式、建筑设计、施工技术、市场竞争等情况都不一样，因此开发商需要综合考虑、统筹安排，制定最佳开发方案。开发过程涉及的专业众多，不仅有与项目建设本身相关的专业，还有策划、营销、法律等专业，各个专业之间需要相互配合，共同完成项目的开发经营。

（2）区域性

房地产开发项目具有很强的地域特性，开发项目受地段、区位的影响非常大，项目选址是房地产开发项目成功与否的首要影响因素。

（3）相互影响性

实际的房地产开发项目过程具有一定的开发周期和时序性，因此房地产开发项目在开发建设过程中会受到周边已开发完成的项目及准备开发项目的影响。

（4）政策影响性

受国家及项目所在地政府出台的相关政策影响，整个房地产项目的开发运作管理往往会随着政策的变化进行调整，甚至是重大调整。因此，房地产开发应具有高度的政策敏感性。

（5）风险性

由于房地产开发项目具有开发周期长、项目占用和投入的资金量大等刚性特点，项目本身就存在一定的风险。另外，在土地使用权竞争、规划设计竞争、建筑成本竞争、市场营销竞争中也存在各类同业竞争风险。

（6）建设与经营同步性

房地产开发项目的另一个突出特点就是建设与经营可以同步进行，在开发建设的同时，经营性工作也会开展起来。部分经营性工作在项目定位之初就已开始介入。

3. 房地产开发项目管理流程

房地产开发项目管理的流程主要体现在计划、组织、协调和控制四个方面等。

（1）房地产开发项目的计划管理

对房地产开发项目进行计划管理，能使项目的开发建设有计划、按顺序有条不紊地展开。也就是说，通过使用一个动态计划管理，将工程项目全过程和全部开发活动纳入计划轨道，从而使项目有序地达到预期总目标。

（2）房地产开发项目的组织管理

房地产开发项目的组织管理是指通过职责划分、授权、合同的签订与执行，以及根据有关法律法规建立各种规章制度，形成一个高效率的组织保障体系，使项目的各项目标得以最终实现。

（3）房地产开发项目的协调管理

房地产开发项目的协调管理是指通过对开发项目与外部环境、项目各子系统之间，以及项目不同阶段、不同部门、不同层次之间的关系进行沟通与协调，为开发项目提供协调和谐的公共环境，保证项目开发建设顺利进行。这种沟通与协调将更有利于改善公共关系，吸纳融通资金，寻找材料设备供货渠道，吸引优秀的设计和施工队伍，获得市场竞争优势，促进产品销售。在各种协调之中，人际关系协调最为主要，项目经理在人际关系协调过程中处于核心地位。

（4）房地产开发项目的控制管理

房地产开发项目的控制管理是指通过计划、决策、反馈和调整等手段，采用项目分解，对各种指标、定额、阶段性目标的贯彻执行与检验等措施，对开发项目的工程质量、施工工期、资金使用、成本造价等进行有效控制，以确保开发项目用最少的投入获得最大的经济效益、社会效益和环境效益。

4. 与建筑工程项目管理的差异

在建筑行业，项目管理通常指的是工程项目实施过程中的管理，由于房地产开发项目具有综合性与复杂性的特点，其管理与传统的建筑工程项目管理存在很大的差异。

（1）纵向管理差异

房地产开发属于一个系统工程，在进行项目管理时，可以通过两种方式实现：一种是把整个房地产开发过程看作一个整体项目，从最初的投资立项开始，直至后期的物业管理，进行全过程、全方位的项目管理；一种是把开发过程分成几个阶段，把每个阶段分别作为一个项目进行项目管理。前者对项目管理团队要求较高，开发过程衔接性较好，需要房地产公司有较高的项目管理能力；后者项目管理专业性较强，可以根据不同阶段，组成不同的项目管理团队，但是各阶段之间容易出现断层或是扯皮的弊端。因此，房地产开发项目管理模式应根据项目特点及开发企业自身情况进行选择。

（2）横向管理差异

房地产开发项目同建筑工程项目管理的差异，主要体现在以下几个方面：首先是管理主体不同，房地产开发项目管理的主体是开发商，而建筑工程项目管理的主体是建筑施工单位，是工程具体实施者；其次是管理内容不同，虽然都是进行项目管理，都涉及质量、进度、成本三个方面，房地产开发侧重于"三控"实施的审核，并兼顾环境、安全等方面，建筑施工则是具体的工程实施管理；再次是管理涉及的范围不同，房地产开发建设过程涉及投资决策、报规报建、建设准备、招标投标、建设施工和验收交付后使用六个阶段，建筑施工则主要涉及建设施工阶段；最后是管理方式不同，建筑施工单位主要采取的是项目经理负责制，而房地产开发项目管理涉及的范围广，因而其管理方式可以是多种形式，包括部门制、公司制、事业部制、专业管理公司制等。

1.2 房地产开发项目总体要求

1.2.1 项目管理的目的和任务

1．项目管理的目的

（1）实现投资者的投资目标和期望

投资者将资金投入一个有科学依据、有投资前景的工程项目中，项目业主就应保证工程项目按预定计划建成和投入使用，这是投资者实现投资收益的重要前提，也是项目业主对工程项目管理的目的之一。

（2）努力将工程项目投资控制在预期或可接受的范围之内

工程项目建设通常需要较长的时间和较大的投入，加上建设过程中不确定的因素很多，如果控制不好费用很容易突破原来的预算计划。为了保证投资者的预期收益，必须对工程项目投资进行有效的控制。

（3）保证工程项目建成后在项目功能与质量上达到设计标准

不同的工程建设项目都有其各自的功能和质量要求，这是保证工程项目在运营期内安全和高质量运行，实现项目建设目标与业主投资目标的基本前提，因此也是业主对工程项目进行管理的重要目的。

2．项目管理的任务

（1）项目决策阶段的主要任务

业主在工程项目决策阶段的主要工作是围绕项目策划、项目建议书、项目可行性研究及相关的报批工作开展项目管理，主要有：

1）对投资方向和内容作初步构想。

2）选择好咨询机构。择优聘请有资质、信誉好的专业咨询机构对企业或行业、地区等进行深入分析，拟定发展战略或规划，并在此基础上对项目的建设规模、工程技术方案等进行研究、比较，根据需要进行项目财务评价、社会评价、国民经济评价和风险评价，编制项目建议书和可行性研究报告，为科学决策提供依据。

3）组织对工程项目建议书和可行性研究报告进行评审，并与有关投资者和贷款方进行沟通，落实项目建设相关条件。

4）根据项目建设规模、建设内容和国家有关规定，对项目进行决策或报请有关部门批准。

（2）项目准备阶段的主要任务

在项目准备阶段，业主的主要工作有：

1）取得项目选址、资源利用、环境保护等方面的批准文件，以及原料、燃料、水、电、运输等方面的协议文件。

2）明确勘察设计的范围和设计深度，选择有信誉和具有合格资质的勘察设计单位进行勘察、设计，签订合同，并进行合同管理。

3）及时办理有关设计文件的审批工作。

4）组织落实项目建设用地，办理土地征用、拆迁补偿及施工场地平整等工作。

5）组织开展设备采购与工程施工招标及评标等工作，择优选定合格的承包商，并签订合同。

6）按有关规定为设计人员在施工现场工作提供必要的生活与物资保障。

7）选派合格的现场代表，并选定适宜的工程监理机构。

（3）项目实施阶段的主要任务

在项目实施阶段，业主的主要工作是按合同规定为保证项目顺利实施提供必要的条件，并在实施过程中督促检查并协调有关各方的工作，定期对项目进展情况进行研究分析，主要有：

1）办理需由业主出面的项目审批手续，如施工许可证以及施工过程中可能损坏道路、管线、电力、通信等公共设施应取得的法律、法规规定的申请批准手续等。

2）协商解决施工所需的水、电、电信线路等必备的条件。

3）解决施工现场与城乡公共道路的通道，以及专用条款中约定的应由业主解决的施工场地内的主要交通干道，满足施工运输的需要。

4）向承包方提供施工场地的工程地质和地下管线等资料，保证数据真实。

5）协调设计与施工、监理与施工等各方的关系，组织承包方和咨询设计单位进行图纸会审和设计交底。

6）确定水准点和坐标控制点，以书面形式交给承包方，并进行现场交验。

7）组织或者委托监理工程师对施工组织设计进行审查。

8）协调处理施工现场周围地下管线和邻近建筑物、构筑物及有关文物、古树等的保护工作，并承担相应费用。

9）聘请监理机构，督促监理工程师及时到位、履行职责。

10）督促设备制造商按合同要求及时提供质量合格的设备，并组织运到现场。

（4）项目收尾阶段的主要任务

在项目收尾阶段，业主的主要工作有：

1）组织水、电、消防、空调等设备系统试运行。

2）组织有关方面对施工单位拟交付的工程进行竣工验收和工程决算。

3）办理工程移交手续。

4）做好项目有关资料的接收与管理工作。

5）安排有关管理与技术人员的培训，并及时接管。

1.2.2 项目管理的特点与现状

1. 项目的特点

房地产开发项目是一项涉及规划建筑、结构、给水排水、暖通、强弱电、园林、经济、金融、营销、管理等多专业的系统工程。要使房地产项目开发成功、获得预期回报，需要以上各专业技术人员的共同参与，并由具备综合能力的高素质管理人才对开发项目全过程进行有效的组织、协调和控制，这样才能做到在满足市场消费者对产品质量要求的同时，实现企业的盈利目标。

房地产开发项目的产业链很长，其生命周期如图1-1所示。房地产开发项目的生命周期一般划分为决策阶段、设计阶段、实施阶段和收尾阶段四个阶段。房地产项目开发商作为管理主体，是整个建设项目从决策到工程竣工验收交付使用的组织者，对工程建设项目负总责。

项目管理最根本的目的是"如何有效地利用时间、技术和人力"，项目管理就是要确保在时间、经费和性能指标三项限制条件下，尽可能高效率地完成项目任务。通过加大对阶段性"里程碑"或重大活动组织管理的控制力度，可以保证项目顺利进行。

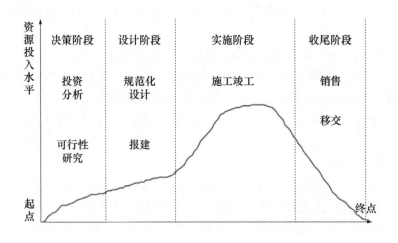

图1-1 房地产开发项目生命周期图

2. 项目管理的特点

房地产开发项目管理在某个开发阶段内，通过对时间、资源、质量这三者的有效协调管理，努力实现该阶段的既定目标。房地产开发项目管理既具有其他项目管理的共性特征，同时又具有其独特的特点。

（1）协调沟通难度大

在项目管理过程中，由于项目开发涉及的部门及环节很多，因此管理上需要沟通协调的关系也很多，这不仅需要内部各部门、各专业之间的沟通协调，同时还要与政府部门、相关合作单位、周边环境关系进行沟通协调，这就要求房地产开发项目管理人员有较强的处理关系、解决问题的能力。

（2）管理跨度大

不论是从空间角度还是从时间角度，房地产开发项目管理跨度都很大。时间上，一个项目管理过程一般要持续很多年，直至转成物业管理才算结束；空间上，从立项策划管理，到设计管理，再到工程管理，最后到后期的运营管理和物业管理，专业跨度大，很多工作要交错进行，增加了管理的难度。

3．项目运作程序

根据项目生命周期理论，项目的生命周期可划分为四个阶段：第一阶段，识别需求；第二阶段，提出解决需求或问题的方案；第三阶段，执行方案；第四阶段，项目结束。

房地产项目既具有项目的共性，又具有其特性。因此，房地产开发项目在项目生命周期的四个阶段都有其特有的工作内容与程序特征，开发项目各过程间具有较强的逻辑关系与不可逆性。

4．项目管理的现状与问题

（1）房地产开发项目管理的现状

由于房地产本身有资金密集、人员密集、关系密集的特点，另外我国房地产市场化进程较短，项目管理理论的应用也相对发达国家迟缓很多，致使房地产项目管理技术在我国的应用还处于探索和磨合阶段；房地产项目占用的资源较多，系统性要求高，但房地产商面对的却是动态、复杂的产品需求市场和不健全的政策法规环境，造成国内房地产风险大。因此，开发商的项目管理更强调开发周期与质量管理、程序与流程管理，很多房地产企业采用了职能型的管理架构，在强调统一策划与协调的同时，更需要相对的集权，因此可能会威胁到管理的灵活性，为了适应房地产开发市场激烈竞争的局面，必须使灵活与集权达到相对的平衡。

（2）我国房地产开发项目管理的问题

由于各种因素的制约，房地产开发商在实施项目管理的过程中常见的问题包括：

1）项目市场调研不充分

根据充分市场调研进行准确的项目定位是项目成功的重要因素之一，为了追求利益，有些开发商重视短期利益，在拿到地块后，为了尽快获得效益，在没有经过充分地市场调研的情况下，拍脑门确定方案，甚至只是简单地模仿市场上的项目。产品没有特色，在市场上缺乏吸引力，项目开始销售时才发现很多地方已经滞后于同类项目，造成销售困难，资金链紧张，给项目带来隐患。这主要是由于项目的决策是在缺乏市场调研的前提下作出的，进而增大了企业的风险。由此看来，在项目方案与市场定位确定前，充分的市场调研工作是非常必要的。

2）部分房地产企业缺乏品牌意识

同是房地产项目，有的品牌开发商项目开盘就持续热销，甚至很多业主托关系找开发商买房，其中最主要的原因是该开发商的项目质量过硬，得到了业主的信任，其品牌在市场上站得住脚，有升值潜力。目前，很多房地产企业以短期利润最大化为目标，为了追求高额回报，只考虑如何更快地从项目上多赚钱，不重视树立企业的品牌形象。企业要长远地发展，就要做好的产品，树立好的品牌形象，领导者要有战略眼光。品牌是一种无形资产，短期行为将大大限制房地产企业的发展。

3）开发项目不重视二次深化设计工作

房地产开发项目从初步设计到出施工图纸都是由专业的设计单位完成的，很多开发商认为拿到施工图纸就可以按照图纸施工了，并不参与其中设计环节的工作。从实际参与项目的情况来看，施工图纸的深化设计工作是非常重要的。通过专业分包，按照设计单位提供的图纸进行深化，发现并修改一些不利于施工的部分，往往即可以降低成本，又可以在施工时节约时间。就房地产开发企业来说，对深化设计环节加强管理，则可以大大降低项目的资金成本和时间成本，从而提高企业的利润。

4）开发项目施工不能有效控制变更

项目变更是难以避免的，但如何有效地控制变更的发生，降低由于变更引起的成本提高以及工期拖延，最关键的就是要控制施工图纸的深度，并分专业进行二次深化设计：图纸越详细，施工遇到的问题就会越少，变更也就越少。

5）开发商客户服务意识差

客户是上帝，好的品牌产品的质量是综合的，除自身的质量过硬之外，服务质量越来越受到业主的重视。好的开发商从一开始打造产品就会渗透客户服务的理念，定时向客户提供进度以及质量信息，适时约业主到现场参观。良好地交房、特别服务、维修服务等都可以提高开发商的品牌形象。

1.3 房地产市场分析

1.3.1 市场概述

1. 市场特征

房地产即土地和地上建筑物及附着在其上的各种权益的总称，是一种特殊商品，它的不可移动性是其与劳动力、资本以及其他类型商品的最大区别。虽然土地和地上建筑物不能移动，但它可以被某个人或某个机构所拥有。因此，就产生了交易。所以说房地产市场是令土地和各种类型物业（如住宅、写字楼、商店和工业厂房等）的买卖双方走到一起的媒介，并就某宗特定的房地产交易价格达成一致的任何安排。

房地产开发则是一个动态的过程，它具有开发周期长、资金投入量大等特点，因此，房地产开发很难在一开始就对整个开发过程中的有关费用和建成后的效益情况作出精确的估计，也就是说测算中所涉及的因素，如建筑成本和经营收入，都是理想状态下的价值，而这些价值的确定取决于许多变量。因此，房地产市场是房地产权益的交易市场，是地区性的市场。房地产市场的交易对象实际上是依附在每一宗具体房地产上的权益或权利，而不是土地或物业本身。这种权益可以是所有权，也可以是部分所有权。对于这种权益一般都有明确的界定，不能像买一件衣服那样把它拿回家任意使用。

例如，某人购买了一块土地，这就意味着他得到了这块土地的占有权、使用权、收益权和处置权。这种权利往往还受到各种事先约定条件的限制。比如，需要给其他人的通行权，还要受城市规划、建筑条例的约束等。再如，在住房制度改革中，很多职工都以优惠的价格购买了住宅，因而他们获得了房屋的产权。但在售房合同中明确规定，通过房改购买的房屋产权五年以后才允许在市场上公开转让，五年内如果转让，须按购买时的优惠价格卖给政府。这说明人们在房地产上享有的权利不是绝对的。

房地产的不可移动性和受制于区域性的需要，决定了房地产市场是一个地区性的市场。不同国家、不同城市，甚至一个城市内的不同地区，房地产的市场条件、供求关系、价格水平都是不可比的。

一般商品市场上的买家和卖家都很了解市场价格变动的最新情况，买卖双方都会去寻找有利于自己的价格，这就能使市场快速而容易地消除同一种商品的价格差异。然而，房地产市场就没有那么简单了，这不仅在于买卖双方都很难及时了解最新的市场行情，而且在交易过程中费用十分昂贵。目前，绝大多数房地产的购买者都是出于自用的目的去购买房地产，而这种购买行为在他们的一生中有可能只有一次，只有极少数人是想通过房地产投资或投机来达到获取收益的目的。所以说对于绝大多数购买者来说，要想了解最新的市场行情，并根据自己欲购买的物业所处的位置、类型、建筑物及其附属设施的物理状况等确定购买价格是件非常困难的事。

2. 市场功能

在市场经济条件下，市场供应和市场需求的相互作用形成了市场价格。所以说市场功能的核心形成了交易价格，因此，可以把市场定义为"能令买卖双方走到一起，并达成彼此都能接受的交易价格的任何安排"。那么摆在房地产投资者面前的重大课题就是如何理解房地产市场的功能。

房地产市场是关于房地产权益交易的市场，这种权益可以具体地表现为所有权（永久产权）、租赁权、抵押权等。房地产市场最主要的参与者即买家和卖家又可以分为使用者和投资者，前者购买和卖出的是自用产业，后者则是为了投资目的而将物业产业出租给最终使用者，从中获得投资收益。在任何市场上，某种商品的价格都能反映当时的市场供需状况。价格不仅能预示市场的变化，还可以指导买卖双方的行为，所以价格机制是通过市场发挥作用的。

开发商拟开发一个项目，首先考虑的是国家、地区或地方的经济特性，通过对城市区域的经济分析，判断城市土地的利用、工程建设的实施能否使城市物质环境协调发展，能否给城市居民现在以及未来的生活和工作提供便利条件，城市的生活与工作环境能否适应社会经济发展的需求。例如，20世纪80年代末期，西方发达资本主义国家的经济普遍处于停滞和低速增长阶段，投资前景黯淡，资金纷纷外流，以寻求理想的投资场所；而中国的经济却处在强劲的上升阶段，政治和社会环境的稳定使投资效益较高，因此吸引了大量的外来投资，尤其是国外及境外的投资者。

经济的发展，人口的增多，使城市建设越来越快。在旧城区，大多数房屋都是年久失修的陋房、危房，居民居住条件差，再加上交通拥挤，市政公用设施落后，给居民的生活带来了很多不便。为了提高城市居民的居住水平，改善城市环境，适应城市经济发展，市场可以引导消费潮流，从而适应供应条件的变化，甚至可以调整城市用地，提高城市土地的利用率。房地产开发商对市场的研究包括两个方面，即宏观的战略性研究和具体针对某一项目而进行的市场研究。一般的开发商注重分析市场的交易情况，包括价格水平、成交量及其地区分布；而市场分析专家则侧重研究国家、地区或当地的经济活动与某类特定的房地产市场或不同地区特定类型使用者消费行为之间的内在联系，根据内在联系分析得出一幅可以真实反映房地产市场变化的完整图像。

1.3.2　市场调研与分析

以往开发商认为只要把房子建得牢固美观，就不愁没有顾客光顾，只要自己造的房子好，就不怕没有人买，这是在买方市场条件下的一种陈旧思想。如今在卖方市场条件下，如果开发商一味地闭门造车，只追求"作品"的"自我欣赏"，那么到了销售阶段，将会"一筹莫展"。许多事例充分证明了脱离市场、脱离客户的需求进行盲目开发，制作出所谓的"精品"必将被市场淘汰。我们在任何项目开发设计之前，一定要进行充分的市场调查，要做到准确定位，必须先解决自己生产的"产品"要面向哪一类客户群的问题。

在前期策划时，要进行充分的市场调查并对调查资料进行准确分析，以确定正确的发展方向、找准市场定位，这是项目开发成功最为关键的一步。研究房地产市场，必须先了解房地产市场。作为房地产的投资者或为其服务的管理人员，了解房地产市场以及房地产市场的特性与功能是十分重要的，只有这样才能对房地产的发展趋势和对房地产投资的影响有较为透彻的了解。房地产市场研究的关键在于分析整个房地产市场的影响因素和获取市场信息。

1. 市场调研内容

（1）政治法律环境调研

政治法律环境调研主要是了解对房地产市场起影响和制约作用的政治形势、国家对房地产行业管理的有关方针政策、有关法律法规及其变化等，包括以下几个方面：

1）国家、省（自治区）、市有关房地产开发经营的方针政策。如房改政策、开发区政策、房地产价格政策、房地产税收政策、房地产金融政策、土地制度、土地政策、产业发展政策以及税收政策等。

2）各级政府有关国民经济社会发展计划、发展规划、土地利用规划、城市规划和区域规划等。

3）国家有关法律法规，如《中华人民共和国环境保护法》《中华人民共和国土地管理法》《中华人民共和国城市房地产管理法》《中华人民共和国广告法》《中华人民共和国反不正当竞争法》以及《城市房地产开发经营管理条例》。

4）政府有关方针和政策，如产业政策、金融政策、税收政策、财政政策、物价政策、就业政策等。

（2）经济环境调研

经济环境调研主要是了解财政、金融、经济发展状况和趋势等因素，这些因素影响的是市场大气候。更重要的是，该地区的居民收入、消费水平、消费结构、物价水平、物价指数对房地产市场需求也会产生根本性的影响。经济环境调研应该把握企业所在地区总的经济发展前景。一般来说，对于经济发展迅速的地区，房地产市场的前景也十分广阔，市场机会相对较多。经济环境调研具体包括以下内容：

1）国家、地区或城市的经济特性，包括经济发展规模、趋势、速度和效益。

2）项目所在地区的经济结构、人口及就业状况、就学条件、基础设施情况、地区内的重点开发区域、同类竞争物业的供给情况。

3）一般利率水平，获取贷款的可能性以及预期的通货膨胀率。

4）国民经济产业结构和主导产业。

5）居民收入水平、消费结构和消费水平。

6）项目所在地区的对外开放程度和国际经济合作的情况，对外贸易和外商投资的发展情况。

7）与特定房地产开发类型和开发地点相关因素的调研。

（3）社区环境调研

社区环境是房地产商品的外部形象，也是房地产商品特有的属性，社区环境的好坏直接影响消费者的消费观念，也是发挥房地产商品效能的有力依靠。社区环境调研内容包括：社区繁荣程度、购物条件、文化环境、居民素质、交通和教育的便利程度、安全保障程度、卫生、空气和水源质量及景观等方面。

其中，社区文化环境主要是指居民的生活习惯、生活方式、消费观念、消费心理乃至对生活的态度、对人生的价值取向等，主要包括以下内容：

1）居民职业构成、受教育程度、文化水平等。

2）家庭人口规模及构成。

3）居民家庭生活习惯、审美观念及价值取向等。

4）消费者民族与宗教信仰、社会风俗等。

2. 市场分析步骤

房地产市场分析依据服务对象的不同，其所需收集的信息范围和内容也有所差别。

房地产市场分析一般遵循如下步骤：

（1）确定分析的目的，即确定分析是为选择投资与决策方案服务、为解决某一具体问题或发现市场机会服务、为产地选择或产品地位服务，还是为编制一般的市场研究报告服务。

（2）确定分析的目标，主要决定该项目分析的范围及所需解决的主要问题。

（3）确定分析的方法，主要确定该项目分析所需数据类型与收集方法、数据处理过程中定性和定量方法的选择。

（4）估算分析过程所需的时间和费用以及分析结果的预期价值。

（5）进行数据收集、数据处理和数据分析。

（6）得出市场分析的结论并提出建议，对市场情况进行预测。

1.3.3 项目前期策划

1. 可行性研究

在上述充分调研和分析的基础上编制可行性研究报告，从技术指标（土地技术指标）、经济指标（建筑成本）、市场指标（预计销售价格）及政府的相关税费、销售速度及现金流量预测（财务费用）、不可预见费等多方面综合测算，充分考虑各种不利因素，排除各种干扰及主观意识，让可行性研究报告客观公正地表达现状、预测未来，作为今后投资控制的依据，坚决杜绝以领导意图作为可行性研究报告结论的做法。

2. 总体配套策划

随着生活水平的不断提高，对民众住宅本身功能、质量要求提高之外，同时也应注重小区生活环境配套设施。前期策划时应做好以下几项规划：

（1）绿化设计：尽量创造富有生活气息的绿化环境，并配上品位不俗的局部园林进行点缀。

（2）道路配套：道路设计应确保车辆交通顺畅，疏散合理，路灯设计别致新颖。人流与出入车辆尽量互不干扰，并注意无障碍设计。

（3）公建配套：应配套会所，会所内应设健身房、儿童活动室、棋牌室、游泳池等，供住户休闲使用。会所应以服务为主，仅收取成本费。

（4）学校配套：若为住宅小区，规划部门要求配套中小学校时，与名校联合办学对提高小区品牌大有裨益，同时对住宅小区的销售可以起到促进作用，形成良性循环。

3. 新的设计理念的合理使用

目前许多居民对传统的单元房产生乏味，所以不断有复式住宅、错层住宅、排屋、连体别墅、独立别墅等各类新的住宅设计理念产生，以满足不同客户群体的需求。不过，值得一提的是任何一种新生事物都要接受市场的检验。对于不太适用的设计，即使概念再新，最终都会被市场淘汰。例如，某别墅小区推出的排屋，采用了错层设计理念，但从地盘开售三年，没有售出一套，而同一地盘的独立别墅、连体别墅及高级公寓均可顺畅出售。我们应提倡新的理念，提倡大胆创新，但同时也要考虑传统习惯及经济适用性，否则将事与愿违。

复习思考题

1. 简述项目管理的概念和特点。
2. 简述房地产开发项目管理的概念和特征。
3. 论述房地产开发项目管理与建筑工程项目管理的差异。
4. 简述房地产开发商项目管理的主要任务。
5. 简述房地产市场调查的内容。

风险管理

房地产开发由于投资大、开发周期长、涉及环节众多，不可避免地存在许多风险。房地产行业关系到千家万户的住房需求，又受到国家宏观政治、经济环境的影响，风险更是在所难免，因此房地产开发项目的风险管理显得尤为重要。

2.1 房地产开发项目风险管理概述

2.1.1 风险与风险管理

1. 风险的概念

风险一般是指从事某特定活动时因不确定性而产生的经济或财务损失、自然破坏或损伤的可能性。风险是由系统本身和环境条件的不确定性引起的。不确定性是风险的根本属性。系统本身是指系统的组织结构和功能，其不确定性来源于组织结构的不合理和功能的不完善。环境条件是指制约系统行为的外部客观条件，其不确定性来源于瞬息万变的客观世界和人类行为。

风险取决于两个相互制约的变量：一是风险发生的概率；二是风险可能的后果。风险是关于损失发生概率与损失发生后果两个变量的函数。

$$R=f(P,C) \qquad (2-1)$$

式中　R——风险；

　　　P——损失发生概率；

　　　C——损失发生后果。

2. 风险的特点

（1）风险的随机性

风险事件的发生及其后果都具有偶然性。风险事件是否发生，何时发生，发生之后会造成什么样的后果。人类通过长期观察发现，许多事件的发生都遵循一定的统计规律，这种性质叫作随机性。风险事件具有随机性。

（2）风险的相对性

风险是相对项目活动主体而言的。同样的风险对于不同的主体有不同的影响。人们对于风险事故都有一定的承受能力，但是这种能力因活动、人和时间而异。对于项目风险，人们的承受能力主要受以下几个因素的影响：

① 收益的大小。收益总是与损失的可能性相伴随的。损失的可能性和数额越大，人们希望为弥补损失而得到的收益也越大。反过来，收益越大，人们愿意承担的风险也就越大。

② 投入的大小。项目活动投入得越多，人们对成功所抱的希望就越大，愿意冒的风险也就越小。一般来说，人们希望活动获得成功的概率随着投入的增加呈S形曲线规律增加。当投入少时，人们可以接受较大的风险，即使获得成功的概率不高也能接受；当投入逐渐增加时，人们就开始变得谨慎起来，希望活动获得成功的概率提高，最好达到百分之百。

③ 项目活动主体的地位和拥有的资源。管理人员中级别高的同级别低的相比，更能够承担大的风险。同一风险，不同的个人或组织承受能力也不同。个人或组织拥有的资源越多，其风险承受能力也就越大。

（3）风险的可变性

辩证唯物主义认为，任何事情和矛盾都可以在一定条件下向自己的反面转化。这里的条件指活动涉及的一切风险因素。当这些条件发生变化时，必然会引起风险的变化。风险的可变性有如下含义：

① 风险性质的变化。例如，十年前熟悉项目进度管理软件的人不多，出了问题，常常使人手足无措。那个时候使用计算机管理进度风险很大。而现在，熟悉项目进度管理软件的人逐渐增多，使用计算机管理进度不再有大的风险。

② 风险后果的变化。风险后果包括后果发生的频率、收益或损失大小。随着科学技术的发展和生产力的提高，人们认识和抵御风险事故的能力逐渐增强，能够在一定程度上降低风险事故发生的频率并减少损失或损害。在项目管理中，加强项目班子建设、增强责任感、提高管理技能，就能降低甚至避免一些风险性事故的发生。此外，由于信息传播技术以及预测理论、方法和手段的不断完善和发展，某些项目风险现在可以较准确地预测和估计了，因而大大减少了项目的不确定性。

③ 出现新风险。特别是在活动主体为回避某些风险而采取行动时，另外的风险就会出现。例如，为了避免项目进度拖延而增加资源投入时，就有可能造成费用超支；有些建设项目，为了早日完成，采取边设计、边施工或者在设计中免除校核手续的办法。这样做虽然可以加快进度，但是增加了设计变更、降低施工质量和提高造价的风险。

3. 风险的分类

（1）按项目本身的性质分类

按项目本身的性质划分，风险可分为静态风险和动态风险。

静态风险是指由于自然力的不规则作用，或者由于人们的错误或失当行为而招致的风险，如火灾、海难、死亡、欺诈等。静态风险是在社会经济正常情况下存在的一种风险，故称之为静态风险。

动态风险是指以社会经济的变动为直接原因的风险，通常是由于人们欲望的变化、生产方式和生产技术及产业组织的变化等引起的。例如，人口增长、技术改进、环境改变等。

（2）按风险后果划分

按风险后果划分，风险可分为纯粹风险和投机风险。

纯粹风险是指那些只有损失可能，而无获利机会的风险。纯粹风险事件发生，对当事人只有损失。例如，火灾、车祸等只能对受害者造成财产损失和人身伤亡，无任何利益可言。

投机风险是指那些既有损失可能，也有获利机会的风险。例如，人民币升值对于一些高档楼盘来说既有可能产生风险损失（材料从国外进口成本增加），又有可能产生风险收益（外资进入购买楼盘，销售价格提升）。

（3）按风险所涉及的范围划分

按风险所涉及的范围划分，风险可分为基本风险和特定风险。

基本风险又称为系统风险，是指会对所有投资项目都产生影响，社会个体无法控制或预防的风险。基本风险的形成是社会经济大环境影响的结果，任何特定的房地产项目都很难在较短的时间内遏制其蔓延。例如，政治变动、战争、政策调整等。

特定风险又称为非系统风险，是指对特定的房地产项目产生影响，可以由投资者控制的风险。特定风险的形成是项目特定环境作用的结果，只要当事人有充分的认识，就可以采取措施对其予以预防和控制。例如，盗窃、民事法律责任、安全事故等。

（4）按风险的引起因素划分

按风险的引起因素划分，风险可以分为自然风险和人为风险。

自然风险是指由于自然力的作用，造成财产损毁或人员伤亡的风险。例如，工程施工过程中因发生洪水或地震而造成的工程损害、材料和器材损失等。

人为风险是指由于人的活动而产生的风险。人为风险又可以细分为行为、经济、技术、政治和组织风险等。如房地产项目施工过程中人员操作不当造成的意外伤亡属于行为风险，房地产项目开发者在市场预测中出现失误导致产品定价过高引起的房屋滞销则属于经济风险，或房地产项目的发起者、投资者甚至是某些阶段的承包商都是一个单位就容易因各类关系不协调而带来组织风险等。

2.1.2 房地产开发项目风险管理

由于房地产开发项目的不可逆性，使其与其他项目相比在执行期间的风险要大很多，这也使得项目风险的可预测性小了很多。在房地产项目实施的不同阶段存在各式各样的风险，与此同时各个风险的性质与后果还会随着项目的进程而发生变化或者扩散。因此，房地产项目的风险管理必须是全面的、动态的、实时的，并且要特别重视在前期项目决策阶段的风险控制，未雨绸缪，使得对后续各个阶段的控制能够形成一个连续的、有效的过程。通过对项目风险的分析、评估、预测以及采取各类控制措施，使项目在执行过程中的不确定性降低，减小因项目风险而造成的损失。采用这种全过程、全方位的项目风险管理，可以使房地产项目以最小的成本实现最大的收益。

1. 风险管理的特殊性

（1）不可移动性

房地产项目与其他项目相比，最大的特点是它的固定性，即不可移动性，这就导致了房地产项目建设选址的重要性，其周边的地理环境、空气条件等都应该考虑在内。房地产项目的位置直接关系到项目建成后其价格的制定，所以位置的选取是房地产项目的风险要素之一。另外，这种不可移动性导致开发商还要承担一定的灾难风险，诸如地震、山体滑坡、战争等天灾人祸所造成的建筑物毁坏。

（2）资金投入大

根据有关数据显示，房地产项目每开发$1km^2$的土地，与其相关的基础设施建设就高达3亿元，若是再算上前期开发征地、旧房拆迁、居民安置等费用，则需近10亿元的资金投入。资金投入如此庞大的房地产项目，其面临的风险也是可想而知的。

（3）项目投资的长期性

建设项目的投资会经历早期决策、设计、施工、竣工验收、销售等一系列过程，这个过程常常会持续几年甚至更长的时间。由于这种投资的长期性，就免不了在这一过程中会面临社会经济的变化与发展，时间越长，则变化的可能性就越大，这种变化所带来的投资风险也就越大。所以，项目投资的长期性也是造成风险的主要因素之一。

（4）建设条件的特殊性

房地产项目建设是一个露天的作业过程，它不可能在一个封闭的环境下完成，因此在建设过程中就会受到各种天气条件的影响，诸如风雨、烈日，严重时还可能会遭遇洪涝、冰雹、地震等意外风险。

（5）投资环境的相关性

由于房地产建设项目的不可移动性以及投资的长期性，使得投资者必须对市场经济的趋势及投资环境的变化作出准确的判断，必须密切关注政府有关部门在政策方面所进行的宏观调控，这对规避项目开发过程中的风险十分重要。

2．风险管理的必要性

通过房地产项目风险管理实现增强房地产企业的风险理念，在长期、复杂、动态的房地产开发过程中对风险作出准确的识别和客观的评估，并根据不断变化的环境以及所面临的风险进行及时的自我调整，降低房地产项目风险事件发生的可能性。对房地产项目实施风险管理也有利于提高开发商的风险管理水平，从而建立科学的风险管理机制，加强风险损失的防范与控制，保证开发项目的顺利实施，同时也能够有效地减小房地产企业的资金流波动，维持企业生产经营的稳定性，避免因风险事件突发引起的巨大财务冲击。另外，一个低风险的房地产项目也有助于房地产企业提升品牌信誉度，增强投资商的融资信心，消除承建商的风险顾虑，保障消费者的购房品质，建立并加强与社会各方面的密切联系。

3．项目开发风险

房地产开发项目风险可以概括为以下七个方面，如图2-1所示。

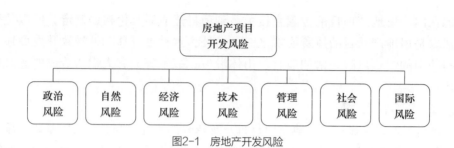

图2-1 房地产开发风险

(1) 政治风险

政治风险包括环境因素风险和政策风险。环境因素风险是指一个国家所处的国际、国内政治环境变动对房地产开发的影响，包括战争、工潮、社会动荡、政治体制等。政策风险是指当金融、税收及财政政策变动、土地使用制度变化、住房制度改革时，造成房地产开发经济上的损失。政策风险包括经济体制及产业政策调整风险、土地政策调整风险、房地产政策调整风险、城市规划调整风险、环境保护风险、税收与金融政策调整风险、审批手续过程变更风险、法律及土地产权与交易合同纠纷、房屋产权办理风险等9项。对房地产项目开发影响最为直接的是城市规划调整风险、土地政策调整风险和金融政策调整风险。

(2) 经济风险

经济风险是指由于经济形势（如市场需求、购买力、利率、税率等）变动导致房地产开发商经济上的损失。经济风险包括市场供求风险、财务风险、地价风险和融资风险。

1) 市场供求风险包括：供给风险、需求风险、购买力风险、住户规模变化风险、单元住宅面积变化风险和预期风险。

2) 财务风险包括：通货膨胀风险、利率变化风险、资金变现风险、开发费用变化风险和税率变化风险。

3) 地价风险包括：一般地价风险、区域地价风险和个别地价风险。

① 一般地价风险包括：经济性地价风险（影响因素包括供求、经济发展、财政金融、产业结构等）、社会性地价风险（影响因素包括人口、家庭规模、房地产投资、治安、教育科研水平、社会福利等）和心理性地价风险。

② 区域地价风险的影响因素包括商业服务繁华度、道路通达度、交通便捷、城市设施状况、环境状况等。

③ 个别地价风险的影响因素包括区位、面积、宽度、深度、形状、地力、地质、地势、地形、容积率、覆盖率、绿化率、用途、按揭比例、土地使用年限等。

4) 融资风险包括：投资收益与贷款利率的相对变化风险、楼花融资风险、房地产按揭风险（包括房产价格涨落风险、按揭收入变化风险和按揭利率变化风险）、商业信誉风险和时间管理风险。

由于从可行性研究到楼盘上市的时段内，市场需求变动的可能性很大，消费者对户型结构及单元面积的偏好也会发生变化。在原来的细分市场该类物业还供不应求,而不久却可能大量积压,难免使投资收益远远偏离预期。

房地产项目开发一般都需要向银行贷款和预售。以自己开发的房地产作为抵押获得用于该项投资的贷款时,如果不能按照抵押贷款协议规定的期限偿付本息或本金,就必须承担作为抵押品的房地产将可能成为他人财产的风险。采用预售房屋筹集开发资金时,如果不能按照预售协议规定的日期交房,就必须承担支付赔偿金的风险。

(3)自然风险

自然风险是指由于自然因素(如洪水、火灾、地震等)对房地产项目开发造成的影响,从而造成房地产开发商在经济上的损失。自然风险出现的机会较少,但是一旦出现,造成的损失是相当大的。

自然风险包括:火灾风险、风暴风险、洪水风险、地震风险、雪灾风险、气温风险、海啸风险、山体滑坡、地质灾害等。

(4)技术风险

技术风险是指由于科技进步、技术结构及其相关建筑施工设备故障和建筑材料的更新可能给房地产开发商带来的损失。例如,由于科技进步可能对房地产商品的适用性构成威胁,迫使开发商追加投资进行房地产的更新、改造。由于建筑设计变更可能导致建安工程成本增加,从而影响项目形成后的租售。

技术风险包括:建筑材料更新、建筑施工技术和工艺革新的风险;城市规划、建筑设计及设计变更风险;设备故障或损坏、建筑生产力短缺、施工事故风险。其中,城市规划风险包括容积率变化、建筑覆盖率变化、规划用途的相容性等风险。

(5)管理风险

管理风险是指由于开发商因开发项目经营管理不善导致预期收益不能实现,或不足以补偿经营费用的可能性。管理风险包括投资地点选择风险、投资方式选择风险、投资类型选择风险和公司内部管理风险。

(6)社会风险

社会风险是指涉及地方社会的安定、对黑社会势力的控制、投资环境的好坏、非正常事件的出现率等方面的风险。社会风险包括社会安定、风俗习惯、公众干预、主客干预等风险。该类风险在房地产开发过程中一般不会发生,或能够通过对以上五类风险的研究和管理加以控制与规避。

(7)国际风险

国际风险包括国家风险、国际政治风险、国际投资环境风险、货币汇率变化风险、国际货币利率变化风险、国际经营风险等。对于国内的房地产开发项目,涉及国际风险的因素较少,只有在引进部分国外设备或物品时存在风险因素,即便是出现进口情况,也可以通过对以上各类风险的研究和管理加以控制与规避。

4. 项目风险管理过程

房地产开发项目风险管理是指对房地产开发项目进行识别、分析，并对项目风险作出积极反应的系统过程。通过主动、系统地对项目风险进行全过程识别、评估及监控，达到降低项目风险、减少风险损失、化险为夷，甚至变不利为有利的目的。

房地产开发项目风险管理过程，如图2-2所示。

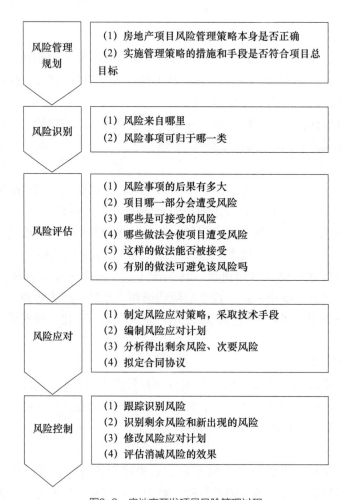

图2-2 房地产开发项目风险管理过程

2.2 房地产开发项目风险识别

2.2.1 风险识别概述

房地产开发项目风险识别是指在房地产项目开发过程中何种风险可能会对项目产生影响，并按这些风险的特性归档。风险识别是一个反复的作业过程，第一次反复可能是由项目队伍的某一部分或由风险管理小组进行；项目队伍整体和主要项目干系人可能做第二次反复；为了取得一个不带偏见的客观分析，可能由没有参与项目的人员进行最终反复。

风险识别的参与者一般包括以下人员：项目队伍、风险管理小组、来自公司其他部门关于某一问题的专家、客户、最终使用者、其他项目经理、项目干系人、外界专家等。

2.2.2 风险识别原则

1. 全面周详原则

为了对风险进行识别，应该全面系统地考察、了解各种风险事件存在和可能发生的概率以及损失的严重程度，风险因素及因风险的出现而导致的其他问题。损失发生的概率及其后果的严重程度直接影响人们对损失危害的衡量，最终决定风险政策措施的选择和管理效果的优劣。因此，必须全面了解各种风险的存在和将引起的损失后果的详细情况，以便及时而清楚地为决策者提供比较完备的决策信息。

2. 综合考察原则

单位、家庭、个人面临的风险是一个复杂的系统，其中包括不同类型、不同性质、不同损失程度的各种风险。由于复杂风险系统的存在，使得某一种独立的分析方法难以对全部风险奏效，因此必须综合使用多种分析方法。根据列举的风险清单可知，单位、家庭、个人面临的风险损失一般可分为以下三类：

（1）直接损失

识别直接财产损失的方法很多，例如，询问经验丰富的生产经营人员和资金借贷经营人员、查看财务报表等。

（2）间接损失

间接损失是指企业受损之后，在修复前因无法进行生产而影响增值和获取利润所造成的经济损失，或是指资金借贷与经营者受损之后，在追加投资前因无法继续经营和借贷而影响金融资产增值和获取收益所带来的经济损失。间接损失有时候在量上要大于直接损失。间接损失可以用投入产出、分解分析等方法来识别。

（3）责任损失

责任损失是因受害方对过失方的胜诉而产生的。只有既具备熟练的业务知识，又具备充分的法律知识，才能识别和衡量责任损失。另外，企业或单位各部门关键人员的意外伤亡或伤残所造成的损失，一般是由特殊的检测方法来进行识别的。

3. 量力而行原则

风险识别的目的就在于为风险管理提供前提和决策依据，以保证企业、单位和个人以最小的支出来获得最大的安全保障，减少风险损失。因此，在经费限制的条件下，企业必须根据实际情况和自身的财务承受能力来选择效果最佳、经费最省的识别方法。企业或单位在风险识别和衡量的同时，应将该项活动所引起的成本列入财务报表，做综合的考察分析，以保证用较小的支出来换取较大的收益。

4．科学计算原则

对风险进行识别的过程，同时就是对单位、家庭、个人的生产经营（包括资金借贷与经营）状况及其所处的环境进行量化核算的具体过程。风险的识别和衡量要以严格的数学理论作为分析工具，在普遍估计的基础上进行统计和计算，以得出比较科学合理的分析结果。

5．系统化、制度化、经常化原则

风险识别是风险管理的前提和基础，识别的准确与否在很大程度上决定风险管理效果的好坏。为了保证最初分析的准确程度，就应该进行全面系统的调查分析，将风险进行综合归类，揭示其性质、类型及后果。如果没有科学系统的方法来识别和衡量，就不可能对风险有一个总体的综合认识，难以确定哪种风险是可能发生的，也不可能较合理地选择控制和处理的方法。这就是风险识别的系统化原则。此外，由于风险随时存在于单位的生产经营（包括资金的借贷与经营）活动之中，所以，风险的识别和衡量也必须是一个连续不断的、制度化的过程。这就是风险识别的制度化、经常化原则。

2.2.3　风险识别过程

风险识别分三个过程进行，分别是风险的筛选、检测和诊断。

1．筛选

筛选即按一定的程序对具有潜在风险的产品、过程、事件、现象和人员进行分类选择的风险识别过程。

2．监测

监测是在风险出现后，对事件、过程、现象、后果进行观测、记录和分析的过程。

3．诊断

诊断是对风险及损失的前兆、风险后果及各种原因进行评价与判断，找出主要原因并进行仔细检查的过程。

2.2.4　风险识别技术与方法

风险识别的方法很多，在房地产开发项目中常用的有专家调查法、筛选—监测—诊断技术、故障树法、财务报表分析法、流程图分析法、保险调查法、保单对照法、现场视察法等。使用时应针对实际问题的不同特点进行选择。

1．专家调查法

专家调查法是一种利用专家的知识和经验进行风险识别的方法，各领域的专家运用深厚的专业理论知识和丰富的实践经验，找出房地产开发过程中的各种潜在风险并分析其成因。该方法的优点是在缺乏足够统计数据和原始资料的情况下，可以作出较为精确的估计。目前，专家调查法种类很多，用途十分广泛，两种常用的方法为头脑风暴法和德尔菲法（Delphi）。

2. 流程图分析法

流程图分析法是一种识别公司所面临潜在风险的动态分析法。使用本法时，首先应根据企业的开发情况建立反映企业开发过程的流程图，而后通过对流程图的分析有效地揭示房地产开发过程中的"瓶颈"分布及其影响，找出影响全局的"瓶颈"，并识别可能存在的风险。

流程图的类型很多，有反映整个开发过程的总流程图；有专门反映某一阶段，特别是"瓶颈"所在阶段的分支流程图；也有反映某一特定业务和部门活动的流程图。在风险识别时，可根据特定需要建立流程图，而后对每个环节、每个过程进行分析，以达到识别开发过程中所有风险的目的。

3. 财务报表分析法

风险造成的损失以及进行风险管理的各种费用都会在财务报表上表现出来，财务报表分析法就是基于这一点用来识别和分析各种风险的。

财务报表主要包括资产负债表、损益表、财务状况变动表、利润分配表等。通过分析这些报表，风险管理者基本上就能够找出企业当前面临的风险，将这些报表与财务预算联系起来还可以发现企业未来面临的风险。为此，风险管理者应具有基本的会计知识，掌握企业经营状况，对每个会计科目进行深入研究，以确定它可能产生什么样的损失。

4. 风险调查法

风险调查法是指风险管理者依据专业人士编制的风险调查表，通过逐项回答调查表所列问题，识别企业存在风险的方法。风险调查表一般是由保险公司专业人员及有关学会就企业可能遇到的风险加以详尽的调查与分析，精心编制而成的。在美国，保险公司、风险与保险管理协会（RIMS）以及美国管理协会（AMA）就曾设计出一种广为企业界应用的风险分析调查表。

利用风险调查表识别风险，无需具备深厚的风险管理知识便可直接获得职业风险分析家们的意见，且费用支出较少，故深受企业界欢迎。但风险调查表是按一般企业设计的，没有考虑特定企业本身的特性，因而它仅适用于中小规模且风险管理政策并不完备的企业。

5. 现场观察法

综合运用上述的几种方法，风险管理人员可能会识别大部分潜在风险，但并不是全部。为补充上述方法的不足，风险管理人员应到企业内部进行实地调查，收集相关信息。通过直接视察企业的各种设施及进行的各种活动，能够更多地掌握各部门面临的风险。例如，到施工现场视察，可了解有关建筑材料的保管、施工安全措施的执行以及工程进展速度等情况。到房屋承租单位、承租家庭去视察，则可以了解到承租单位的经营性质、安全措施、家庭内部各种导致火灾的风险因素及灭火器材的配备情况等,这些情况都是坐在办公室内永远无法得到的。同时,实地视察也为风险的有效控制提供了机会。当管理人员在实地发现风险出现的苗头时,可当即采取措施进行制止和补救。

6．SWOT技术

SWOT技术是对项目内部优势与弱势和项目外部机会与威胁进行综合分析的代名词。SWOT分析作为一种系统分析工具,其主要目的是从项目的优势和劣势、机会和威胁各方面对房地产项目风险进行识别。表2-1为某商业地产的SWOT分析。

某商业地产 SWOT 分析　　　　　　　　表 2-1

	优势 Strength	劣势 Weakness
机会 Opportunities	SO策略：抓住机会,利用优势 ① 抓住区域发展机会和升值潜力,利用品牌、交通、产品、理念优势,打造高品质项目 ② 抓住市场转移带来的区位优势,以区域升值潜力和区位娱乐、环境优势、绿色建筑理念为项目宣传造势	WO策略：利用机会,弥补劣势 ① 充分利用区域未来的发展潜力和市场重心转移的特征作为宣传手段,弥补底价昂贵、成本费用高的缺陷 ② 积极推动绿色建筑标准和激励政策出台,积极宣传绿色理念,争取为项目获得政府支持或顾客支持,弥补成本劣势
威胁 Threats	TO策略：强调优势,避免威胁 ① 利用品牌、区位、交通、产品优势打造高品质项目,增强项目的竞争力和抗风险能力 ② 利用项目创业机制,进行价格差异化竞争	TW策略：化解劣势,回避威胁 ① 充分利用各项优势和机会,化解劣势,回避威胁,避免出现滞销问题 ② 做好敏感性分析,把握最坏情况并制定应对策略 ③ 非常时刻可以利用项目所处的区域地理位置吸引商户

2.2.5　风险识别成果

1．已识别的项目风险

已识别的项目风险是项目风险评估最重要的成果,它通过定性的项目风险清单来表示,该清单对项目风险的描述应该尽量简单,容易理解。

2．潜在的项目风险

潜在的项目风险是指没有迹象表明会发生的风险,但是人们可以主观判断预见的风险,如重要技术专家的流失。当然,潜在的项目风险可能会发展成为房地产项目开发的真正风险,因此要给予足够的重视。项目承担单位应该根据风险来源进行适当的分类,并以表格或文字做清楚的描述,编制出潜在的项目风险清单,为风险管理的后续过程打好基础。

3．对项目管理其他方面的改进

在房地产项目开发风险识别的过程中,可能会发现项目管理的其他方面存在一些问题,借此机会可以进行修改和完善。

2.2.6　各阶段风险识别

房地产开发过程通常分为四个阶段,即投资研究决策及土地获取阶段、前期手续办理及规划设计阶段、项目建设阶段和租售及物业管理阶段。就房地产开发企业而言，开发各个阶段的风险表现是不同的，它伴随着各个阶段的主要任务而产生。在投资研究决策及土地获取阶段，围绕何时何地开发何种类型的房地产，主要是有关开发区域、开发物业类型、开发时机、资金以及围绕土地的相关风险。在前期手续办理及规划设计阶段，应重点关注市场风险、产品设计风险等。在项目建设阶段，针对招标选择承包商、签订承包合同、进行工期质量成本控制等主要任务，应考虑招标模式、承包方式、承包合同、工期、质量、成本控制等面临的主要风险。在租售及物业管理阶段，针对出租销售和物业管理工作，应注意合同风险、销售时机风险等。

1. 投资研究决策及土地获取阶段的风险

投资研究决策及土地获取阶段是房地产开发过程中一个最为重要的环节。本阶段的任务是通过对国家、地区和地方政治、经济和社会发展趋势的研究，综合考虑市场的供应、需求等经济环境，制定房地产开发策略，以确定房地产开发经营的区域、类型和时机。

该阶段的风险主要包括如下几类：

（1）开发区域风险

由于社会经济发展的不均衡性，各个国家、不同地区的社会经济环境各异，这使得不同地域的房地产开发面临不同的风险因素，同一风险因素在各地的影响程度也相差悬殊，即风险具有比较明显的地域性。而房地产开发项目的不可逆性和地理位置固定性，使得开发区域风险对于房地产投资决策具有更重要的意义。在房地产开发经营中，开发区域风险来源于开发区域的政治环境风险、政策环境风险和经济环境风险。

（2）开发物业类型与风险

房地产开发存在风险，但并非任何类型开发项目的风险都是相同的。各类开发物业类型的风险程度见表2-2，各类房地产开发投资的一般特性见表2-3。

各类开发物业类型的风险程度　　　　表2-2

物业类型	安全及保值	投资的利润	现金纯收入	增值的可能	风险与利润的比率	需要管理的程度	需要专门技术管理	本利平衡多少	特点
银行、邮局、政府的建筑	4	1	1	1	1	0	0	1	安全、保值、无需管理
商店及购物中心	3	2	1	1	1	0	0	2	受地段、环境影响大
写字楼	2	2	2	3	2	3	2	2	受地段影响
旅店、酒店	2	3	4	2	3	4	4	2	需管理程度高、纯收入好
公寓住宅	3	2	2	3	2	3	3	2	增值的可能性好
别墅	3	2	2	3	2	3	3	2	
住宅区商业用地	3	0	0	3	3	0	2	3	

续表

物业类型	安全及保值	投资的利润	现金纯收入	增值的可能	风险与利润的比率	需要管理的程度	需要专门技术管理	本利平衡多少	特点
市郊用地	2	0	0	3	3	0	2	3	
旅游用地	2	2	3	3	2	3	3	2	受地段影响，需专门技能

表格说明：4—最高，3—很高，2—普通，1—很低，0—无需

各类房地产开发投资的一般特性　　　　　　表2-3

房地产种类	开发的决定因素	开发投资特性	主要风险
公寓住宅	社区人口的扩增，收入增加，地点的方便性	变现性好，本利比收益高，有出租收益及房产增值	较大物业需专业管理，租客不足
别墅	高收入阶层的存在，幽雅的环境，自备交通的满足	变现性较差，现期收入大，本利比收益高	销售困难
办公写字楼	地区经济的扩展，便利的交通，承租客房的相容性	可灵活运用，除非押租某一客户，变现流动性尚可，固定收入房产增值	需高水准服务，物业衰败过时，商业活动位置的转移，竞争的变化
仓库	工商经济活动，便于移送运转的地理位置，适宜长久运用的结构设计	多数属被动长期押租，变现流动性尚可，每期租赁所得	由于设备技术等作业改变而过时，出入交通运转的变化
商场购物中心	社区成长，人口及收入的有效需求，有利的地段，有利的停车区	变现性有限，适宜的灵活性，固定的租赁所得及增值	需提供适宜的管理，空置率高，竞争的变化，设备衰败过时
旅店酒馆	地点的方便性及可及性，旅客商务休闲及会议需要，各类设施及服务的组合	主动灵活性，变现性差，租赁所得及增值，最大现期收入	需高水平专业管理，竞争的变化，至少某一程度或较大的经济规模
旅游项目	合适的自然环境，便利的交通	变现性差，门票收入较大，现期收入	需高水平管理服务，环境恶化，竞争的变化

（3）开发时机与风险

由于经济发展的周期性，房地产产品的供求关系随时间而变化，而房地产的不可移动性和地区性，使一个地区空余的房地产并不能弥补另一地区的短缺，这导致房地产开发收益随开发时机不同而有所差异。房地产开发周期长，开发过程少则1～2年，多则4～5年，因此需对未来几年政治形势的变化、经济发展趋势、人口增减状况、收入水平升降以及消费心理变化等风险因素进行预测，以确定合理的开发时机。一般而言，经济发展趋势是影响开发时机的主要因素。

（4）土地购买风险

房地产开发的实质是通过对土地的投入获得报酬，显然土地成本的高低直接决定了利润的高低，土地成本受土地实际价值和土地供应政策影响。如果土地获取的方式是通过协议转让，那么土地获取的风险主要来自于开发企业和地块上原房产所有者的谈判过程。如果是通过招拍挂的方式取得土地，由于成本相对过高、利润率低，对未来市场的判断一旦出现偏差就会导致项目亏损，因此它的风险主要来自于对未来市场的判断能力。

（5）资金风险

房地产开发所需巨额资金的筹集和融通是开发商最为关切的问题。筹资风险

是指因使用借贷资金而导致自有资金回报盈利的不确定性以及因为缺乏资金导致项目无法进行后续开发使前期投入的资金无法收回的可能性。当投资中借贷比例很高时，筹资风险也越高。由于各种筹资方式所用手段、工具和所处的环境不同，因而各种筹资方式也具有不同的风险。目前，国内房地产的融资手段相对单一，主要是向银行进行借贷，现在开发商的自有资金一般在40%左右，其余资金在各阶段主要依靠银行，如拿土地使用权作抵押向银行贷款；项目开盘后，与开发商签订合同的业主支付20%~30%的首付款，其余的通过银行按揭贷款。因此一旦国家信贷政策发生变化，其带来的风险是巨大的。

2. 前期手续办理及规划设计阶段的风险

（1）产品定位风险

某小区开发项目，投资决策时定位为高档公寓，在产品定位时，一部分定位为高层公寓，另一部分定位为低密度公寓。高层公寓因土地成本相对低，价格合理，销售比较理想，但低密度公寓的产品设计出现了偏差，虽然房子密度低，但户型设计还是按普通平层公寓来设计，没有体现出低密度产品的私密性和带花园或露台的特点，售价却因土地成本高而比高层公寓高，结果销售状况不理想。本来低密度产品在项目所在区域是稀缺产品，应该是开发商快速回笼资金和获取高额利润的主要来源，却因产品定位不准确而成了滞销产品。因此控制好产品定位的风险是项目成败的一个关键。

（2）前期手续办理风险

前期手续办理风险主要体现在政策法规的变化和政府职能部门具体经办人员在手续办理过程中的差异性。

（3）设计风险

设计风险涉及设计的价格、设计的专业程度以及设计方案的调整。

3. 项目建设阶段的风险

（1）招标模式风险

开发商目前采用的招标方式有公开招标、邀请招标、协商议标三种。每一种招标方式都存在各自不同的风险，所以对项目也造成了一定的风险。

（2）合同风险

在项目建设过程中需要订立许多合同，如施工合同、材料供应合同等。由于合同考虑不周、合同管理不善及合同执行不严，合同纠纷出现的概率很大，这些纠纷可能会影响到项目的质量、工期和成本，给建设过程中的各方都造成损失。

（3）自然条件风险

自然条件风险是指工程项目所在地区客观存在恶劣自然条件，工程实施期间碰到的恶劣气候等可能给开发商构成威胁。例如，因为大雨或大雪天气致使项目建设停工。

（4）工期拖延风险

房地产开发建设阶段每个环节的时间损失都可能会使工期拖延。工期延长，一方面房地产市场状况可能会发生比较大的变化，错过最佳租售时机。另一方面，工期延长会增加投入资金利息支出，增加管理费。

（5）项目质量风险

房地产开发项目良好的投资效果要通过优良的房地产质量来实现，地段只是诱人的手段，而房地产质量才是留人的关键。

（6）施工索赔风险

工程索赔是指承包商在由于业主的原因或发生承包商和业主不可控制的因素而遭受损失时，向业主提出的补偿要求。在房地产项目开发中，造成承包商向开发商索赔的原因可能有：工程变动；施工条件变化；业主违约；国家经济状况及政策变化；业主或其工程师管理不当；第三方干扰等。

4．租售及物业管理阶段的风险

（1）销售风险

销售风险包括销售时机风险和销售合同风险。

（2）物业管理风险

物业管理风险主要包括选择物业公司的风险和收费风险。

2.3 房地产开发项目风险评估

房地产项目风险评估是评估风险和风险之间的相互作用，以便评定项目可能的产出结果的范围，具体包括风险损失程度的判别和发生可能性的估计两个方面。一般的做法为：首先，对风险程度进行等级划分；然后，根据需要和可能性，选用适宜的方法对单个风险因素或项目整体风险程度进行估计。

房地产项目开发的风险包括投资风险（宏观环境风险、区域环境风险、土地风险、设计风险、工程风险）、法律风险（法律影响房地产企业的成本、法律规定影响企业的利润）、财务风险、购买力风险、经营性风险（政治风险、由于集体和个人的不恰当或错误的行为引起的风险、房地产市场状况的变动、国内外社会经济变动、经济政策变动、金融危机、房地产经营管理技术风险、房地产经营管理企业内部风险）。

2.3.1 风险评估目的

对项目风险进行评估，可以让项目管理人员对项目风险有一个初步的判断，从宏观上对项目是否可行有一个初步的了解。一般来说，对项目风险进行评估分析主要有以下几个目的：

（1）确认项目风险来源。

（2）确认项目风险性质。

（3）估计项目风险的影响程度。

（4）为项目风险的定量分析提供条件。

2.3.2 风险评估技术与工具

1．问卷调查和专家打分法

问卷调查和专家打分法是一种最常见、最简单、易于应用的分析方法。它的应用由两部分组成：首先，通过风险辨识将工程项目可能遇到的所有风险一一列出，设计风险调查表；其次，利用专家经验对风险因素的重要性进行评价，再综合整个项目的风险。具体步骤如下：

（1）确定每个风险因素的权重，以表征其对工程项目风险的影响程度。

（2）确定每个风险因素的等级值，按可能性很大、比较大、中等、不大、较小五个等级，分别以1.0、0.8、0.6、0.4和0.2打分。

（3）将每项风险因素的权数与等级值相乘，求出该项目风险因素的得分，再求出此工程项目风险因素的总分。显然，总分越高说明风险越大。

2．蒙特卡罗模拟法

在房地产项目开发风险管理中，蒙特卡罗模拟法在帮助项目开发者识别项目开发风险的同时，可以识别各风险的概率。蒙特卡罗模拟法的基本思想是：当所要求解的问题是某种事件出现的概率，或者是某个随机变量的期望值时，它们可以通过某种"试验"的方法，得到这种事件出现的频率，或者这个随机变量的平均值，并用它们作为问题的解。蒙特卡罗模拟法通过抓住事物运动的几何数量和几何特征，利用数学方法来加以模拟，即进行一种数字模拟实验。它是以一个概率模型为基础，按照这个模型所描绘的过程，通过模拟实验的结果，作为问题的近似解。蒙特卡罗模拟可以归结为三个主要步骤：① 构造或描述概率过程；② 实现从已知概率分布抽样；③ 建立各种估计量。

3．PERT（计划评审技术）

PERT（Program Evaluation and Renew Technology）即计划评审技术，是利用网络分析制订计划以及对计划予以评价的技术，它能协调整个计划的各道工序，合理安排人力、物力、时间、资金，加速计划的完成。在工程项目风险评价中，PERT主要用来对工程进度计划执行过程中存在的风险予以估计和评价。

4．盈亏平衡分析

盈亏平衡分析通常又称为量本利分析或损益平衡分析。它是根据风险投资项目在正常生产年份的产品产量或销售量、成本费用、产品销售单价和销售税金等数据，计算和分析产量、成本和盈利这三者之间的关系，从中找出三者之间联系的规律，并确定项目盈亏平衡点的一种分析方法。在盈亏平衡点上，风险投资项目既无盈利，也无亏损。通过盈亏平衡分析可以看出风险投资项目对市场需求变化的适应能力。

5．敏感性分析

敏感性分析的目的是，考察与风险投资项目有关的一个或多个主要因素发生变化时，对该项目投资价值指标的影响程度。通过敏感性分析，可以了解和掌握在风险投资项目经济分析中由于某些参数估算的错误或是使用的数据不太可靠而可能造成的对投资价值指标的影响程度，有助于确定在风险投资决策过程中需要重点调查研究和分析测算的因素。

2.3.3 风险分析成果

项目风险识别的成果分为项目风险清单和对项目其他过程的要求。

1．项目风险清单

项目风险分析过程主要输出的就是风险清单中的最初内容。随着其他风险管理过程的实现，风险清单还将包括其他过程的输出，其中包括的信息也就逐渐增大。风险清单的编制始于风险识别过程，然后供其他风险管理过程和项目管理过程使用。

2．对项目其他过程的要求

在风险分析的过程中可能会发现项目管理其他过程的要求，同样需要对其进行完善和改进。

2.4 房地产开发项目风险应对

房地产开发项目风险应对是指针对房地产项目开发目标，制定提高机会、降低威胁的方案和措施的过程。即通过对项目风险的评估和分析，把项目风险发生的概率、损失严重程度以及其他因素综合起来考虑，就可得出项目发生各种风险的可能性及其危害程度；再与规范的安全指标相比较，就可确定项目的危险等级，从而决定应采取什么样的措施以及控制措施应采取到什么程度。风险应对策略就是针对风险定性、定量分析结果，为降低项目风险的副作用而制定的风险应对措施。

2.4.1 风险应对依据

项目风险应对的依据可概括为以下几点：

（1）房地产开发项目风险管理计划。

（2）风险排序。运用项目风险定性和定量分析的方法，将风险按其发生的可能性、风险发生后所造成的严重程度、缓急程度进行排序。

（3）风险识别。对可以放弃的机会以及可以接受的风险的识别。

（4）项目开发可接受的风险水平。项目开发可接受的风险水平会对项目风险应对计划产生重要的影响作用。可接受的风险水平决定了项目风险应对的态度和所采取的措施。项目组织抗风险能力涉及项目经理承受风险的能力、项目组织能调动的资金和资源等。

（5）风险主体。风险主体应该参与到风险应对计划的制订中来。

（6）一般风险应对。房地产开发项目可能面临很多的风险，但是这众多的风险可能是由同一原因造成的，在这种情况下，应该采取一种方案应对多种风险。

2.4.2 风险应对过程

房地产开发项目风险应对主要分为以下几个过程：

（1）进一步确定房地产开发项目风险影响。在完成项目风险分析之后已经得到项目风险排序，具体针对某一风险制定风险应对策略时，需要再次确认风险影响，以确保对最重要的风险采取应对措施。

（2）制订风险应对计划。确定风险的影响之后就需要针对其制定相应的应对策略。2.4.3节将对项目风险应对策略进行详细讲解。

（3）执行风险应对计划。应对风险应该按照书面的风险应对计划进行，并定期召开会议报告风险应对计划的执行情况。

（4）提出风险防范和监控建议。风险小组必须定期检查、报告风险状态，并针对项目风险状态的变化提出风险防范和监控建议。

2.4.3 风险应对策略

风险应对是指对风险进行识别和评估，确定风险等级，从而根据风险的类型、类别、影响程度，决定应采取的风险应对策略。房地产开发项目风险的应对策略包括风险规避、风险转移、风险控制和风险自留。

1．风险规避

当风险发生遭受的损失大于实际收益时，应通过采取变更项目计划或者退出项目等手段规避风险。对于房地产项目，不同阶段有不同的风险特点和风险防范等级。决策者应根据不同的风险类型，采取不同的规避手段。风险规避通常采用的是退出项目计划，但当今政策、市场等因素都很难以准确预测，过分采用风险规避手段，对项目的顺利开展将产生不利影响。

2．风险转移

风险转移是指在项目开发过程中，开发商通过合同、保险等手段将风险转移给第三方承担，从而降低风险造成损失的程度。合同转移风险是通过合理、合法的索赔制度，将项目风险产生的财务负担和法律责任分摊到其他经济单位。保险转移风险是通过与保险公司签订一定的保险合同，建立保险约束制度，使在保险范围内出现的风险、造成的经济损失可向保险公司索赔，以获得相应的赔偿。

3．风险控制

风险控制是指通过组建高水平、专业化的开发人才队伍，建立科学的风险预警系统，制定风险责任管理制度，采取积极的风险管理措施，降低风险发生的概率，减少风险产生的损失。

4．风险自留

风险自留是指风险无法规避，如果开发商在作出具体分析和市场调查以后，没有找到合适的控制措施或者措施本身得不偿失，开发商将存在的风险暂且保留在项目中。风险自留又分为非计划性风险自留和计划性风险自留。非计划性风险自留是指管理人员未识别到风险的存在或者是未曾采取有效措施去防范识别的风险，致使风险隐藏或存在于项目的各个阶段。计划性风险自留是指管理人员对已存在的风险有所意识，主动、有意识、有计划地将一部分风险保留在项目开发过程中。

2.4.4 风险应对成果

项目风险应对的成果主要是风险应对计划。风险应对计划的内容应详细到根据其描述就能采取具体应对行动。风险应对计划包括以下全部或部分内容：

（1）对已识别的风险进行描述和定义，包括它所影响的项目模块（WBS要素）、风险成因以及风险如何影响项目目标。

（2）确定风险承担人和所承担的责任，明确职责。

（3）定性和定量风险分析过程及结果。

（4）针对风险应对计划中的每一种风险，确定采取的应对措施，包括规避、转移、缓解或接受风险。

（5）在应对策略实施后，期望的残留风险水平是多少。

（6）实施选定的应对战略所需的具体行动，应对策略和应对战略如何具体操作。

（7）风险应对预算和时间、费用安排。

（8）确定应急计划和退却计划。

2.5 案例分析——某市 JY 项目楼盘开发风险研究

2.5.1 案例背景

该楼盘是WK公司房产所开发的高品质楼盘。开发商是WK公司地产有限公司，物业管理是WK公司物业管理有限公司。楼盘位于市区西一环处，交通十分便捷。北隔长江路是某三级甲等医院；主要学区是具有良好师资和办学特色的小学和中学；紧邻楼盘是成熟的社区，已经形成基本满足日常生活需求的各类商业形态，属于三级商业中心。

楼盘总占地面积116255m^2，可用地面积115629m^2。由于历史遗留问题，用地包括一部分道路和社区围墙。其中居住用地占地面积101754m^2，容积率为3.3，主题商业开发占地面积13875m^2，容积率为5.5，整个楼盘综合容积率为3.56。社区规划有独特的双会馆，户型采用别墅级尺度设计，豪华精装修交房楼盘，开盘均价在12000元/m^2，远高于当时住宅成交均价6356元/m^2，属于高品质楼盘。

2.5.2 JY项目楼盘开发风险分析的具体步骤

下面利用层次分析法进行风险分析。

1. 项目风险分类

房地产开发项目风险分为宏观环境风险和微观环境风险,这两类属于同一级别,外加其他风险,将其定义为一级风险因子。

2. 风险因子识别

对于一个特定的房地产开发项目,并不是以上风险都有,需要进行识别。根据前文分析,比较简便有效的风险识别方法是流程图和专家调查法的结合,本案例按照房地产开发项目的生命周期概念阶段、规划设计阶段、建设阶段、经营阶段进行解构和分组,针对WK公司JY项目,其中可能存在的风险有政策风险、经济风险、自然风险、企业筹资风险、市场风险、经营管理风险和不可预见风险。

3. 风险因子评价

(1) 一级风险因子评价

对于每个识别出的风险,需要确定发生的可能性。本案例采用主观概率法确定计量标度,分9个等级,如表2-4所示。由高到低依次表示风险发生的概率越来越小。

风险定量评级　　　　　　　　　　　　　　　　　　表2-4

风险发生概率评级	风险发生概率说明	风险发生概率(%)
极高	极有可能发生	91～100
很高	很有可能发生	81～90
高	有可能会发生	71～80
较高	较有可能发生	61～70
一般	可能性不大	51～60
较低	可能性较小	41～50
低	可能性很小	31～40
很低	可能性极小	21～30
极低	几乎不可能发生	0～20

经聘请有关专家研究、讨论、打分,得到一级风险因子的判断矩阵,如表2-5所示。风险分值可以由专家咨询法获得,也可以根据历史数据整理得出。

一级风险因子的判断矩阵　　　　　　　　　　　　表2-5

风险估值	经济风险	政治风险	自然风险	企业筹资风险	市场风险	经营管理风险	不可预见风险
经济风险	1	1/4	2	1/3	1/2	1/6	1/4
政策风险	4	1	5	2	3	1/3	1

续表

风险估值	经济风险	政治风险	自然风险	企业筹资风险	市场风险	经营管理风险	不可预见风险
自然风险	1/2	1/5	1	1/4	1/3	1/7	1/5
企业筹资风险	3	1/2	4	1	2	1/4	1/2
市场风险	2	1/3	3	1/2	1	1/5	1/3
经营管理风险	6	3	7	4	5	1	3
不可预见风险	4	1	5	2	3	1/3	1

按照层次分析法，可求得一级风险因子的权重，将一级风险因子的权重和分值相乘，就可以得到JY项目一级风险因子的风险值，如表2-6所示。

一级风险因子的综合评价分值　　　　　　　　　　表2-6

一级风险因子	分值	权重	风险值
经济风险	60	0.1097	6.582
政策风险	80	0.2062	17.221
自然风险	40	0.0738	2.952
企业筹资风险	60	0.1611	9.666
市场风险	65	0.1101	7.157
经营管理风险	60	0.2075	12.45
不可预见风险	70	0.1316	9.212

从表2-6可以看出，房地产开发项目受政策风险影响最大；其次是房地产开发中的经营管理风险，这主要由房地产开发环节众多、各环节交叉衔接复杂所致；受不可预见风险、企业筹资风险影响也不低；再次是市场风险和经济风险。

（2）二级风险因子评价

通过上述方法，可以得到所有二级风险因子判断矩阵。通过计算，可进一步求得相应风险因子的权重。具体计算过程省略，计算结果如表2-7～表2-14所示。

经济风险因子的权重及分值　　　　　　　　　　表2-7

二级风险因子	权重	分值	风险值
国家宏观经济	0.5217	60	31.302
投资环境变化	0.2863	50	14.315
房地产投机因素	0.1919	75	14.393

政策风险因子的权重及分值　　　　　　　　　　　　表 2-8

二级风险因子	权重	分值	风险值
土地政策风险	0.4452	75	33.39
产业发展政策风险	0.2138	40	8.552
购房政策	0.3410	75	25.575

自然风险因子的权重及分值　　　　　　　　　　　　表 2-9

二级风险因子	权重	分值	风险值
地质变动	0.1628	25	4.07
火灾	0.5405	60	32.43
暴雨	0.2967	70	20.769

企业筹资风险因子的权重及分值　　　　　　　　　　表 2-10

二级风险因子	权重	分值	风险值
利率上调	0.4931	75	36.983
通货膨胀	0.2452	80	19.616
汇率	0.1048	50	5.24
信用	0.1563	30	4.689

市场风险因子的权重及分值　　　　　　　　　　　　表 2-11

二级风险因子	权重	分值	风险值
竞争者存在	0.1987	80	15.896
土地获取风险	0.0987	50	4.935
原材料上涨	0.5137	85	44.665
销售风险	0.1890	60	11.34

经营管理风险因子的权重及分值　　　　　　　　　　表 2-12

二级风险因子	权重	分值	风险值
合同管理风险	0.2785	55	15.318
承包商履约不利或其他	0.2093	70	14.651
设计失误	0.1182	60	7.092
不当的工艺与材料	0.0982	60	5.892
监理工程师失职	0.0770	65	5.005
项目建设流程交叉	0.1618	75	12.135
信息沟通滞后	0.0570	75	4.272

不可预见风险因子的权重及分值　　　　表 2-13

二级风险因子	权重	分值	风险值
可研与设计不可预见	0.4224	70	29.568
建设与销售阶段不可预见	0.3458	80	27.664
其他	0.2318	65	15.067

JY 项目开发的风险评价　　　　表 2-14

一级风险因子		风险分值
宏观环境风险	政策风险	67.517
	经济风险	60.01
	自然风险	57.269
微观环境风险	企业筹资风险	66.528
	市场风险	76.836
	经营管理风险	64.365
其他风险	不可预见风险	72.299

从总体上看，JY项目的风险分值是65.24（见表2-6，即所有一级风险因子风险值的加权之和），发生风险的概率不是很大。但是在二级风险因子中，具体可以看出受原材料上涨和竞争者存在的影响，JY项目开发中存在的市场风险较大（见表2-14），风险值为76.836，属于高风险。受国家房地产市场结构调整的影响，高品质楼盘受到一定程度的制约，所以政策风险值为67.517，风险次之；再次是企业筹资和经营管理风险，但是由于开发项目处在合肥房地产市场的上升期，企业筹资和经济风险相对于其他房地产开发项目较小，尤其自然风险更小。虽然不可预见风险的发生可能性非常大，属于高风险。但总体上看，该房地产项目值得开发。

4. 风险应对措施

在所有的二级风险因子中，土地政策风险、利率上调、原材料上涨、火灾、合同管理风险、项目建设流程交叉均是该项目在开发中必须重视的问题。企业风险控制的具体对策是：针对原材料价格上涨采取风险转移，对竞争者存在采取风险规避，同时开发项目要和竞争企业有差别；针对国家政策风险，在充分认识宏观调控方向的同时采取风险自留，一部分采取风险减轻或控制的方式化解；对于经营管理和不可预见风险，采取风险自留，即加强合同管理、工程质量管理等。

2.5.3 建立风险动态管理体系

1. 建立一支高水平、多学科的开发项目部

项目部全体成员树立正确的风险意识，高度重视风险管理，强化风险管理理

论学习。制订尽可能周密、科学、详细的计划并严格按照计划实施。必要的话，还要建立专门的风险管理组织机构，一方面，加强市场调研和宏观政策分析研究，以正确把握国家和地区的经济发展脉搏，制定适合自身特点的开发策略，防止宏观环境风险的产生；另一方面，协调各个部门之间的关系，防止因为开发环节衔接不畅引起工程进度拖延或成本增加等风险，尽可能避免由于组织管理不善引起的微观环境风险。

2. 开发商严格履行自己的社会责任

房地产项目开发用地，要么来源于城市边缘区农民集体土地的征收，要么来源于旧城改造。不管哪种情形，都涉及大量社会问题，如土地补偿、农民安置、房屋拆迁和补偿等。JY项目是在仪表厂厂址的基础上开发起来的，虽然区位条件优越，但由于该地段属于老城区的边缘区，建筑历史久远、低矮楼房较多、环境较差，项目区周边需要拆迁改造的部分比较复杂。因此需要开发商主动与地方政府、各级管理部门加强联系，争取对开发项目的支持，必要情况下可以纳入城市旧城改造项目，这不但可以降低开发成本，也会减少各个层面的干扰和影响，大大降低不可预见风险的发生。

3. 加强合同管理和开发环节的衔接管理

目前在工程项目管理中，还无法做到精细化管理，像房地产项目开发这样环节众多、涉及从建筑到管理各个专业协调和配合的工程，基本上很难避免经营管理风险，为此需要从两点加以预防：① 强化合同意识，在签订土地出让合同、勘察设计合同、拆迁补偿合同、资金使用合同、施工合同、销售合同时，一定要遵循诚实信用原则，并吸取前车之鉴，避免合同中出现歧义、漏洞和陷阱等带来的合同风险。② 加强房地产项目开发从投资决策、土地获取、工程建设乃至物业管理各个环节的衔接管理，尤其要重视投资决策阶段对开发区、开发物业类型和时机的充分调研和科学分析，并充分考虑以后各个阶段工作间的衔接。避免工程已经建设后再重新设计规划，降低经营管理风险。

4. 加强资金运作和管理，应对市场风险

JY项目位于区位条件优越的城市主干道长江路和西一环路口。土地成本、拆迁安置成本都比较高，而且选择别墅级尺度设计，豪华精装修交房，因此开发成本极高，项目开发期又处于国际金融风险之后，开发中存在极大的市场风险，尽管有WK公司这样高水平的专业开发团队，但仍然要充分考虑合肥市场购房者的需求意愿和能力。为此可采用预售、分期开发、招标中由承包方垫资等形式加强对项目资金的全程运作和管理，并留有预备金补充应急，以应对市场风险。

5. 加强风险跟踪和风险控制

房地产开发项目由于涉及的利益相关方较多，这需要房地产开发项目各相关部门积极主动配合风险管理机构进行风险分析与跟踪，由相关部门将房地产开发项目的实际资料提供给风险管理机构进行分析与评价，最后落实到相关责任人对风险实施控制,并制定应对措施,实现动态风险管理。

> **复习思考题**
>
> 1. 简述风险的概念与特点。
> 2. 简述房地产开发项目风险。
> 3. 简述房地产开发项目风险识别原则。
> 4. 简述房地产开发项目风险识别技术与方法。
> 5. 简述房地产开发项目建设阶段的风险。
> 6. 简述房地产开发项目风险评估技术与工具。
> 7. 简述房地产开发项目风险应对策略。

开发流程管理

流程是企业利用内部资源完成任务目标的过程，企业的经营管理和业务活动都以流程的形式体现。房地产开发一般要经过前期准备、工程建设、项目销售及物业管理这些阶段，每一个阶段又包括不同层次的工作流程。房地产开发流程是指房地产企业将内部资源运用于项目决策阶段到租售阶段，最终达到初始战略目标的过程。

3.1 房地产开发项目决策流程

3.1.1 项目投资战略

房地产开发项目投资战略是房地产企业为了达到某种特定目标，借助科学的理论和方法，为决策提供依据而制定的投资方略。由于项目决策流程的有效性对企业目标的实现至关重要，房地产企业在机会识别阶段会根据开发项目投资战略初步判断项目是否可行，以保证决策流程有效。

1. 投资战略制定依据

房地产企业在生命周期的不同阶段会根据外部环境和内部资源制定公司层战略、业务层战略和职能层战略，以使企业形成可持续的竞争优势，从而实现企业价值。房地产企业的总体战略一经确定，即和宏观环境、行业环境、金融环境一并成为制定开发项目投资战略的依据。

2. 投资战略制定要素

战略管理的核心是为房地产企业制定适应企业内外环境的战略。企业战略是企业以未来为基点，为寻求并维持持久的竞争优势而作出的有关企业全局的筹划和谋略。

战略应当包括四个要素：① 战略应包括一组清晰的长期目标；② 战略应明确企业的范围，包括企业提供的产品种类、面向的市场以及将要从事活动的领域；③ 战略应清楚地表述将要获取并维持的竞争优势；④ 企业为达成目标所采取的逻辑。

3. 投资战略制定原则

房地产企业开发项目投资战略制定一般需要满足下列三条原则：

（1）按照房地产企业生命周期的不同阶段选择项目投资战略。企业生命周期理论是企业发展与成长的动态轨迹，包括发展、成长、成熟、衰退四个阶段。在生命周期的不同阶段，房地产企业会根据自身的成长情况调整企业的发展方向。与此同时，项目投资战略应该作出相应的调整。例如，房地产企业在初创期为了占有市场份额，项目盈利性可能不作为投资战略的重要评价指标，但随着企业进入成熟期，项目盈利性在投资战略确定时会越来越重要。

（2）根据房地产企业外部环境的变化选择项目投资战略。外部环境是投资战略能否达到既定目标的关键性影响因素。房地产企业面临的外部环境是错综复杂的，其中主要包括宏观环境、行业环境和金融环境。能够在瞬息万变的外部环境中利用机会、规避风险，制定出合理的开发项目投资战略，是房地产企业追寻的目标之一。

（3）根据房地产企业内部资源的情况选择项目投资战略。内部资源是指企业的管理水平、技术优势、财务状况、成本优势以及长期积累的商誉等。任何超出房地产企业内部资源的项目投资战略都是没有意义的。因此，在制定开发项目投资战略时，应根据企业内部资源量力而行。

4．投资战略目标

房地产开发项目投资战略目标可分为以下四种不同的类型：

（1）利润最大化

利润最大化是指房地产企业通过项目开发，不断增加企业利润。"厂商追求利润最大化"是微观经济学中的经典假设之一，利润是企业财富的增加值，利润越多说明企业财富增加越多，则越接近企业目标。利润最大化可以满足投资者的要求，但企业的利益相关者众多，单纯追逐利润最大化往往会损害其他利益相关者的权益。房地产企业的利益相关者有投资者、经营者、供货商、客户、政府部门、财务利益相关者、债权人、员工、竞争对手等。

（2）股东财富最大化

持有这种观点者认为，房地产企业的资金来源于股东，股东作为企业所有者，其目的是通过项目开发追求股东财富最大化。股东财富体现为股票价格，所以股东财富最大化又可以表述为股票价格最大化。

与利润最大化目标相比，股东财富最大化有一定的优势：一是可利用股票市价来计量，具有可计量性，利于期末对管理者进行业绩考核；二是考虑了资金的时间价值和风险因素；三是在一定程度上能够克服企业在追求利润上的短期行为，因为股票价格在某种程度上反映了企业未来现金流量的现值。

同时，追求财富最大化也存在一些缺陷：一是股东价值最大化只有在上市公司才可以有比较清晰的价值反映，对非上市公司很难适用；二是它要求金融市场是有效的。由于股票的分散和信息的不对称，经理人员为实现自身利益的最大化，有可能以损失股东的利益为代价作出逆向选择。因此，股东财富最大化目标也受到了理论界的质疑。

（3）企业价值最大化

企业价值最大化是指房地产企业通过开发项目财务上的合理经营，采取最优的财务政策，充分利用资金的时间价值和风险与报酬的关系，保证将房地产企业长期稳定发展摆在首位，强调在企业价值增长中应满足各方利益关系，不断增加企业财富，使企业总价值达到最大化。企业价值最大化具有深刻的内涵，其宗旨是把企业长期稳定发展放在首位，着重强调必须正确处理各种利益关系，最大限度地兼顾企业各利益主体的利益。企业价值在于它能带给所有者未来报酬，包括获得股利和出售股权换取现金。

（4）社会价值最大化

由于房地产企业的主体是多元的，因而涉及社会方方面面的利益关系。为此，房地产企业目标的实现不能仅从企业本身来考察，还必须从企业所从属的更大的社会系统来进行规范。房地产企业要在激烈的竞争环境中生存，必须与其周围的环境相和谐，这包括与政府的关系、与员工的关系以及与社区的关系等。企业必须承担一定的社会责任，包括改善民生、解决社会就业、讲求诚信、保护消费者、支持公益事业、环境保护和搞好社区建设等。社会价值最大化就是要求企业在追求企业价值最大化的同时，实现预期利益相关者的协调发展，形成企业社会责任和经济效益间的良性循环关系。

社会价值最大化是现代企业追求的基本目标，这一目标兼容了时间性、风险性和可持续发展等重要因素，体现了经济效益和社会效益的统一。

3.1.2 项目决策流程

房地产开发项目决策流程是从机会识别环节至项目立项环节，确保立项项目能够帮助实现企业目标的决策循环系统。决策流程是房地产开发流程的先导阶段，对后续流程影响深远。其中主要包括信息资料搜集、投资机会寻找、机会优选和可行性研究阶段以及土地使用权获取的前期工作阶段。在这个阶段，最重要的工作是对选定的项目进行可行性研究。房地产企业要根据自己的经验、投资能力和对项目的预期，全面地对项目的可行性研究报告进行比较分析，看自己是否能接受项目客观的收益与风险。可行性研究报告则应力求科学、公正、准确。房地产开发项目决策流程如图3-1所示。

1．决策流程指引

（1）项目机会识别

房地产企业进行项目机会识别的依据包括但不限于城市发展动态、开发项目投资战略、区域经济分析和土地信息调研四个方面，识别依据及要点如表3-1所示。

（2）项目调研分析

房地产开发项目调研分析主要包括三个方面，分别是：初步规划设计、初步成本预算和土地成本估算。

1）初步规划设计可选择外部策划机构进行，也可以自行进行。但要达到一定深度，为后续工作提供数据支持。

2）初步成本预算应采用市场定价倒推法，以市场同类产品价格为基础，减去预期利润，再分解各项开发成本。

3）土地成本估算主要是根据初步规划设计和初步成本预算进行土地成本估算。土地成本估算需要考虑的四个变量如下：

① 规划设计方案。不同的产品组合有不同的容积率，会产出不同方案的建筑面积与销售面积。

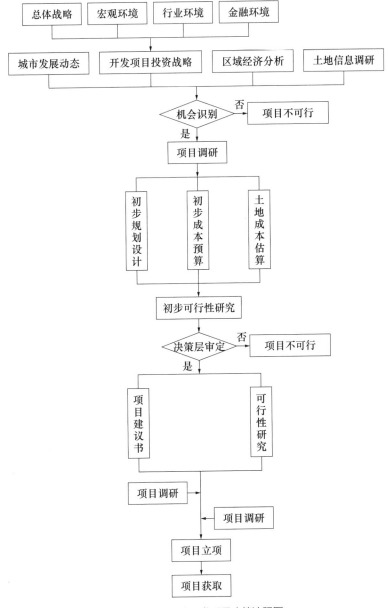

图3-1 房地产开发项目决策流程图

房地产开发项目机会识别依据及要点　　　　表3-1

识别依据	识别要点
城市发展动态调研	① 城市的规模与定位； ② 城市发展战略和产业布局； ③ 城市中长期规划要点； ④ 城市经济发展水平与市场容量； ⑤ 城市政策法律环境
开发项目所在地区域经济分析	① 区域在城市中的地位； ② 区域经济发展水平；

续表

识别依据	识别要点
开发项目所在地区域经济分析	③ 区域市场容量分析； ④ 区域竞争分析； ⑤ 区域规划分析； ⑥ 区域政策法律环境
土地信息调研	① 土地信息获取渠道：政府招拍挂公告、同行、中介以及其他渠道； ② 地块资源（自然资源与社会资源）初步分析； ③ 土地价格调研

② 销售价格。不同的产品组合有不同的销售价格，乘以不同的产品面积，可以算出不同方案的销售总收入。

③ 建设造价成本（除去土地之外）。不同的产品组合有不同的建设造价成本，乘以不同的产品面积，可以算出不同方案的建设投资（除去土地）。

④ 销售周期。项目销售周期决定土地投资的年投资回报率，是非常重要的一个变量，计算土地成本时必须考虑在内。

（3）项目初步可行性研究

房地产开发项目初步可行性研究要点包括：

1）市场分析。其主要包括：整体市场分析和细分市场分析。

2）法规政策分析。其主要包括：政策分析和法律风险分析。

3）项目分析。其主要包括：项目基本情况、项目资源分析、项目SWOT分析和项目发展前景预测。

4）项目开发建议与评价。主要包括：项目定位、项目开发规模及产品类型和项目规划及建筑构想。

5）项目开发进度。

6）项目财务分析。

7）项目风险分析与敏感性分析。

8）项目研究结论和建议。

（4）初步可行性研究报告评审

由房地产企业决策层对初步可行性研究报告进行评审，如有必要需邀请相关专家参与评审。最后的评审意见需经重大事项评审小组审批。

（5）项目可行性研究报告和项目建议书编写

房地产开发项目初步可行性研究报告经重大事项评审小组审批通过后，房地产企业会组织开发部门或者委托外部专业机构进行项目可行性研究报告和项目建议书的编写工作。

（6）可行性研究报告评审

可行性研究报告编写完成后，由房地产企业决策层会同邀请的有关专家进行项目论证。论证结果最终需要经过重大事项评审小组审批。本次审批决定着项目是否进入开发流程。

2．决策流程关键节点

（1）信息获取

房地产开发项目的信息资料包括统计部门发布的统计资料信息、政策部门信息（如价格政策、税收政策、地方或行业性优惠政策等）、开发商正在进行或完工的项目信息反馈等。

影响房地产投资相关的信息主要分为三大类型：一是与整个宏观市场相关的经济、人文信息，这些信息对于房地产投资者的影响虽然是间接的，但对投资者选择投资方向、确定投资的宏观区位有重大影响；二是房地产市场运作过程产生的直接信息，这些信息对于投资者确定房地产投资的类型、选择具体区位和进入市场的时机起重要作用；三是与投资项目直接相关的信息，它影响投资者的具体投资决策。

从市场分析的角度出发，通常将房地产市场信息分为需求方面的信息、供给方面的信息（包括存量和增量）、房地产市场交易方面的信息和其他信息。

1）需求方面的信息。其包括宏观经济信息（GDP及其增长率、通货膨胀率）、房地产使用者信息（人口、失业率、家庭规模、家庭收入、公司数量与规模、对房屋使用功能需求的潮流与趋势等）和使用中的房地产数量和空置信息。

2）供给方面的信息。其包括现有房地产数量（存量）、使用中的建筑物的物理状况、房地产开发成本及成本指数、新开发房地产面积（包括计划、新开工、在施工、竣工的房地产面积）、拆除或改变用途数量、可供开发的土地资源及规划要求等方面的信息、各种类型用地出让或转让的数量、楼面地价和单位地面价等。

3）房地产市场交易方面的信息。其包括租金及租金指数（含平均租期、租金和折扣等）、销售价格及价格指数（包括土地价格和物业价格）、房地产投资收益率和资本化率、分类物业的市场成交量、市场吸纳周期与吸纳率等。

4）其他信息。其包括政策信息、金融信息（信贷政策、信贷规模、利率水平等）和房地产税收等方面的信息。

（2）项目建议书的编写

在投资方向确定之后，开发商应编写项目建议书，上报市计划委员会审批，并领取批准文件。项目建议书的主要内容包括：① 项目名称、建设单位、主管部门；② 项目提出的必要性和依据；③ 项目初步建设方案、建设规模、主要功能分布；④ 资源情况、建设条件、协作关系；⑤ 项目进度构想和建设周期；⑥ 项目建设投资估算和资金筹措方案，项目资本金及其来源；⑦ 经济效益、社会效益及环境效益的初步估计。

项目建议书附件包括：① 项目业主资信证明材料或营业执照复印件；② 项目资本金中除自有资金外的资金来源证明；③ 旧城改造项目，由规划部门出具设计条件通知书；④ 多方联合建设（或合资、合作）项目，需提供联合建设（或合资、合作）协议书或合作意向协议；⑤国有单位用地使用权出资参与建设的，需提供主管部门出具的证明材料；⑥其他特殊规定必备的材料。

（3）项目可行性研究报告的内容

由于房地产开发项目的性质、规模和复杂程度不同，可行性研究的内容不尽相同、各有侧重。一般房地产开发项目可行性研究报告的内容主要包括以下几个方面：

1）项目概况

项目概况主要包括：①项目名称、开发建设单位；②项目的地理位置，包括项目所在城市、区和街道、距城市中心的距离、交通运输条件，通过该场地汽车与行人交通总量的情况，给水、煤气、电力、通信、雨水和生活污水排放等基础设施配套情况，项目周围主要建筑物、构筑物的现状等；③项目所在地周围的环境状况，主要从工业、商业及相关行业现状及发展潜力、项目建设的时机和自然环境等方面说明项目建设的必要性和可行性；④项目的性质及主要特点；⑤项目开发建设的社会、经济意义；⑥可行性研究的目的、依据和范围。

2）项目用地的现状调查及动迁安置

项目用地的现状调查及动迁安置主要包括：①土地调查，包括开发项目用地范围内的各类土地面积及使用单位等；②人口调查，包括开发项目用地范围内的总人口数、总户数、需动迁的人口数、户数等；③调查开发项目用地范围内建筑物的种类，各种建筑物的数量及面积，需要拆迁的建筑物种类、数量及面积等；④调查生产、经营企业以及个体经营者的经营范围、占地面积、建筑面积、营业面积、职工人数、年营业额、年利润等；⑤各种市政管线，主要应调查上水管线、雨水管线、污水管线、热力管线、燃气管线、电力和电信管线的现状及规划目标和其可能实现的时间；⑥其他地上地下物现状，开发用地范围内地下物调查包括水井、人防工程、菜窖、各种管线等，地上物调查包括各种树木、植物等；⑦开发项目用地的现状，一般要附平面示意图；⑧制订动迁计划；⑨确定安置方案，包括需要安置的总人数、总户数，需要安置的房屋套数及建筑面积，需要安置的劳动力人数等。

3）市场分析和建设规模的确定

市场分析和建设规模的确定主要包括：①市场供给现状分析及预测；②市场需求现状分析及预测；③市场交易的数量和价格；④服务对象分析，制订租售计划；⑤拟建项目建设规模的确定。

4）规划设计方案的选择

规划设计方案的选择主要包括：①市政规划方案的选择，市政规划方案的主要内容包括各种市政设施的布置、来源、去路和走向，大型商业房地产开发项目的重点是要规划好交通；②项目构成及平面布置；③建筑规划方案选择，建筑规划方案的主要内容包括各单项工程的占地面积、建筑面积、层数、层高、房间布置、各种房间的数量、建筑面积等，附规划设计方案详图。

5）资源供给

资源供给主要包括：① 建筑材料的需要量、采购方式和供应计划；② 施工力量的组织计划；③ 项目施工期间的劳动力、水等供应；④ 项目建成投入生产或使用后水、电、热力、煤气、交通、通信等供应条件。

6）环境影响和环境保护

环境影响和环境保护主要包括：① 建设地区的环境状况；② 主要污染源和污染物；③ 开发项目可能引起的周围生态变化；④ 设计采用的环境保护标准；⑤ 环境污染和生态变化的初步评价方案；⑥ 环境保护投资估算；⑦ 环境影响的评价结论和环境影响分析；⑧ 存在的问题及建议。

7）项目开发组织机构、管理费用的研究

项目开发组织机构、管理费用的研究主要包括：① 开发项目的管理体制、机构设置；② 管理人员的配备方案；③ 人员培训计划，年管理费用估算。

8）开发建设计划

开发建设计划主要包括：① 前期开发计划，即项目从立项、可行性研究、下达规划任务、征地拆迁、委托规划设计、取得开工许可证直至完成开工前准备等一系列工作计划；② 工程建设计划，包括各个单项工程的开工、竣工时间、进度安排、市政工程的配套建设计划；③ 建设场地的布置；④ 施工队伍的选择。

9）项目经济及社会效益分析

项目经济及社会效益分析主要包括：① 项目总体投资估算，包括固定投资和流动资金两部分；② 项目投资来源、筹措方式的确定；③ 开发成本估算；④ 销售成本、经营成本估算；⑤ 销售收入、租金收入、经营收入和其他营业收入估算；⑥ 财务评估，运用静态和动态分析方法计算项目投资回收期、净现值、内部收益率和投资利润率、借款偿还期等技术经济指标，对项目进行财务评估；⑦ 国民经济评价，对于大型房地产开发项目，还需运用国民经济评价计算项目经济净现值、经济内部收益率等指标；⑧ 风险分析，一方面采用盈亏平衡分析、敏感性分析、概率分析等定量分析方法进行风险分析，另一方面从政治形势、国家方针政策、经济发展状况、市场周期、自然等方面进行风险分析；⑨ 项目环境效益、社会效益及综合效益评价；⑩ 结论及建议。

3.1.3 项目决策流程管理

目前，大部分房地产企业均采取分期开发的方式进行项目开发，因此，房地产开发项目决策流程也以分期决策的形式贯穿于项目全生命周期。

1. 决策流程管理目的

房地产开发项目决策流程管理有以下四个目的：

（1）有效整合房地产企业的机会和资源

房地产市场中供需关系从失衡到均衡推动着整个房地产市场的发展。房地产开发是房地产市场中的供给侧，房地产企业通过项目投资提供产品，通过产品销售获得利润。当环境中出现机会时,房地产企业若能有效整合机会和资源,进行有效供给,将获得超额利润。因此,有效整合房地产企业的机会和资源是开发项目投资战略的目标之一。

(2)企业对环境的快速响应能力

对现代企业来说,追求速度和快速响应客户需求的能力已成为一种基本的竞争战略。中国房地产市场正处于剧烈变动的时期,新的环境、新的观念、新的政策层出不穷。房地产企业的管理必须具有快速响应能力,以适应这种剧烈变化的环境。作为一个资源整合者,房地产企业应当成为一个具有快速响应能力的效率单元,然后才能把整个供应链体系上的多个效率企业有效地整合,向顾客提供快捷有效的产品和服务,并力求降低整体成本。即通过自身的快速响应能力带动相关资源的快速响应。

(3)有效的产品或服务

如今房地产市场竞争激烈,产品同质化严重,产品的趋同带来的是巨大的市场风险。目前,我国开启的房地产业供给侧改革,要求房地产企业深挖自身资源,向顾客提供差异化、创新性、特性化甚至定制化的产品或服务。供给侧改革后的房地产企业不再以市场导向为经营原则,而是将经营的重心放在产品和服务上面。因此,建立学习型、创新性、整合性的经营机制和企业文化是房地产开发项目决策流程管理的深层次目标,它构成了整个流程管理的深层内核。

(4)顾客成本优势

对顾客来说,要得到房地产企业所提供的有效的产品和服务,必须支付一定的成本。实际上,这里的成本不仅包括房地产企业自身的直接成本,也包括多个企业整合开展组合供给过程的成本,即供应链体系运作的整体成本或平均成本。房地产企业不仅有责任降低本企业的运营成本,更要为通过开发项目决策流程管理的理论架构降低整个整合供应链的成本负责。因为顾客成本的形成不仅在房地产企业中,更主要的是在整个供给过程中,地块选择、项目功能、资金结构和融资方式、开发方式和时机、经营方式、开发过程、项目风险这些因素都在形成顾客成本。作为产品或服务的供应商,房地产企业只有在项目开发决策的流程管理中以实现顾客成本优势为目标,才能谈得上实现企业投资价值。

2. 决策团队的建立

流程质量最大的隐患是没有流程所有者,特别是涉及多个部门的房地产开发项目决策流程,如果没有人对流程整体负责,流程接口处就可能成为流程运行的瓶颈。因此房地产开发项目决策流程必须指定一个流程所有者——决策流程主管。他的责任是确定流程界限,设计规定范围中的业务流程,协调业务流程接口,确定子流程并指定子流程所有者,规定业务流程的输出,监督流程的运行效果,改进业务流程。

企业决策领导层在确定了开发项目投资战略后,可以任命一位高层管理人员作为未来房地产开发项目的总负责人兼开发项目决策分析流程的总协调人。总协调人负责从各个不同职能部门抽调专业人才来组建决策核心小组，同时总协调人可以任命一位知识结构全面和对项目全过程有丰富实践经验、善于领导团队的综合人才作为业务主管来负责投资决策工作的具体业务开展。

"房地产开发项目决策分析小组"要有独立、自主、负责的精神，同时小组成员之间应及时沟通联系。"总协调人"与"业务主管"要督促小组成员相互沟通，凝聚团队内的关系。各流程主管可以根据自己的需要获取外部专家和公司其他职能部门的支持。

3. 决策管理制度的建立

要使项目决策流程中的工作人员能够真正围绕流程工作，必须建立流程型管理制度。即由各个流程主管根据其既定目标来制定各项管理制度，用以约束流程中成员的行为，使他们围绕流程的目标形成向心力。在制定制度的同时还要负责对员工的工作绩效进行考核，将流程的整体效益和成员的个人效益联系起来。在房地产开发项目决策小组中，成员不可能只为一个流程工作，为了确保流程的效率，员工的薪酬要由多个流程的效率共同确定，这就要求管理制度对薪酬体系作出明确规定。薪酬体系应当体现对决策效果的评价，而决策效果的评价又应当分为两部分：一部分是对流程的效率及其产出的阶段性成果的质量评价；另一部分是投资成果实现后，对决策水平作出后评价并总结经验。

好的决策流程一定需要通过切实的执行才能发挥作用，执行所关注的是执行的效率和效果。效率是指在达到目标或指标的过程中所耗费的资源（人力、物力、财力、时间等），效果是指目标或指标的完成情况。因此，在决策流程的执行过程中，管理的重点有如下几方面：

（1）项目决策流程的执行得到重大事项评审小组的批准，并形成制度化文件和指令。

（2）执行为项目决策流程所制定的工作方法，由制度保障方法的落实。

（3）执行的宽度和深度能充分保障相关联环节的有效运作。

（4）执行的授权充分、有效，资源和相关信息的获得得到及时保证。

（5）各级执行人员获得必要的培训指导，确保培训的效果在执行中得到印证。

（6）执行过程充分保护资产安全和资源使用的有效性和经济性。

（7）执行结果是系统流程的方法产生的，是可持续的。

（8）决策过程的记录和表现显示以上方法被知晓、落实和执行。

（9）项目决策流程指定的流程控制人切实负责流程的维护、执行的监督和流程的改进工作。

4. 决策流程质量评估

房地产企业应定期实施项目决策流程质量评估。项目决策流程质量评估的目的是加强流程执行力度，寻找流程优化的机会。流程质量评估是一种流程运行跟踪，良好的流程质量评估的基础是必须建立有效、公开、公认和公平的评估标准、评估指标和评估方法。流程质量评估标准和指标来源于房地产公司的业务目标和流程要求，项目决策流程质量评估主要包括以下方面：

（1）项目决策流程的遵循性评估。其主要是对项目决策流程所涉及的部门和员工对于流程执行符合情况的评估。

（2）项目决策流程的有效性评估。其主要评估流程所分配职责的合理性、所分配职责的完成情况以及流程的流通效率。流程的流通效率可以表示为：

$$流程运作总用时 = 流程中工作任务执行时间 + 延迟时间 + 任务传递时间 \quad (3-1)$$

（3）项目决策流程的绩效评估。其主要评估流程所涉及的各项目标或指标的完成情况，主要评估要素包括：表现和趋势、目标合理并达成、行业最佳标准对比的达成、结果与流程所确定方法的关系。

（4）评估的方式。房地产企业应采用内部评估和外部评估相结合的方式。内部评估就是管理层和相关部门组成评估小组对项目决策流程进行遵循性、有效性和绩效达成方面的评估。外部评估就是房地产企业聘请外部顾问对开发项目决策流程进行评估。

5. 决策流程的持续优化

在执行和评估房地产开发项目决策流程的基础上不断优化，是提高决策科学性的根本途径。项目决策流程的优化必须遵从一定的管理方式，不能在无规则、无次序的状况下进行。同时项目决策流程的优化必须强调增值、创新和突破。项目决策流程优化的动力可以来源于外部环境的变化、执行和评估过程中发现的偏差、管理风险的变化、企业经营目标的变化，也可以来源于组织结构的改变。房地产开发项目决策流程改进过程如图3-2所示。

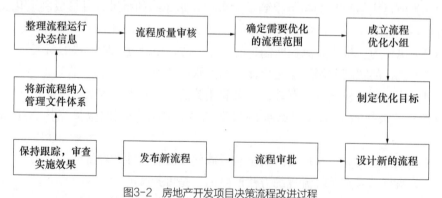

图3-2 房地产开发项目决策流程改进过程

房地产开发项目决策流程优化的方法可以归纳为以下几个方面：

（1）保持功能不变，降低成本

这种流程优化方法比较适用于功能实现比较固定，而流程成本的可变空间却相对较大的业务流程。例如，项目管理流程中的大多数流程活动功能已经在规划设计阶段固定下来，结构工程提供结构承受荷载功能、基础工程提供基础承受荷载功能等。当降低流程活动成本时，要保证业务流程活动的功能是不变的，否则会导致流程优化的失败。

（2）减少不必要的功能，大幅度消减成本

相比于上一种流程优化方法，这种方法更适用于流程功能产生过剩，成本投入相对过多的流程活动。在优化过程中，管理者需要明确流程活动实现的功能是在期望实现功能之内，最好正好为期望值。通过减少基本功能以外的成本投入，提高流程价值。例如，在市场营销流程中广告推广之前要对目标客户、广告宣传范围等进行定位明确，减少向不正确的群体、在不正确的时间、以不正确的方式进行的宣传活动，如在公交车电视上投放高档住宅的营销广告。

（3）成本不变，增加功能

一般而言，每项基本活动的基本功能是特定的，比如投资决策活动就是对项目的可行性进行论证，以确定是否进行项目投资；工程建设活动就是建筑完成工程项目实体。所以，在保持成本的基础上增加基本活动的功能存在困难，只能是优化某项基本活动实现功能的方式，或者使功能更加贴近顾客需求。另外，可以通过提高辅助活动与基本活动、辅助活动与辅助活动之间的协调性，比如在采购活动中严格控制存货量和进货点以满足建筑工程的需求，从而提高组织的工作效率，实现1加1大于2的效果，达到提高工程项目整体功能的目的。

（4）增加功能，降低成本

对于既存在功能增加机会又有成本降低空间的流程活动需要进行重点优化，因为此类活动的两项目标都没有达到最优。在增加功能贡献的同时降低成本，可以参照前述具体措施。这类流程活动经优化之后价值会大幅度提高。

（5）增加成本，提高功能

这类流程活动的特点是：一方面它创造的功能对实现产品价值至关重要，但是由于未获得经营者足够的重视，导致投入不足影响了功能的产生，例如部分小房地产企业没有意识到项目投资分析和产品定位活动的重要性，造成产品与顾客需求脱节，后期销售市场低迷。另外，投入的成本和创造的功能必须能够增加效益，也就是说增加必要的成本后可以获得功能的大幅度提高，对此类流程活动就需要增加成本投入。具体做法如下：首先，分析其产生的主要功能，在确认原来投入的成本是合理并且必要的前提下，增加投入以提高直接功能；然后，细分与该流程活动相关的辅助功能，分析产生相关辅助功能的流程活动，同样在确认增加投入可以提高辅助功能的基础上再增加成本投入。

3.2 房地产项目开发流程

3.2.1 开发流程概述

经过项目决策流程项目正式立项后，房地产项目开发一般要经过前期准备、工程建设、项目销售与出租这三个阶段，每一个阶段又包括不同层次的工作流程。

1. 建筑产品及其生产特点

（1）建筑产品特点

1）建筑产品在空间上的固定性

任何建筑产品都是在选定的地点上建造和使用，与选定地点的土地不可分割，从建造开始直至拆除均不能移动。所以，建筑产品的建造和使用地点在空间上是固定的。

2）建筑产品的多样性

建筑产品不但要满足各种使用功能的要求，而且还要体现出地区的民族风格、物质文明和精神文明，同时也受到地区自然条件诸因素的限制，使建筑产品在规模、结构、构造、形式、基础和装饰等诸多方面变化纷繁，因此建筑产品的类型多样。

3）建筑产品的综合性

建筑产品是一个完整的固定资产实物体系，不仅在土建工程的艺术风格、建筑功能、结构构造、装饰做法等方面堪称是一种复杂的产品，而且工艺设备、采暖通风、供水供电、卫生设备等各类设施的结构也比较复杂。

（2）建筑产品生产特点

1）建筑产品生产的流动性

建筑产品地点的固定性决定了建筑产品生产的流动性。一般的工业产品都是在固定的工厂、车间内进行生产，而建筑产品的生产是在不同的地区，或同一地区的不同现场，或同一现场的不同单位工程，或同一单位工程的不同部位组织工人、机械围绕着同一建筑产品进行生产。因此，使建筑产品的生产在地区与地区之间、现场之间和单位工程不同部位之间流动。

2）建筑产品生产的单件性

建筑产品地点的固定性和类型的多样性决定了产品生产的单件性。一般的工业产品是在一定的时期内，在统一的工艺流程中进行批量生产，而建筑产品则应在国家或地区的统一规划内，根据其使用功能，在选定的地点上单独设计和单独施工。即使是选用标准设计、通用构件或配件，由于建筑产品所在地区的自然、技术、经济条件不同，使建筑产品的结构或构造、建筑材料、施工组织和施工方法等也要因地制宜加以修改，从而使各建筑产品生产具有单件性。

3）建筑产品生产周期长、占用流动资金大

建筑产品的固定性和体形庞大的特点决定了建筑产品生产周期长。因为建筑产品体形庞大，使得最终建筑产品的建成必然要耗费大量的人力、物力和财力。由于建筑产品地点的固定性，使施工活动的空间具有局限性，从而导致建筑产品生产具有生产周期长、占用流动资金大的特点。

4）建筑产品生产组织协作的综合复杂性

建筑产品生产的涉及面较广，在建筑企业内部，要在不同时期、不同地点和不同产品上组织多专业、多工种的综合作业；在建筑企业外部，它涉及各种不同种类的专业施工企业及城市规划、征用土地、勘察设计、消防、"七通一平"、公用事业、环境保护、质量监督、科研试验、交通运输、银行财政、机具设备、物质材料、电、水、热、气的供应、劳务等社会各部门和各领域的复杂协作配合。由于建筑产品体形庞大，需要多工种、多工序密切配合，要求建设单位、设计单位、施工及设备安装单位相互协调、严密计划、科学管理，只有这样才能更好地完成建筑工程任务，因此建筑产品生产的组织协作关系错综复杂。

2．开发流程特点

一般情况下，房地产项目开发流程如图3-3所示。

图3-3　房地产项目开发流程

结合建筑产品及其生产特点以及房地产项目开发流程，可以分析得出房地产项目开发流程具有以下特点：

（1）房地产项目开发流程涉及的主体众多

建筑产品的综合性特点，决定了建筑工程建设的参与方众多。建筑产品生产组织协作的综合复杂性特点，使得参与方不仅局限于直接的建设主体，还包括监管、协助等主体。比如在项目融资阶段需要银行的参与，前期阶段需要和政府部门，如土地管理部门、规划局、市政部门、消防公安部门等进行业务接洽；另外需要专业技术公司提供智力支持，如咨询公司提供可行性研究报告以及策划报告，规划设计单位提供规划设计方案，勘察单位提交勘查报告，销售代理公司提供销售方案，物业公司提供物业管理方案等。

（2）房地产项目开发流程受外部影响大

由于参与主体众多，房地产项目自身的开发流程其实和这些主体本身的业务流程是相互交融的，因此房地产项目自身的开发流程很容易受到外界的影响。外界参与主体自身的流程可以看作房地产项目开发流程中某个节点的子流程。在进行房地产项目自身流程优化的时候，必须考虑这些难以掌控的子流程的影响。另外，由于房地产开发一般周期比较长，因此影响因素多、风险大，开发周期在一定程度上决定了流程的自适应能力。

（3）房地产项目开发流程数量众多

房地产项目开发环节众多，每个阶段都包含了大量的业务工作，因此开发流程的数量也众多，并且这些业务工作相对来说都比较零散，相互之间的联系并不是十分紧密。比如在进行房地产项目的规划设计时，需要进行申报选址定点、申报规划设计条件、委托做出规划设计方案、办理人防审核、办理消防审核等一系列先后逻辑关系并不是十分清晰的零散开发流程。

（4）房地产项目开发流程柔性较大

房地产项目开发流程柔性特点主要是由房地产项目开发的产品特点和房地产企业的管理模式决定。房地产产品具有一次性的特点，任何房地产项目从总体上来说都是一次性的、不重复的，它经历前期策划、批准、设计、施工、销售、物业管理全过程，这其中涉及不同的设计单位、承包商、监理单位和销售方式。房地产项目开发流程必须以柔性来适应不断变化的外部环境。

（5）房地产项目开发流程受国家法律、法规等政策影响较大

《中华人民共和国土地管理法》《中华人民共和国招投标法》《物业管理条例》《商品房销售管理办法》《国务院关于促进节约集约用地的通知》等政策法规的出台，都会影响房地产项目的投资决策、设计、销售、物业管理等相关流程。

3．开发流程分类

从对房地产项目开发流程特点的分析可知，房地产项目开发的流程数量很多，这个时候如果不对房地产项目的开发流程进行分级分类，形成清晰明确的流程管控体系，则会使房地产企业陷入流程繁琐、效率低下的境地。对于已有的房地产项目开发流程，也必须建立相应的监管体系，及时发现流程中的不合理之处并加以改进，这样才能保证项目整体业务开发的顺利进行。房地产项目开发流程根据不同的分类方法可划分为不同类别。下面按房地产项目开发流程的重要性、层次性质以及范围等进行分类。

（1）按流程的重要性划分

按照流程的重要性不同，可以将房地产项目开发流程划分为核心流程与支持流程。核心流程是指对项目价值创造起关键作用并直接为客户传递价值的流程。支持流程是指为项目经营提供基本支持所需的流程，如人力资源管理流程、日常管理流程等。

（2）按流程的层次性质划分

按照流程的层次性质不同，可以将房地产项目开发流程划分为运营流程和保障流程。运营流程是指可以实现房地产项目主要功能的流程，如产品定位管理流程、设计管理流程、工程招标流程、工程质量管理流程、销售管理流程、合同管理流程等。支持流程是指房地产企业为保障经营战略流程和开发管理流程顺利实施而提供保障职能的流程，如财务预算管理流程、会议管理流程、危机管理流程等。

（3）按流程的范围划分

按照流程的范围不同，可以将房地产项目开发流程划分为部门内部流程、跨

部门流程和企业间流程。部门内部流程是指在房地产企业一个部门内就可以完成的开发流程，如工程质量控制流程、营销策划流程等。跨部门流程是指开发流程在企业内跨多个部门，如客户服务流程。企业间流程是指流程的整个过程涉及企业之外主体的参与，如房屋按揭流程、项目建设流程。

3.2.2 项目前期准备阶段流程

房地产项目前期工作阶段是具体落实开发方案，为开发项目建设做准备的阶段。前期准备阶段涉及的工作程序以及部门较多，主要流程如图3-4所示。其中，选址定点、项目规划、方案设计和工程招标的详细内容将在后续章节中讲解，本节主要向大家简要介绍土地获取和征地拆迁的流程。

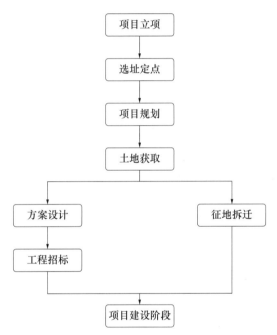

图3-4 房地产项目前期准备阶段主要流程

1. 土地使用权的获取

（1）获取建设用地的几种形式

根据所开发项目的类型不同，获取土地的形式不同，主要包括行政划拨与土地出让两种。其中，土地出让包括协议出让、招标出让、公开拍卖等几种方式。此外，还可以通过补地价方式获取土地。

1）行政划拨

行政划拨是我国国有土地使用权传统分配的一种方式。在市场经济环境及土地逐渐走向有偿使用的今天，鉴于中国的具体情况，行政划拨土地方式在相当长的时间内仍将继续存在。根据有关规定，政府行政划拨土地适用于经济、文化、国防及社会公共事业建设需要征用集体所有土地的情况。

2）协议出让方式

协议出让方式属于国有土地有偿出让的一种形式，适用于：高科技项目用地；福利住宅用地；国家机关、部队、文化教育、卫生、体育、科研和市政公共设施等非营利性用地；政府批准的其他用地。

3）招标出让方式

招标出让方式属于国有土地有偿出让的一种形式，适用于：优化土地布局、重大工程的较大地块；大型区域发展用地；小区成片开发及技术难度较大的项目用地。

4）公开拍卖方式

公开拍卖方式属于国有土地有偿出让的一种方式，适用于：竞争性强、盈利大的商业用地；区位条件好，交通便利的闹市区；土地利用上有较大灵活性的地块。

5）补地价方式

对于原先获得的划拨土地，开发商可通过补地价方式改变土地使用性质，从而获取土地使用权。

(2) 土地获取流程

就目前国内房地产市场的发展来看，获取建设用地的方式多采取出让方式，而其中又以协议出让方式为主。以协议出让方式获取土地的流程如图3-5所示。

(3) 土地交接

进行土地交接，获得土地，并核实所获得地块内实际管网及各种市政基础设施是否与土地出让（转让）合同一致。根据土地使用权规划范围进行放线，并用必要的维护设施将地块圈起。

2．办理建设用地动迁工作

取得开发用地后，要对该用地上现有的建筑物和构筑物进行拆迁，对现有的住户进行安置。拆迁安置是一项政策性很强的工作，其依据有国务院颁发的《国有土地上房屋征收与补偿条例》以及各地方政府结合本地实际情况制定的房屋拆迁管理办法，并按以下程序进行。

(1) 拆迁调查

首先，要与开发地段的派出所、房管所进行联系，取得支持，并且抄录拟开发范围内的常住人口、拆迁户以及房屋产权、使用性质、建筑面积等情况，按表格逐一登记。第二，以拆迁小组为单位，分户到人，上门核查，并做好详细记录。如住户使用面积和房屋业主契证所记载的面积以及人口结构、年龄、健康状况、职业、工作单位等情况。第三，逐户摸清拆迁户的要求，做好记录，并分成如下五类：① 要求一次搬迁，作永久安置的；② 要求迁回解决临迁或投靠亲友的；③ 要求放弃产权，租回使用面积的；④ 要求临时铺面，继续经营的；⑤ 其他。分类的目的是为了给补偿安置迅速提供真实资料。

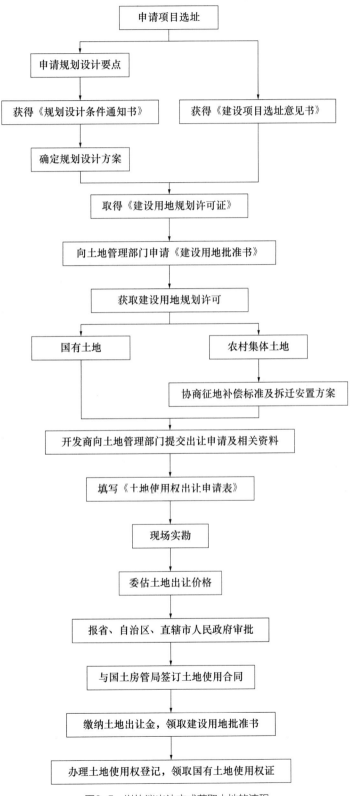

图3-5 以协议出让方式获取土地的流程

（2）制订拆迁安置计划

每个动迁人员对自己所承担的被拆迁安置、补偿的决定全部熟悉后要进行分析，以片为单位，逐户安置房源和作出拆迁的补偿决定。这里既要考虑工商、企业、事业单位、私房、侨房的动迁难度，又要考虑安置补偿过高的用户，还要编制拆迁方案和拆迁安置方案。拆迁计划的内容包括：拆迁范围、拆迁实施方式、搬迁回迁时限、工程开工竣工时间。拆迁补偿安置方案的内容包括：被拆除房屋及其附属物状况（房屋使用性质、产权归属、结构形式）；被拆迁人的住房情况；各种补偿补助费用估算；安置保证和去向；临时过渡方式及其具体措施。

（3）选择拆迁承办单位

收集拆迁公司的档案资料，从中优选拆迁承办单位，并与之研究拆迁计划和拆迁安置补偿方案是否可行，达成一致意见后，协商并签订拆迁委托合同。

（4）申请核发房屋拆迁许可证

拆迁单位申请领取房屋拆迁许可证，应当向房屋所在地的市、县人民政府房屋拆迁管理部门提交申请。

（5）拆迁公告

召开拆迁动员大会，公布拆迁公告。拆迁管理部门在发放拆迁许可证的同时，应将拆迁人、拆迁房屋及其范围、法律依据、拆迁期限以公告形式予以公布。另外，还应书面通知房产、公安、工商等有关部门。

（6）拆迁人与被拆迁人签订拆迁协议书

拆迁协议书应明确补偿形式和金额、安置用户面积和地点、搬迁过渡方式和期限、违约责任以及当事人认为需要订立的其他条款。

（7）实施拆迁

由市拆迁办发布拆迁公告。开发公司到市政、供电、园林等部门办理拆迁地段止水、止电、止气、伐树手续。同时，办理施工临时用水、用电、占道手续。按拆迁协议，到当地拆迁办缴纳委托拆迁承办费。完成以上工作即可实施拆迁。原则上，搬迁一间，拆卸一间，为动迁工作起推动作用。

（8）办理拆迁房屋产权灭籍手续

拆迁人应将所订立的拆迁协议送至拆迁管理部门备案，同时到房产部门办理被拆迁房屋产权灭籍手续。

3.2.3 项目工程建设阶段流程

当取得土地使用权后，房地产开发企业就开始房地产开发项目的建设过程。房地产开发项目建设管理是房地产开发建设的具体实施过程，在整个房地产开发的经营管理过程中处于中心地位。房地产开发的建设过程大致分为项目建设准备阶段、施工阶段和竣工验收阶段。项目工程建设阶段主要完成的工作有：办理《建设工程施工许可证》、现场"七通一平"、施工质量控制、施工进度控制、施工成本控制、竣工验收及相关手续办理等。

1. 建设准备阶段

房地产开发项目实施建设的许多基础性管理工作和前提条件必须在开工前或实施初期完成，作为实施的前导工作，主要包括以下工作：

（1）办理《建设工程许可证》和《施工许可证》

《建设工程许可证》是由规划管理部门审批颁发的，《施工许可证》是由开发商（即建设单位）负责申领而不是由施工单位领取的。两项许可证需要在开工之前办理，未经许可，不得擅自开工。

（2）编制确认各类文件

编制项目质量管理计划，确定项目工程的质量目标；编制施工总进度计划，确定开发项目的准确建设周期；编制管理计划、管理手段以及奖惩办法，以便顺利开展工作；对总监理工程师审批过的项目"施工组织设计"进行确认；组织人员对监理公司提交的《监理规划》进行审批，并对《监理实施细则》进行研究；组织施工图会审、交底工作，检查施工单位编写的会审纪要。

（3）现场准备

"七通一平"即使生地在通过一级开发以后，能达到通给水、通排水、通电、通信、通路、通燃气、通热力以及场地平整的条件，使二级开发商可以进场后迅速开发建设。同时，向监理和施工单位移交场地和原始水准点、坐标点，并办理交接手续。

（4）项目实施控制业务工作流程设计，建立各种决策规划

其主要包括质量控制、设备采购控制、工程变更程序、工期及成本（或投资）控制等业务的流程设计以及流程中决策体系的建立。

2. 施工阶段工程项目管理流程

工程项目管理是房地产开发项目管理的重要环节，开发商进行工程项目管理的目标是在预算成本和计划工期范围内，高质量完成工程施工工作。房地产开发项目的工程项目管理可委托监理机构负责。其工程项目管理的内容主要包括：质量、进度、成本控制，合同、安全管理等。开发商通过招标方式选择监理单位。在项目施工过程中，开发商的主要工作是监督施工和监理合同的履行，确保建设项目的开发符合预期的要求。

（1）质量控制

工程项目质量控制是指项目管理机构以合同中规定的质量目标或国家标准、规范为目标所进行的监督与管理活动。在施工阶段，质量控制的主要任务是在施工过程中及时发现施工工艺流程是否满足设计要求和合同规定，对所选用的材料和设备进行质量评价，对整个施工过程中的工程质量进行评估，将取得的质量数据和承包商履行职责的程序与国家有关规范、技术标准、规定进行比较，并作出评判。

（2）进度控制

工程项目进度控制是施工现场管理最为重要的工作。做好施工进度计划与

项目建设总进度计划的衔接,并跟踪检查施工进度计划的执行情况,在必要时对施工进度计划进行调整,对于工程建设进度控制总目标的实现有十分重要的意义。

(3)成本控制

工程项目成本控制主要包括如下几个方面的工作:

1)编制资金使用计划。进行成本控制的目的是为了确保成本目标的实现,开发商必须编制资金使用计划,合理地确定建设项目的成本控制目标值,包括建设项目总目标值、分目标值和各细分目标值。

① 按子项目划分的资金使用计划。房地产开发项目可能由多个单项工程组成,因此首先要把总资金分解到单项工程和单位工程;其次,在施工阶段分解到分部分项工程;再次,具体分配资金,编制工程分项的资金支出预算,包括材料费、机械费,同时也包括承包企业的间接费、利润等;最后,编制详细资金使用计划表。

② 按时间进度编制资金使用计划。利用控制项目的网络图进一步扩充编制按时间进度的资金使用计划,即在建立网络图时,一方面要确定完成某项施工活动所需花费的时间,另一方面也要确定完成这一工作的合适支出预算。在甘特图的基础上可编制按时间进度划分的资金支出预算。

2)审查施工组织设计和施工方案。施工组织设计和施工方案对工程成本支出影响很大,科学合理的施工组织设计和施工方案能有效降低工程建设成本。

3)控制工程款的动态结算。确定工程款支付方式,包括按月结算、竣工后一次结算、分段结算和其他双方约定的结算方式。

4)控制工程变更。在开发项目的实施过程中,由于多方面原因,经常出现工程量变化、施工进度变化等问题,可能使项目建设支出超出原来的预算成本。因此尽可能减少和控制工程变更的数量。

(4)合同管理

合同管理的主要工作内容包括:建设工程合同的总体策划、投标招标阶段的合同管理、合同分析与解释及合同实施过程中的控制。

在建设工程合同总体策划阶段,开发商和承包商要慎重研究确定影响整个工程、整个合同实施的根本性、方向性重大问题,确定工程范围、承包方式、合同种类、合同形式与条件、合同重要条件、合同签订与实施过程中可能遇到的重大问题以及相关合同在内容、时间、组织及技术等方面的协调等。

由于招标投标阶段是合同的形成阶段,对合同的整个生命周期有根本性的影响,通过对招标文件、合同风险、投标文件等的分析和合同审查,明确合同签订前应注意的问题,就成为招标投标阶段合同管理的主要任务。

分析是合同执行的基础,要通过合同分析具体落实合同执行战略,同时,还要通过合同分析与解释,使每一个项目管理的参与者都要明确自己在整个合同实施中的位置、角色及与相关内外部人员的关系。

合同实施过程中的控制是立足于现场的合同管理。其主要工作包括合同实施监督、合同跟踪、合同诊断和合同措施选择。建立合同实施保证体系，完善合同变更管理和合同资料的文档管理是做好合同实施的关键。

（5）安全管理

在规划设计阶段，要求工程设计符合国家制定的建筑安全规程和技术规范，保证工程的安全性能。在施工阶段，要求承包商编制施工组织设计时，应根据建筑工程的特点制定相应的安全技术措施；对专业性较强的工程项目，应当编制专项安全施工组织设计，采取安全技术措施。

为了达到安全生产的目的，要求承包商在施工现场采取维护安全、防范危险、预防火灾等措施。施工现场对毗邻建筑物、构筑物和特殊作业环境可能造成损害的，建筑施工企业应当采取安全防护措施。承包商应当遵守有关环境保护和安全生产法律、法规的规定，采取控制和处理施工现场的各种粉尘、废气、废水、固体废物以及噪音、振动对环境的污染和危害措施。

施工现场的安全由建筑施工企业负责，实行施工总承包的，由总承包单位负责。开发商或其委托的监理工程师应监督承包商建立安全教育培训制度，对危及生命安全和人身健康的行为有权提出批评、检举和控告；开发商与承包商还要认真协调安排工程安全保险事宜，按双方约定承担支付保险的义务；开发商应监督监理单位对安全、文明施工的管理，如发现存在安全隐患或违反文明施工要求的情况，督促监理单位通知施工单位加以整改。

3．工程项目竣工验收

工程项目竣工验收阶段的主要任务是：对施工项目管理的全过程进行系统的总结；对工期、质量、成本进行分析，安排好竣工计划及收尾工作；做好竣工结算、工程档案资料移交、工程保修手续办理等有关竣工验收的准备工作。

3.2.4 项目租售阶段流程

房地产开发项目的租售阶段实际是开发与经营相衔接、相交差的阶段，通常包括房屋出售（租）、售（租）后管理。这个阶段的主要内容是租售工作，开发商总是期望在预定的时间内以预定的租售价格水平为项目找到买方。此外，在出租经营的前提下，开发商还必须考虑有效的物业管理，以保持建成后的物业对租客的吸引，延长其经济寿命，达到理想的租金回报和使物业保值、增值的目的。本阶段的主要工作内容包括房地产开发项目营销策划、合同管理、现场管理及物业管理。

1．项目营销策划

房地产市场营销是通过交易过程满足顾客需求的一种综合营销活动，是把房屋转换成现金的整个过程。从房地产市场营销的具体方式来看，主要分为开发商自行租售和委托物业代理两种。

从房地产开发项目的前期策划到项目租售完毕，开发商可以根据开发项目及其具体情况委托物业代理。一般来说，物业代理负责开发项目的市场宣传和租售业务，并就开发项目预期可能获得的租金、售价水平、当地竞争性发展项目情况以及最有利的租售时间等给开发商提供参考意见。

开发商自行租售需完成以下工作：

（1）房地产市场调研

房地产市场调研就是以房地产为特定的商品对象，对相关的市场信息进行系统的收集、整理、记录和分析，进而对房地产市场进行研究与预测，为决策者们了解市场的变动趋势、制订公司营业计划、拟订经营策略提供参考与建议。市场调研主要是完成对单个楼盘的市场调查、区域市场的调查和宏观环境的调查，并撰写区域市场报告。

（2）制定产品策略

房地产开发项目产品策略需完成的工作有房地产地域分析、房地产地块分析、房地产产品规划及面积配比与格局配比。

1）房地产地域分析

地域分析偏重于宏观分析，它提供的是地块中长期远景价值，通常地域分析从交通动线、区域特征和发展规划这三个方面进行。

2）房地产地块分析

相对于偏重客观面的地域分析，切实可行的地块分析与实际操作更便于应用，特别是对单个楼盘市场的调查和企划，通常地块分析从地点、交通、位置和环境四个方面入手。

3）房地产产品规划

产品规划的要点包括：产品规划应该和客源定位相吻合；产品规划应该顺应和引导消费时尚、善于挖掘和满足客户的潜在需求；产品规划应该兼顾实际销售的需要，注意恰当的对应。

4）面积配比与格局配比

确定各种面积范围分布的单元数在整栋大楼或某个销售单位的单元总数中各自所占的比例；确定各种形式格局的单元数在整栋大楼或某个销售单位的单元总数中各自所占的比例。

（3）制定价格策略

房地产价格策略是指如何根据产品的生产成本和使用价值应对市场的反应，进行合理的价格组合，并将利润的实现和利润的多少控制在一个合理的时间和数量范围之内。价格策略主要是确认推向市场的单价、总价和付款方式，新推楼盘的开价策略和营销价格的调整策略。

（4）制定广告策略

广告就是通过一定的媒介方式，将所要提供的商品和服务的信息传递给预想中的目标客源，以加快整个销售流程的进行，但不是销售的决定力量。广告策略需完成的工作有：广告基调的确定、广告的诉求点、楼盘的命名、广告的主要媒体、售点广告和广告计划的拟订。

2. 合同管理

合同管理在售租阶段主要是指对《商品房买卖合同》及《租售合同》的管理。其主要工作如下：

（1）合同评审

合同评审需要完成的工作即对合同条款、定购商品房协议条款文本及对外宣传承诺内容进行收集汇总，并审核合同的法律符合性。在租售过程中如客户对合同条款有异议提出反要约的，或由于客户设计更改等原因须进行合同补充约定的，收集客户意见并拟订补充合同条款。

（2）合同洽谈

销售人员向客户介绍房屋情况，包括：房屋结构、面积、单价、租金、付款情况、交付日期、社区情况、配套情况、其他约定等。客户进行口头确认，客户对合同条款有修改的，对合同修改条款进行补充合同评审。

确定合同签订流程：客户初次来访→销售员追踪或客户再次来访→销售员根据客户要求填写推荐表→客户交定金→销售员领取协议→填写协议→入档→客户交完定金在规定的时限内将首期款交齐，签订《商品房买卖合同》→办理预售监证→客户领取已监证合同。

商品房预售人在签约之日起30日内持预售合同到县级以上人民政府房产管理部门和土地管理部门办理商品房预售登记备案手续，当事人双方持房地产权属证书、当事人合法证明、转让合同等向房地产所在地的房产管理部门提出申请，并申报成交价格。

（3）合同变更

当合同不能正常履行时，开发商应明确合同的更名、更换或退房流程以及客户施工的更改办理流程，以便于租赁工作顺利进行。

（4）办理产权预先总登记

房屋竣工后须向产权监理处申请办理产权预先登记，办理流程如下：联系测绘队下点测绘，作出分层平面图、地丘图、计算私有面积→产权处下点验收，提出修改意见→测绘队对分层平面图、地丘图、私有面积计算表进行修改→产权处复核→确权→计算分摊面积→产权处出函通知交易所通过产权预先登记。

（5）分户产权办理

分户产权办理流程如下：以书面形式通知客户办理分户产权手续→客户持《商品房预售合同》、楼款收据、身份证复印件及私章到公司经营销售部根据产权处核算的面积与客户签订增减面积补充合同→客户结算增减面积增退款，并用楼款收据换取正式《购房发票》→客户持《商品房预售合同》《购房发票》《购房证明书》、身份证到房地产交易所办理分户产权手续。

3. 项目现场管理

最简单、最普遍的现场管理就是业绩管理，让每一个租售环节的作业行为具体化、数据化，并据此进行量化管理。现场管理主要应完成以下工作：制定《租售人员工作管理办法》《营销人员季度考评表》《营销中心前台客户接待规范》，并根据管理办法及客户信息反馈情况监督租售人员的服务态度，对不符合服务规范的销售人员进行批评教育并督促改正。组织租售人员引导客户填写《推荐表》《客户信息征询表》，记录客户的姓名、地址、电话、喜好的户型、了解楼房的信息渠道及其他关于楼房的意见。根据销售情况制作一览表及销售统计表，及时处理客户投诉。

4．项目物业管理

物业管理是房地产开发的延续和完善，是一个复杂而完整的系统工程。根据物业管理在房地产开发、建设和使用过程中不同时期的地位、特点和工作内容，物业管理工作的主要环节有：物业管理的策划阶段、物业管理的前期准备阶段、物业管理的启动阶段和物业管理的日常运作阶段。

（1）物业管理的策划阶段

这一阶段主要完成的工作包括：物业管理的早期介入、制定物业管理方案、选聘或组建物业管理企业。

1）物业管理的早期介入

物业管理的早期介入是指物业管理企业在接管物业以前的各阶段就参与介入，从物业管理运作的角度对物业的环境布局、功能、规划配套设施、管线布置、施工质量、竣工验收等多方面提供建设性意见，协助开发商把好规划设计关、建设配套关、工程质量关和使用功能关，以确保物业的设计和建造质量，为投入使用后的物业管理创造条件，这是避免日后物业管理混乱的前提与基础。

2）制定物业管理方案

房地产开发项目确定后，开发商就应尽早制定物业管理方案，也可聘请物业管理企业代为制定。首先，根据物业类型、功能规划物业消费水平，确定物业管理的档次；其次，确定相应的服务收费标准和成本支出，进行费用分摊，建立完善的能有效控制管理费用收支的财务制度。

3）选聘或组建物业管理企业

在物业管理方案制定并经审批后，即应根据方案确定的物业管理档次着手进行物业管理企业的选聘或组建工作。首次选聘物业管理企业由房地产开发商在开发项目全面竣工交付使用之前进行。房地产开发商将开发建成的物业出售给用户，一次性收回投资并获取利润，然后委托物业管理企业对物业进行管理，一些大的房地产企业大多采用这种类型。开发商也可以以招标方式委托专业的物业管理公司对已出售的物业进行日常管理。这两种物业管理都属于委托型。对于房地产开发商建成后物业并不出售，而是交由下属的物业管理公司经营管理，通过租金收回投资、获得利润的物业管理属于租赁经营型物业管理。

（2）物业管理的前期准备阶段

物业管理的前期准备工作包括：物业管理企业内部机构的设置与拟定人员编

制；物业管理人员的选聘与培训；物业管理制度的制定。

1）物业管理企业内部机构的设置与拟定人员编制

物业管理企业的内部机构及岗位要依据所管理物业的规模和特点灵活设置。物业管理企业的部门设置可以是多种多样的，关键在于要适应企业的实际需要。对于管理多个小区的物业管理企业，一般在每个小区建立管理处作为分支机构，负责该小区的一般日常工作。如果物业管理企业实行一业为主、多种经营，其在做好物业管理的基础上可以结合实际情况开展与业主相关的多种经营，那么物业管理企业可视需要设置经营部门。

2）物业管理人员的选聘与培训

从事物业管理的人员需要崇尚敬业精神，各岗位工种人员应达到一定的专业水平，同时应对其岗位资格进行确认。电梯、锅炉、配电等特殊工种应取得政府主管部门的资格认定后方可上岗。

3）物业管理制度的制定

物业管理制度是物业管理顺利运行的保证。物业管理制度的制定应依据国家法律、法规、政策的规定和物业管理行政主管部门推荐的示范文本，结合本物业的实际情况，制定一些必要的、实用的制度和管理细则。

（3）物业管理的启动阶段

物业管理的全面正式启动以物业的接管验收为标志，从物业的接管验收开始到业主委员会的正式成立，包括物业的接管验收、用户入住、档案资料的建立、首次业主大会的召开和业主委员会的成立四个基本环节。

1）物业的接管验收

新建房屋接管验收程序包括：建设单位书面提请接管单位验收；接管单位按接管验收条件和应提交的资料进行审批，对具备条件的，应在15日内签发验收通知并约定验收时间；接管单位会同建设单位对物业的质量与使用功能进行检验；对验收发现的问题，按质量问题处理办法办理；经检验符合要求的房屋，接管单位应签署验收合格凭证，签发接管文件。

在完成物业验收之后，所有物业连同设备都移交给物业管理企业。验收没有问题的设备在验收签字的同时就可以进行移交。物业管理企业在接受移交时必须由全体专业人员参加，这样才能作最后的验收确认。

2）用户入住

入住前物业管理企业向符合条件的业主发出入住手续和文件，如入住通知书、入住手续办理通知书、收楼须知、缴款通知书、用户登记表等。这些文件都由物业管理企业负责拟订，并以开发商和物业管理企业的名义在业主办理入住手续前寄发给他们。

3）档案资料的建立

档案资料包括业主或租户的资料和物业的资料。业主或租户入住后，应及时建立他们的档案资料，如业主的姓名、家庭人员情况、工作单位、联系方式、收缴管理费情况、物业的使用或维修养护情况等。

4）首次业主大会的召开和业主委员会的成立

当物业销售和用户入住达到一定比例时，业主应在物业所在地政府主管部门的指导下组织召开首次业主大会，审议和通过业主委员会章程和业主公约，选举产生业主委员会，决定有关业主共同利益的事项。至此，物业管理工作就从启动阶段转向日常运作。

（4）物业管理的日常运作阶段

物业管理的日常运作是物业管理最主要的工作内容，包括日常综合服务与管理和系统协调两个基本环节。

1）日常综合服务与管理

日常综合服务与管理是指用户入住后，物业管理企业在实施物业管理中所做的各项工作，例如，房屋修缮管理、房屋设备管理、环境卫生管理、绿化管理、治安管理、消费管理、车辆道路管理以及为改善居住环境而进行的配套设施与公共环境的进一步完善等各项服务工作。

2）系统协调

系统协调包括系统内部环境和外部环境的协调。系统内部环境条件主要是物业管理企业与业主、业主大会、业主委员会相互关系的协调；系统外部环境条件主要是与相关部门及单位相互关系的协调。例如，供水、供电、居委会、通信、环卫、房管、城管等有关部门，涉及部门非常广泛。

3.3 房地产开发行政审批流程

3.3.1 行政审批流程概述

1. 行政审批的概念及特征

房地产开发行政审批主要是指，主管房地产审批的政府部门按照相关法律法规对项目建设单位提出的项目申请进行审查，主要围绕项目申请人所提交的材料是否符合相关规定的要求、该项目建设是否符合城市整体规划等情况决定是否批准该申请，并对项目建设单位的执行情况进行监督。

房地产开发行政审批通常具有如下几个特征：

（1）房地产开发行政审批的依据是我国现行房地产管理法律法规，行政机关在行使行政审批职权的过程中要严格依照法律规定和法定程序办事。

（2）房地产开发行政审批的主体是主管房地产开发的政府部门，在我国通常包括发展和改革委员会、自然资源和规划局、住房和城乡建设局等。

（3）房地产开发行政审批是依申请的行政行为，相关主管部门只能根据项目建设单位的申请进行审查，对于符合条件的予以批准。

（4）房地产开发行政审批是房地产主管部门决定授予或者不授予提出申请的

项目建设单位进行房地产项目开发资格的行为。

（5）房地产项目行政审批作为行政行为，在行为过程中应体现行政机关的权威性，因此不能以非正式的公文或者口头方式来办理，而应当以颁发许可证或者批文等书面方式进行。

2. 行政审批中需要取得的关键性证书

房地产开发行政审批过程中，有五个关键性证书，简称为"五证"。现将具体内容介绍如下：

（1）《建设用地规划许可证》

《建设用地规划许可证》是建设单位向土地管理部门申请征用、划拨土地前，经城乡规划行政主管部门确认建设项目位置和范围符合城乡规划的法定凭证，是建设单位用地的法律凭证。没有此证的用地行为属于非法用地，房地产商的售房行为也属非法，不能领取房地产权属证件。

（2）《建设工程规划许可证》

《建设工程规划许可证》是城市规划行政主管部门依法核定的，确认有关建设工程符合城市规划要求的法律凭证。《建设工程规划许可证》是建设单位建设工程的法律凭证，是建设活动中接受监督检查时的法定依据。没有此证的建设单位，其工程建筑是违章建筑，不能领取房地产权属证件。

（3）《国有土地使用证》

《国有土地使用证》是证明土地使用者（单位或个人）使用国有土地的法律凭证，受法律保护。

（4）《建筑工程施工许可证》

《建筑工程施工许可证》是建筑施工单位符合各种施工条件、允许开工的批准文件，是建设单位进行工程施工的法律凭证，也是房屋权属登记的主要依据之一。没有施工许可证的建设项目均属违章建筑，不受法律保护。当各种施工条件完备时，建设单位应当按照计划批准的开工项目在工程所在地县级以上人民政府建设行政管理部门办理施工许可证手续，领取《建筑工程施工许可证》。未取得施工许可证的不得擅自开工。

（5）《商品房预售许可证》

《商品房预售许可证》是市、县级人民政府房地产行政管理部门允许房地产企业销售商品房的批准文件。其主管机关是住房和城乡建设局，证书由省住房和城乡建设厅统一印制、办理登记审批和核发证书。房地产商在销售商品房时，如该房屋已建成，还应持有房屋所有权证书。购房者如需检查房屋的建筑质量，还可查验房地产商的《工程验收证》。

3.3.2 行政审批流程

房地产开发行政审批流程如图3-6所示。

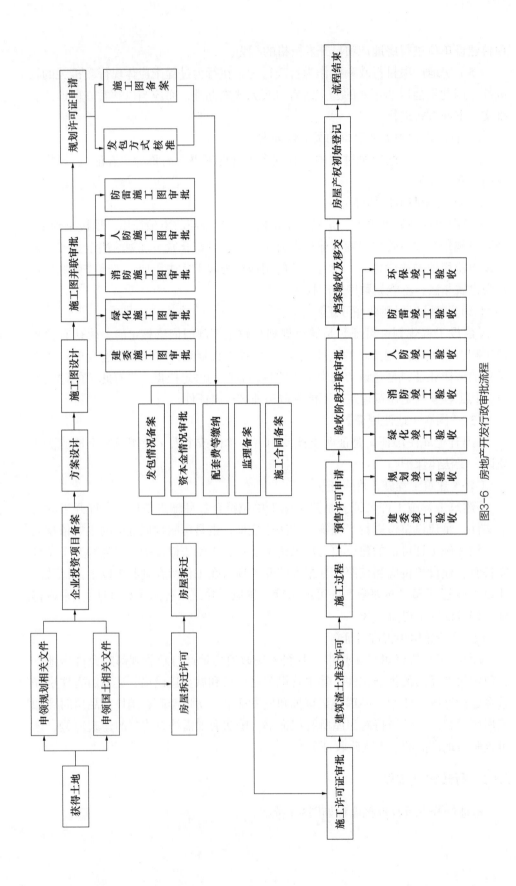

图3-6 房地产开发行政审批流程

复习思考题

1. 简述房地产开发项目投资战略制定原则。
2. 简述房地产开发项目决策流程。
3. 简述房地产开发项目流程优化的方法。
4. 简述房地产项目开发流程特点。
5. 论述房地产开发项目前期准备阶段流程。
6. 论述房地产开发项目工程建设阶段流程。
7. 论述房地产开发项目销售阶段流程。
8. 简述房地产开发行政审批中需要取得的关键性证书。

4

项目组织管理

组织结构是反映生产要素相互结合的结构形式，即管理活动中各种职能的横向分工与层次划分。由于房地产开发项目中生产要素的相互结合是一种不断变化的活动，所以项目组织管理也是一个动态的管理过程。就房地产开发项目这种一次性任务的组织而言，客观上同样存在组织设计、人员管理、绩效管理等组织活动。要使组织活动有效地进行，就需要建立合理的组织结构，进行良好的组织管理。

4.1 房地产开发项目组织设计

4.1.1 组织与组织管理

1. 组织与组织管理的概念

（1）组织

所谓组织就是两个以上的人为了实现共同的目标而进行有计划、有纪律的行动的集合体。为了保证决策和计划得到落实，确立的目标得以实现，房地产开发项目组织中的管理者必须对整个组织架构进行合理的设计，对组织中的成员进行合理的分工，使资源得到合理配置，制定统一的行动规则和奖惩制度。组织是管理过程中必不可少的手段之一。当明确组织的目标之后，就要对组织进行设计以保证目标的实现。

（2）组织管理

组织管理是指通过建立组织结构，规定组织内部成员的职务或职位，明确成员之间的责权关系，最终有效实现组织目标的过程。房地产项目组织管理的工作内容包括：确定为实现房地产开发项目目标需要开展的活动，并根据不同的分工设立相应的岗位；设计组织结构，根据实际需要划分部门；明确组织中不同部门和岗位的职权划分；制定组织运行的规则和章程，完善组织结构中横、纵方向的相互关系。

2. 组织管理的特征

（1）组织管理灵活多变

房地产开发项目管理组织是为了完成特定的开发任务而建立的管理工作机构。它主要是由完成项目管理工作的人、单位、部门组成的群体，随项目的变化而进行适度调整，因此结构上灵活多变。

（2）组织管理考虑因素多

进行组织管理时要充分考虑市场定位、客户价值及核心竞争能力等多项因素，依据房地产项目的发展程度及未来发展方向选择合适的组织管理方式。

（3）组织管理是围绕组织目标来进行的

组织目标是组织存在和发展的基础，组织管理就是为了有效地协调组织内的各种信息和资源，提高组织的工作效率，达到组织目标。

（4）组织管理是一个动态的协调过程

组织管理既要协调组织内部人与人之间的关系，又要协调组织内部人与物之间的关系。

4.1.2 组织结构与管理模式

1. 组织结构的定义

组织结构的定义包含以下三个关键因素：

（1）组织结构指明了正式汇报关系，包括组织的管理层级和主管经理的管理幅度。

（2）组织结构指明了部门中人员的分类和组织中部门的分类。

（3）组织结构包括通过组织系统的设计来确保有效的沟通、协调以及跨部门协作。

2. 组织结构的类型

（1）纵向连接机制

组织设计应该促进人员之间与部门之间的信息沟通，以完成组织目标。纵向连接机制被用于协调组织内高层人员与底层人员之间的活动，以及实现对组织的控制。常用的纵向连接机制有等级制度、规则与计划及纵向信息系统。

1）等级制度

等级制度或指令链是纵向连接机制的第一种方式。如果有员工无法解决的问题产生，这个问题就会被升级到上一个层级。当问题解决之后，问题答案会被传达到下面的层级。组织结构图上的直线起到沟通渠道的作用。

2）规则与计划

规则与计划是纵向连接机制的第二种方式。对于重复发生的问题与决策，可以制定标准化的规则或流程，这样员工就能够知道如何回应而不用每次都跟他们的经理沟通。

3）纵向信息系统

纵向信息系统是纵向连接机制的第三种方式。纵向信息系统包括定期报告、书面信息和基于计算机的沟通渠道。先进的信息系统使等级制度内信息的上下沟通更为有效。

（2）横向连接机制

横向连接机制是指跨部门的沟通与协调。横向连接机制通常不会在组织结构图上显示，但是它是组织结构中不可或缺的一部分，它帮助克服了部门之间界限的障碍，为员工之间的协调与合作、组织目标的实现提供了机会。常用的横向连接机制有横向信息系统、直接联络人、临时项目小组、专职协调者、项目团队等。

1）横向信息系统

跨部门的横向信息系统使得组织中的经理和基层员工能够实现针对问题、机会、活动任务、决策等的信息交换。同时也能帮助员工建立跨部门的联系，提高跨项目和跨区域的横向协调。

2）直接联络人

直接联络人充当部门联络人的角色。通常一个部门的直接联络人负责与其他部门的沟通与协调。

3）临时项目小组

直接联络人通常只连接两个部门。当涉及多个部门时，往往会采用临时项目小组的方式。临时项目小组由所涉及各个部门的代表组成。每个部门代表仅代表本部门的利益和目标，同时将有关信息带回本部门。临时项目小组是一种有效的横向连接机制，它可以通过横向协调解决暂时性问题，通常问题解决之后，临时项目小组就会解散。

4）专职协调者

专职协调者是一种更加强大的横向连接机制，由组织内部专门创造出一个岗位或部门用于横向协调。专职协调者经常拥有这些头衔：产品经理，项目经理、品牌经理等。不同于直接联络人，专职协调者在工作上不需要汇报给任何一个被协调的部门，通常由企业的管理层直接负责。

5）项目团队

项目团队是一种最强的横向连接机制。当组织中的任务需要长期的跨部门协作，跨职能的项目团队通常是一个有效的解决方案。随着信息技术和通信技术的发展，虚拟团队的方式被越来越多的企业所采用。虚拟团队是由不同地点、不同部门的人员组成，这些人员通过互联网或通信软件一起工作，而不是面对面的工作。

3．主要的组织管理模式类型

房地产开发项目组织管理模式可分为职能型组织管理模式、功能型组织管理模式和矩阵型组织管理模式三种。

（1）职能型组织管理模式

职能型组织管理模式是相对原始的组织形式，是最广泛的组织结构类型，其是根据项目组织的业务职能进行结构布置的一种组织形式。在房地产开发项目管理中可以分为直线—职能制组织结构和单一职能型组织结构。

1）直线—职能制组织结构

直线—职能制是在直线制和职能制的基础上，取长补短，兼收并蓄。目前大多数项目都采用这种组织结构形式。这种组织结构可以把项目管理机构和人员分为两类：一类是直线领导机构和人员；另一类是职能机构和人员。直线领导机构和人员在自己的职责范围内有一定的决定权和对所属下级的指挥权，并对自己部门的工作负全部责任。而职能机构和人员则是直线指挥人员的参谋，不能对直接部门发号施令，只能进行业务指导。直线—职能制组织结构如图4-1所示。

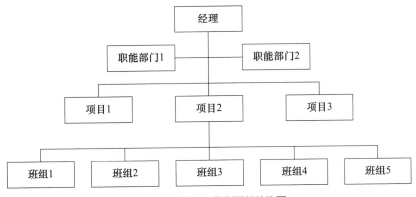

图4-1 直线—职能制组织结构图

2）单一职能型组织结构

单一职能型组织结构是根据项目公司的业务职能进行结构布置的一种组织形式。在单一职能型组织结构中，实行自上而下的垂直领导，指挥与管理职能基本上由主管领导独立执行，各主管人员对所属单位的一切问题负责，不设职能机构，只设职能人员协助主管人员工作。单一职能型组织结构如图4-2所示。

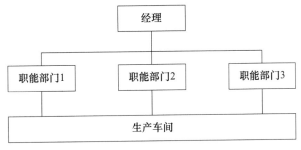

图4-2 单一职能型组织结构图

（2）功能型组织管理模式

功能型组织管理模式主要是以专业功能约束下级层次部门和同级层次部门的业务活动，有时对上级层次部门也有约束作用。这种组织结构消除了部门重叠，强化了责任制。在房地产开发项目管理中，其可分为事业部制组织结构和项目经理负责制组织结构。

1）事业部制组织结构

事业部制是一种高度集权下的分权管理体制。这种组织形式往往被独立分成一组管理模式，但作者认为这种组织结构更接近于功能型组织管理模式，因此也将其分入功能型组织管理模式之中。它适用于规模较大、品种较多、技术较为复杂的大型项目公司，是较大的集团公司普遍采用的一种组织结构形式。事业部制同时也是分级管理、分级核算、自负盈亏的一种组织结构形式，它将一家大型公司按地区或产品类别分成若干个事业部，实行单独核算、独立经营，集团总部通过利润等指标对事业部进行控制。事业部制组织结构如图4-3所示。

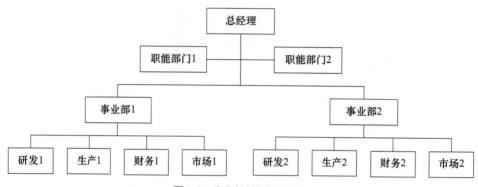

图4-3 事业部制组织结构图

2)项目经理负责制组织结构

这是一种介于直线职能制和事业部制之间的组织结构形式。在项目型组织结构中,每一个工作部门同样只有唯一一个上级领导或上级部门,即上下级之间是直线型的领导与被领导的权责关系,一级服从一级,上级工作部门在所管辖的范围内对直接下级具有直接指挥权,下级部门必须绝对服从。项目型组织结构中的工作部门一般是按项目综合设置的,部门主管人员(项目经理)要负责各种管理业务,一切由个人决定。项目型组织结构中的每一个工作部门,只有唯一的上级领导部门。

(3)矩阵型组织管理模式

如图4-4所示,在该组织结构中有两种领导系统,即按职能划分的垂直领导系统和按产品(项目)划分的横向领导系统,故称为矩阵组织结构。它是一种比较复杂的组织结构,同时依赖于纵向与横向两个维度的权利分配与沟通。矩阵型组织结构改进了直线—职能制组织结构横向联系差、缺乏弹性的缺点。其特点表现在围绕某项专门任务成立跨职能部门的专门机构上(如专门的产品小组)。这种组织结构形式是相对固定的,人员却是变动的,任务完成后就可以离开。项目小组和负责人也是临时组织和委任的,任务完成后就可以解散,相关人员回原单位,这种组织结构非常适用于横向协作和攻关项目。

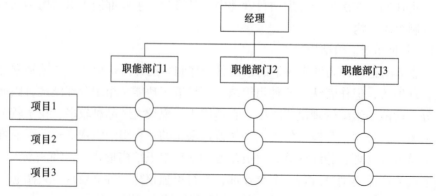

图4-4 矩阵式组织结构图

4.1.3 组织设计与调整

1. 组织设计的含义

（1）组织设计的基本概念

组织设计是指管理者对组织中的各要素进行组合，使人与人之间、部门与部门之间得到协调，使个人的权利和责任得到合理安排，它也是建立组织结构和实施组织活动的过程。组织设计主要包括两个方面：在职务设计的基础上进行横向管理部门设计和纵向管理层级设计。其设计要点为：

1）任务分解：把组织总目标和任务分配到个人和群体，并与职责权限和工作流程相配合。

2）要素的协调：既考虑组织内部诸要素协调，又考虑外部环境影响，并能随环境的变化而变化。

3）形成组织结构：与信息沟通、控制系统和激励制度相关联。

（2）组织设计权变分析

所谓权变的组织设计就是以系统的、动态的观点来理解和设计组织。虽然没有给出一个永远不变的普遍适用的模式，却能针对不同的战略目标、外部环境等给出不同类型的规律模式，从而选择一种比较合适的组织结构。

（3）组织设计的权变因素

房地产开发项目主要包含七大类权变因素，分别为：组织结构、战略、技术、人员、作风、制度和共同的价值观。

（4）组织设计的内容

组织设计的内容主要包括工作设计、部门划分和组织结构设计。

1）工作设计

工作设计包括工作内容、工作职能、工作关系、工作结果和工作结果反馈。

房地产开发项目组织工作设计的目的是减少单调重复性的反应、建立整体性的工作系统和发挥劳动者的主动性与创造性。

2）部门划分

将内容相同或相似的工作合成一个单位，就是部门化。部门设计要考虑四个问题，即组织中应有什么单位、哪些工作应连在一起或哪些应分开、各部门的大小及位置以及各个部门之间的关系。

3）组织结构设计

组织结构设计包括职能设计、管理幅度与管理层次设计和建立信息联系。下面重点介绍管理幅度与管理层次。

管理幅度：任何主管能够直接有效指挥和监督的下属数量是有限的，这个有限的直接领导的下属数量被称为管理幅度。

管理层次：由项目最高主管直至最低层（即能直接安排和协调组织成员的具体业务活动）的被委托人（而非具体的工作人员）之间所设置的管理职位层级数

被称为管理层次。

管理幅度与管理层次的关系：① 在管理幅度给定的条件下，管理层次与组织的规模大小成正比；② 在组织规模给定的条件下，管理层次与管理幅度成反比。

（5）组织结构设计中的集权与分权

集权是指决策权在较高管理层次的一定程度的集中。过分集权会造成降低决策质量、降低组织适应能力和降低组织成员工作热情的后果。分权是指决策权在较低管理层次的一定程度的分散。

集权和分权的共同目的是为了进行有效的管理，集权和分权考虑的主要因素包括：经营环境和业务活动的性质（环境较为不确定则趋向于分权）、组织规模和空间分布、决策的重要性和管理者的素质（重大决策趋向于集权）、对方针政策一致性的要求及现代控制手段的使用情况。

2. 组织结构设计的原则

（1）任务目标原则

任务目标是指房地产开发项目组织结构的设计必须以企业的战略任务和经营目标为依据和出发点，并以实现企业战略任务和经营目标为最终目的。这一原则是房地产开发项目组织结构设计总的指导原则。任务目标既是项目组织结构设计的出发点，也是项目组织结构设计的归宿。

（2）指挥统一原则

房地产开发项目管理机构设置应当保证行政命令和生产经营指挥的集中统一，这是房地产开发项目组织结构设计的基本原则，也是社会化大生产提出的客观要求。为贯彻统一指挥原则，应做到：① 实行首长负责制；② 正确处理直线经理与职能经理的关系，实行直线参谋制；③ 在同一层次领导班子中，必须明确主副关系，正职拥有最终决定权；④ 一级管一级，防止越级指挥。

（3）有效管理幅度原则

管理幅度是指一名主管人员能够直接有效指挥和监督的下级人员的数量。有效管理幅度是指主管人员能够直接有效指挥和监督下级人员的恰当数量。确定管理幅度应考虑的因素主要包括：管理的层次、领导者和下级的能力、组织机构的健全程度等。

（4）责权利相结合的原则

责权利相结合就是使房地产开发项目中每一个职位或岗位上的职责、职权、经济利益统一起来，形成责权利相一致的关系。

（5）稳定性和适应性相结合

稳定性是指组织抵抗干扰、保持其正常运行规律的能力；适应性则是指组织调整运行方式，以保持对内外环境变化的适应能力。稳定性要求"保持"，适应性则要求"调整"。

（6）精简机构的原则

精简机构就是指部门、人员、管理层次能减则减，办事程序和规章制度力求简单明了。

3. 组织流程诊断

(1) 现有流程诊断

房地产开发项目在进行关键业务流程设计时，首先应明确本企业现有流程存在哪些弊病，并运用各种方法、工具对自身现有流程的弊病进行诊断、分析，从而为流程再造和设计工作提供依据。

(2) 流程诊断方法

对现有流程进行快速、有效的诊断，找出流程弊病产生的原因，可综合运用鱼骨图分析诊断法、标杆管理分析诊断法、帕累托图分析诊断法、时间动作分析诊断法、基于活动的成本分析诊断法等。

1) 鱼骨图分析诊断法

借助鱼骨图分析诊断法我们能首先发现流程中存在的表象问题，然后对可能造成这些问题的因素、子原因及相关活动进行系统的分析和梳理，直至查明造成问题的真正原因。

2) 标杆管理分析诊断法

选择标杆的作用在于可以根据标杆企业的做法选择衡量本企业流程的绩效指标，并根据标杆企业的经营成果确定本企业的目标，同时可以借鉴标杆企业遇到相应问题时的思路和工作办法。

3) 帕累托图分析诊断法

帕累托图是按照发生频率进行登记排序的直方图，是能够把问题进行分类并计算出每一类问题所发生的频数的工具。在生成帕累托图的过程中，主要需完成以下三个任务：

① 选择投入—产出、原因—结果等指标体系，确立需要统计的参数类别。

② 收集各参数类别的数据。

③ 通过对数据的处理，构建出帕累托图。

4) 时间动作分析诊断法

时间动作分析是通过记录完整的流程节点活动，从而发现真正有价值的活动实际占用的时间，以便压缩非价值创造环节的相关活动占用的时间，从而提高流程运作效率。

5) 基于活动的成本分析诊断法

基于活动的成本分析诊断法是一种在全企业范围内通过确定产生成本的各种因素来分析每个流程及其子流程如何消耗企业各种资源的工具。

(3) 流程再造设计

1) 明确合适的企业文化

房地产开发项目公司流程再造一般以流程为中心，以追求客户满意度的最大化为目标，这就要求项目公司从传统的面向职能管理向面向过程管理转变。

2) 重新设计项目组织结构

在明确适应流程改造的企业文化的同时，从保障项目公司发展利益的角度出发，根据流程的运行需要精简原先繁琐的组织结构，设置"扁平化"、反应速度快、运行效率高的新型组织结构体系，以实现流程的快捷执行与管理费用的不断降低。

3）获得高层领导的认可

获得项目公司领导，特别是高层领导对流程再造的认可，是流程再造推动与实施中最重要的一步。一定要让领导认识到实施流程再造是提高项目公司运营效率和经济利益的重要措施，是项目公司战胜竞争对手的主要手段。

4）加强流程再造实施的培训

在流程再造的推动与实施过程中，项目公司高、中层管理人员是实施流程再造任务的骨干，广大基层员工是贯彻落实流程再造任务的重要力量。

4.2 房地产开发项目人员管理

4.2.1 项目人员构成

房地产开发项目的人员至少包括三类：

（1）管理人员，主要指从事经营管理工作的人员，如行政管理、经济管理、财务管理、人力资源管理人员等。

（2）专业人员，主要指企业中负责策划、征地、拆迁、销售等经营业务的工作人员。

（3）工程技术人员，主要指从事技术工作和技术管理的人员，具体是指建筑师、工程师、技术管理员等。

4.2.2 项目人员职能

房地产业具有专业性强、风险大、投资额大、投资回收期长、工作关系复杂等特点。这些特点决定了房地产从业人员必须要有扎实的专业知识、良好的心理素质、长远的眼光及很强的综合能力。许多房地产企业近几年发展困难，原因固然很多，但房地产从业人员专业素质较差、企业领导对人力资源管理工作重视不够是其中最直接的原因。因此，人力资源管理对房地产开发项目来说是一项十分重要的工作。房地产企业的经营活动大部分是第三产业的经济活动。许多房地产开发项目并不具备生产施工队伍，职工队伍主要由管理人员、工程技术人员和业务人员构成。因此，房地产开发项目的人力资源管理职能主要体现在员工的工作分析招聘与录用、培训与开发、薪酬管理、绩效管理上。

1．工作分析

工作分析是房地产开发项目人力资源规划、人员招聘、甄选、培训、绩效评估和薪酬管理等工作有效开展的基础。项目公司必须通过工作分析建立工作说明书与工作规范，从而保障以上工作的顺利开展。

（1）工作分析所获得信息的运用

工作分析所获得的信息运用如图4-5所示。

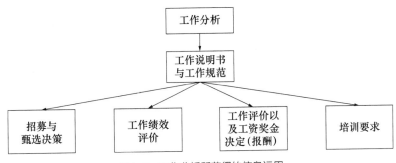

图4-5　工作分析所获得的信息运用

（2）项目公司在进行工作分析时，应当按照以下六个步骤进行：

1）确定工作分析的用途；

2）搜集与工作有关的背景信息；

3）选择有代表性的工作进行分析；

4）搜集工作分析的信息；

5）同承担工作的人共同审查所搜集到的工作信息；

6）编写工作说明书和工作规范。

（3）搜集工作分析信息的方法

1）访谈法。访谈法有三种：一是对每个雇员进行个人访谈；二是对同种工作的雇员群体进行群体访谈；三是对完全了解被分析工作的主管人员进行访谈。

2）问卷法。让雇员通过填写问卷来描述其工作中所包括的任务和职责。

3）观察法。对主要由身体活动构成的工作进行工作分析时，直接观察是一种特别有用的方法。

4）现场工作日记日志法。让雇员每天记录下他们在一天中所进行的活动。

2．招聘与录用

员工招聘对组织来说意义重大，员工招聘就是为了确保组织发展所需要的高质量人力资源而进行的一项重要工作。当组织内部的人力资源不能够满足组织发展和变化的要求时，组织就需要根据人力资源规划和工作分析的数量和质量要求，从外部吸收人力资源，为组织输入新生力量，弥补组织内人力资源供给不足。

人员录用过程主要包括试用期合同的签订、员工的初始安排、试用和正式录用。人员录用应遵循因事择人、知事识人、任人唯贤、知人善用、用人不疑、疑人不用、严爱相济、指导帮助的原则。

招聘评估是招聘过程必不可少的一个环节，内容包括招聘结果的成效评估和招聘方法的成效评估。

3．培训与开发

房地产开发项目公司所从事的是项目管理工作，生产的产品具有唯一性。房地产开发项目公司的员工大多属于知识型员工，在知识工作者的工作责任中包括不断创新，知识管理者需要不断受教育，并不断指导别人学习。同时，由于现阶段我国房地产业的飞速发展带来人才紧缺局面，一些毕业不久就被委以重任的年轻工程技术人员需要通过有效的培训使其快速成长。同时，培训与开发也是激励员工、引导员工与企业共同发展的最重要手段。因此，人员培训与开发对房地产开发项目来说尤为重要。

人员培训与开发是指组织根据组织目标，采用各种方式对员工实施有目的、有计划的系统培养和训练，使员工不断更新知识、开拓技能、改进态度、提高工作绩效，确保员工能够按照预期的标准或水平完成本职工作或更高级别的工作，从而提高组织效率、实现组织目标。

培训与开发的作用体现在：第一，有利于提高员工的能力和素质；第二，有利于提高企业的劳动生产率；第三，有利于满足员工实现自我价值的需要；第四，有利于营造优秀的企业文化；第五，培训与开发是员工的最大福利。

如图4-6所示，评估的目的在于确定培训需求，在建立培训目标时要注意确定经过培训的雇员预期应达到的显著的和可量度的工作业绩。在进行培训时，首先要选择培训技术，然后实际开展培训。最后，还应实施评价步骤，在这个阶段要对受训者接受培训前后的工作绩效进行比较，对培训计划的效益进行评价。培训需求分析的步骤如图4-7所示。

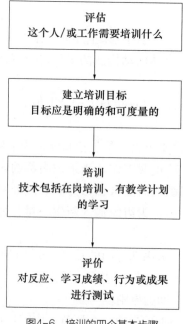

图4-6　培训的四个基本步骤

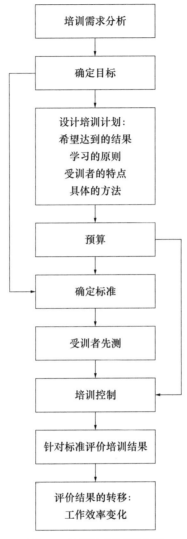

图4-7 培训需求分析的步骤

4. 薪酬管理

薪酬管理是组织吸引和留住人才、激励员工努力工作、发挥人力资源效能的最有力杠杆之一。一方面，由于近年来房地产业的飞速发展，房地产企业人才争夺异常激烈，薪酬成为众多房地产企业争夺人才的最重要手段。另一方面，由于房地产企业经营业务复杂，项目公司人员数量虽然不多，但人员类别很多、专业结构复杂，所从事的工作没有可比性，如何发挥薪酬管理的积极作用，保障企业内部薪酬的科学合理性和公平公正性从而有效激励员工，是房地产企业人力资源管理必须面对的课题。

薪酬管理是组织对员工的薪酬水平、薪酬体系、薪酬结构、薪酬形式进行决策、调控、管理的一整套方法、程序和制度。有效的薪酬管理对组织目标的实现起关键性作用，它对组织的影响如图4-8所示。

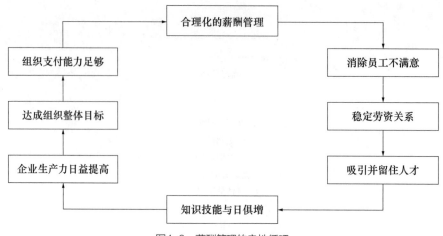

图4-8 薪酬管理的良性循环

5. 绩效管理

员工的工作绩效，是指员工经过考评的工作行为、表现及其结果。对组织而言，绩效就是任务的数量、质量及效率等方面完成的情况；对员工个人来说，则是上级和同事对自己工作状况的评价。房地产开发项目公司可通过对其员工工作绩效的考评获得反馈信息，据此制定相应的人事决策和措施，调整和改进其效能。

绩效管理是管理者用来确保员工工作活动和工作产出与组织目标一致的手段和过程，它侧重于信息沟通与绩效提高，注重能力的培养，强调沟通与承诺，贯穿管理活动的全过程，是一个按照建立绩效计划、实施绩效过程管理、进行绩效考核、考核结果反馈、绩效改进和结果应用等步骤进行的封闭式循环提高过程。

4.2.3 项目的劳动关系

1. 劳动关系

（1）劳动关系的概念

劳动关系是指在就业组织中由雇用行为而产生的关系，是组织管理的一个特定领域，它以研究与雇佣行为管理有关的问题为核心。劳动关系的基本含义是管理方（雇主）与劳动者个人及团体之间产生的、由双方利益引起的、表现为合作、冲突、力量和权力关系的总和。

（2）劳动关系的内涵

劳动关系通常包括相互联系的三个方面：① 人们参加社会劳动的方式；② 人们在劳动过程中的组织形式；③ 人们因参加社会劳动所取得的劳动报酬和社会保障，即个人消费品分配形式。

劳动方式和组织形式，实际上是指就业与劳动组织管理；个人消费品分配，是指劳动者获得的收入和社会保障。劳动关系的这些内容涉及人们利益和生存条件的最基本方面。因此，劳动关系是生产关系的重要组成部分和核心内容。劳动关系的内涵与性质不仅受生产力水平、生产资料所有制性质以及经济体制和政治体制的影响，而且还受一个国家或地区历史传统、经济发展、社会文化背景、法律制度的影响。劳动关系的性质，主要是关于劳动双方利益关系的性质。

（3）劳动关系三方协商机制的概念

劳动关系三方协商机制，即是指政府、雇主组织和工人组织之间就制定和实施经济与社会政策而进行的所有交往和活动，是社会对话的一种实现形式。其内涵是政府、雇主和劳动者三方代表，在制定劳动法规、调整劳动关系、处理劳动争议等方面，履行好各自的职责，发挥好各自的作用，进行协商和对话，消除误解，弱化有争议的问题，增加达成协议的机会，共同协调劳动关系的机制。在劳动关系三方协商机制中，主要是劳动者与顾主双方应当坚持平等原则、互惠互利、互谅互让，通过直接协商谈判、缔结契约等方式，建立和调整互相间的关系，解决出现的问题。政府在劳动关系三方协调机制中起调节和干预作用，以保护劳动者和雇主双方的合法权益，实现共赢。我国工会组织是劳动者利益的代表，企业中的职工代表大会也代表劳动者的利益。雇主组织是雇主利益的代表，我国的企业（雇主）组织是企业联合会（企业家协会），目前企业主管部门也代表企业（雇主）的利益。政府的劳动和社会保障部门是政府的主要代表，其中主要是劳动仲裁、劳动监察和劳动信访等部门具有劳动关系协调、监察职能。

2. 房地产业劳动关系的特点

由于房地产业的经营管理具有专业性强、风险大、投资额大、产业链条较长、投资回收期长、工作关系复杂等特点，其劳动关系除具备经济性、法律性、社会性等一般劳动关系的特点外，还具有其自身的特点。

（1）房地产业人力资源的结构具有复杂性

房地产业工作本身的复杂性决定了其人力资源结构的复杂性。房地产业较长的产业链需要相对应的人力资源。从房地产项目的立项、规划、土地出让或转让、拆迁、建设到销售等一系列经营行为，乃至后续的物业管理，都需要与各个环节相配套的专业人才。

（2）房地产对从业人员的综合素质要求较高

房地产业单项工作的复杂性和综合性决定了其对人才，特别是高级人才的素质要求是综合的。例如，房地产业的一个项目经理不仅要具备一般管理者的素质，还需要有扎实的专业知识、决策能力、战略眼光、市场判断能力等各项综合素质。

（3）房地产业的用工时限具有多样性和随意性

房地产企业与其核心管理层从业人员之间的雇佣关系一般可以存续较长时间，但一些针对具体项目的销售岗位、临时性岗位的用工时限则具有较大的随意性。而在房地产中介部门以及在物业管理等呈现劳动密集型特点的环节，基层员工乃至管理层人员在各个企业之间的流动性较大，人员的离职率也较高。

（4）工作绩效与薪酬关系特别密切

房地产业的薪酬制度与员工工作绩效之间的关系特别密切，尤其是在销售岗位更加明显。在房地产销售环节和房地产经纪部门，"无底薪"和"低底薪"的薪酬制度较为普遍，企业对员工工作绩效有较为严格的考评制度，在一定范围内存在超时加班、无业绩则无工资的情况。

3．劳动关系管理措施

（1）严格签订、履行劳动合同

劳动合同是房地产开发项目公司与劳动者确立劳动关系、明确劳资双方权利和义务的协议。一份合法有效的劳动合同必须具备期限、工作内容、劳动报酬、劳动保护和劳动条件、违反合同的责任等基本条款，并在政府劳动行政管理部门备案。针对劳资纠纷所反映出来的实际问题，应该重点做好以下几项工作：

一是明确劳动合同的期限，对于符合法律规定的人员应该签订无固定期限的劳动合同，充分保障其合法利益；二是对于存在有害、有损劳动者人身安全和健康的工作环境的岗位，必须在劳动合同中订立相关保护措施；三是在合同中不能缺失社会保险内容，应明确企业和劳动者在缴纳保险费用中各占的法定份额；四是劳动报酬应包括工资、津贴、奖金、各种福利等，应该体现同工同酬、男女平等、按时发放的原则，尤其是针对加班问题，须在合同中明确加班工资条款并体现自愿原则；五是合同中的试用期期限、劳动者的待遇条款不得违反《中华人民共和国劳动合同法》的强制性规定，应明确试用期满的考核、正式用工程序；六是应该签订由资方、工会、劳动者参与的集体合同。通过劳动合同规范劳动用工行为，合同中应包含安全生产、劳动保护、劳动期限、工作内容、劳动条件、劳动报酬以及违约责任等条款。其中，有关劳动报酬的条款应明确工资支付标准、支付项目、支付形式及支付时间，规范解雇遣散行为。

（2）制定劳动规章制度，防范劳动合同法律风险

房地产开发项目公司的劳动规章制度只有合法有效并且严格执行，才能强有力地支撑企业发展，有效防范企业劳动用工法律风险。具体措施有：通过成立职工代表大会，健全工会组织，发挥工会的桥梁和监督作用；依法制定劳动规章制度，确保内容、程序合法有效；严格执行劳动规章制度，依章治企；清理现有劳动规章制度，及时修改、重建与《中华人民共和国劳动合同法》不一致的内容，完善法定程序等。

完善的劳动规章制度应体现职、权、责的统一，充分调动企业部门、人员的积极性。通过对企业劳动规章制度的有效实施，实现企业与职工发展目标、行为的统一，在劳动者身上体现企业精神，形成独特的企业文化，构建和谐稳定的劳动关系。

（3）建立企业劳动纠纷预警和处理机制

"调防结合，以防为主"是劳动争议调解的基本原则。房地产企业要建立劳动争议预警机制，加强劳动争议预防是协调劳动关系、化解争议苗头、防止发生群体性突发事件的重要措施，还要以企业劳动争议调解委员会为主体，对预警工作实施统一领导，对该项工作负全责。企业劳资关系现状分析制度的建立由企业工会和人力资源部牵头，定期召开分析会，进行预测、预防和审核工作。定期对职工思想动态进行分析，特别是有重大国家或企业政策出台的时候更要密切关注职工思想动态。

在处理劳动关系纠纷时要端正劳资纠纷处理观念，积极主动参与纠纷协调，平等对待企业职工，改革企业内部人员升迁制度，抛弃陈旧的经营管理模式，完善纠纷处理部门的机构建设，尽早协调解决矛盾和冲突，建立真正能代表工人自己利益的相对独立的工会组织，建立员工、工会、企业三方协商机制，以集体合同的形式确立劳资关系，健全企业工会和内部纠纷解决机制。

4.3 房地产开发项目绩效管理

4.3.1 绩效管理概述

1. 绩效管理的概念

由于研究视角的差异，不同学科领域对"绩效"的界定也有所不同。从管理学视角出发的研究者认为，绩效是指为了实现组织目标，期望员工和组织在一定时期内达到的工作成果。从经济学视角出发的研究者认为，绩效与薪酬的关系可以看作是员工和组织之间的一种对等承诺关系，绩效是员工对组织的承诺，薪酬则是组织对员工的承诺，这种承诺关系本质上体现了市场经济中"等价交换"的基本原则。从社会学视角出发的研究者认为，绩效是指在社会分工体系中，与每位社会成员所处角色相对应的一份职责。

在房地产企业中，绩效不仅指工作结果的实现，还包括工作过程的进步，具体表现为员工工作态度的转变、积极性的提高、能力的提升、责任感和归属感的增强以及企业在团队建设、信誉建设、品牌建设中的成效更加显著。所以，即便是在同一个企业内部，绩效的概念也相当丰富，只有全面充分地理解绩效的内容，才能更好地促进企业绩效水平的提高，从而实现企业的发展战略和目标。

绩效管理是一个包含绩效计划的制定、绩效辅导与沟通、绩效考评、考评结果的运用、考评体系的优化等在内的持续循环的过程，其目的在于促进组织及个人绩效的持续改善和提升。绩效管理过程比较复杂，需要考虑的因素细微众多，在企业管理及项目管理中是最难、最核心的部分。

2. 绩效管理的主要内容

一般而言，绩效管理的主要内容和一般模型如图4-9、图4-10所示。

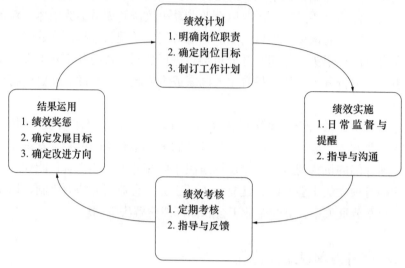

图4-9 绩效管理的主要内容

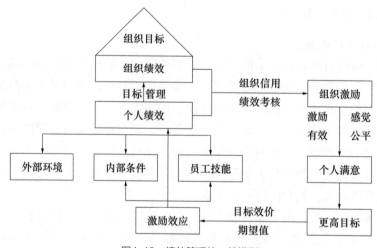

图4-10 绩效管理的一般模型

3. 绩效管理的主要技术方法

（1）平衡计分卡

平衡记分卡（Balanced Score Cand，BSC）在20世纪90年代由哈佛大学教授RoBHertKaplan与诺朗顿研究院的执行长David Norton共同提出，该方法注重从财务、客户、内部流程、学习与成长四个维度设计相应的指标，进行管理。具体如图4-11所示。

（2）目标管理

1954年，美国管理大师彼得·德鲁克首先提出目标管理（Management by

Objective，MBO），该方法的具体做法为：① 由最高决策者确定组织的最高级目标；② 将该目标自上而下层层分解，转化成各个部门和员工个人的目标；③ 由各级管理者根据实际完成情况进行相应的绩效考核与评价。具体如图4-12所示。

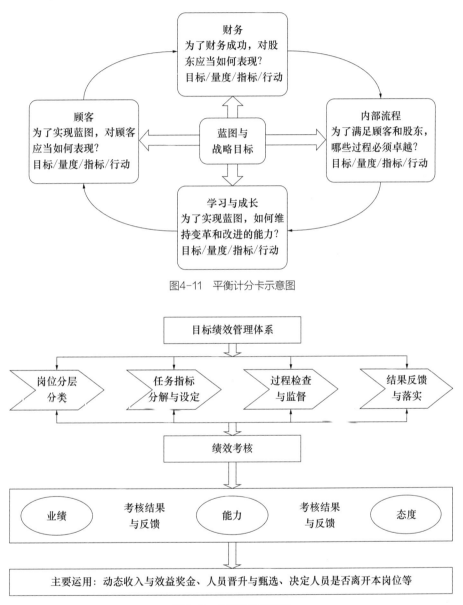

图4-11 平衡计分卡示意图

图4-12 目标管理示意图

（3）关键绩效指标

关键绩效指标（Key Performance Indicator，KPI）选取的具体做法为：首先，将企业或项目的战略目标自上而下进行层层分解，明确各个层级的工作重点，进而按照SMART原则——具体（Specific）、可度量（Measurable）、可实现（Attainable）、现实性（Realistic）、有时限（Time bound）确定出各个层级的KPI，建立评价指标体系；然后，设定出各个KPI的评价标准；最后，审核KPI，并据此进行绩效评价。

（4）PDCA循环

PDCA循环由美国质量管理专家戴明博士提出，该方法将绩效管理看作是一个按照计划（Plan）、执行（Do）、检查（Check）、纠正（Act）的顺序循环不止的管理程序。具体如图4-13所示。

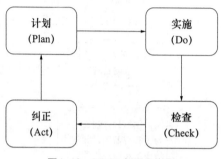

图4-13　PDCA循环示意图

4.3.2　绩效体系设计

1．设计思路

（1）设计原则

1）客观公正原则

客观公正原则是指依据统一的标准和尺度，实事求是、客观公正地考量房地产开发项目整体、各部门员工的工作绩效。

2）效益优先、突出重点原则

效益优先、突出重点原则是指以项目综合效益和风险控制为主要目标，指标的选取和设计力求突出关键工作和重点任务。

3）定量与定性分析相结合原则

定量与定性分析相结合原则是指对于可量化的实行定量考核，对于难以量化的实行定性评价。

4）激励约束并重原则

激励约束并重原则强调责、权、利的统一，将绩效考核结果与相应的奖惩机制直接挂钩。

（2）设计目标

分别从房地产开发项目运营绩效、部门绩效及员工绩效三个层面设计项目的绩效管理体系，并进一步探讨该体系如何运行实施以及所需要的相应的保障措施。

（3）设计步骤

首先，探讨要做好房地产开发项目绩效管理工作所必须具备的基本要素，为项目绩效管理体系的设计奠定基础；然后，分别从项目运营绩效、部门绩效、员工绩效三个层面来设计项目的绩效管理体系；最后，进一步探讨该体系如何运行实施并制定出相应的保障措施，以保证所设计的绩效管理体系的顺利运行，并收到良好的效果。

2. 项目全周期运营绩效管理体系设计

根据项目的战略定位及经营计划，对项目全周期运营绩效管理体系的设计可以分为两个步骤：首先，借助平衡计分卡的方法和理念，从财务、客户、内部流程、学习与成长四个维度分别选取和设计相应的衡量指标；然后，采用专家讨论法，组织包括项目经理、绩效管理专家、发包方等在内的专家小组，并让他们根据各自的管理经验确定各项指标所应赋予的权重；最后，取各个专家所赋予权重的平均值来确定各项指标所应赋予的权重，并最终确定项目全周期运营绩效管理体系。

3. 项目年度运营绩效管理体系设计

由于房地产开发项目年度运营绩效管理体系是对全周期绩效管理体系的细化和实施，加之每个年度的重点工作和项目建设进度也各不相同，对此，可在每年年初或上一年年末，根据项目全周期绩效管理体系，并结合本年度的重点工作和项目建设进度，设计本年度运营绩效管理体系。

4. 项目部门绩效管理体系设计

在房地产开发项目绩效管理过程中，部门处于一个承上启下的关键环节，一方面部门绩效是对项目运营绩效的具体实施，科学合理的部门绩效管理体系可以促使各部门协调、高效运作，从而为项目运营绩效目标的实现提供有力而直接的支撑；另一方面它又与员工的绩效管理直接相关，从而直接影响员工的工作情绪。部门绩效管理体系设计分为部门年度绩效管理体系和部门月度绩效管理体系两个部分。

（1）部门年度经营目标的确定

部门年度经营目标可根据项目年度运营绩效及部门职能予以确定。具体而言，将项目年度运营绩效依据部门职能自上而下分解后即可得到部门年度经营目标，从而为部门年度绩效管理体系的设计提供依据。由于项目年度运营绩效指标随项目建设进度的推进每年都不同，因此，部门年度经营目标每年也各不相同。

（2）部门年度绩效管理体系设计

在部门年度经营目标确定以后，就可以根据各个部门的职责设计各个部门的年度绩效管理体系。在此，仍可借鉴平衡计分卡理念，基于财务、内部流程、客户、学习与成长四个维度来设计部门年度绩效管理体系。

（3）部门月度重点工作的确定

根据部门的年度经营目标和工作进度安排，就可以确定各个部门每月的重点工作。具体而言，首先，由各部门负责人依据本部门的年度经营目标及全年工作进度安排，在上个月末确定本部门下个月的重点工作；然后，报项目总经理或分管的项目副经理审核，并依据项目总经理或分管的项目副经理提出的意见进行修改和优化；最后，确定部门月度重点工作安排，并在项目总经理主持召开的部门负责人会议上予以公布通过，作为部门月度绩效管理体系设计的主要依据。

（4）部门月度绩效管理体系设计

在部门月度绩效管理体系的设计过程中，由于月度的时间间隔较短，在平衡计分卡所涉及的四个维度中，财务、客户、学习与成长三个维度难以显现和衡量，因此仅考虑内部流程维度。另外，在设计方法的选择上，主要基于定量与定性分析相结合原则，依据各部门的职能及部门月度重点工作安排，分为如下三个部分：

1）基于各部门职能的、定量的关键绩效指标。这部分指标的设定应遵循重要性（即反映部门的主要职能）、一致性（即与部门的年度运营目标及月度重点工作保持一致）和挑战性（即目标设定有一定的拔高性，部门成员通过通力协作后才能完成）原则。

2）基于部门月度重点及日常工作安排的、定性的工作计划考核指标。这部分指标的设定应遵循全面性（即涵盖本部门的绝大部分职能）、可衡量性和可操作性原则。

3）加减分项。主要考虑月度内发生的突发性、临时性任务或事件，重大的责任事故或风险事件，严重违规违纪问题等。具体而言，对工作计划外增加的任务及其他有利于项目经营发展的事项给予加分；对责任事故、违规违纪事件及其他给项目带来风险或损失的事项给予减分。

4.3.3 绩效管理的实施保障

1．定期开展绩效管理知识培训

（1）积极营造"以绩效为中心"的文化氛围

为确保项目自上而下树立起强烈的绩效考核意识，在各种绩效管理会议上，要经常灌输"以绩效为中心"的指导思想，提倡将绩效考评结果作为员工评奖评优及职业晋升的主要依据和标准，以鼓励员工争先创优，形成积极向上的工作氛围。

（2）开展项目开发与业务流程文件培训

一方面，由项目总经理组织对全体项目成员的战略定位、项目经营目标及计划、实施进度安排等进行培训，并对该项目建设的意义及必要性等予以详细明确，以让每一位员工做到对项目心中有数，统一指导思想和前进方向。另一方面，由项目综合部负责组织全体成员就项目的组织管理、部门及岗位设置、岗位说明书、业务流程文件等进行深入学习和培训。

（3）组织绩效管理技能培训

由项目人力资源部牵头,邀请参与项目绩效管理体系设计的资深专家作为培训师,组织分管项目领导、项目经理、各部门负责人及各部门绩效管理员等参加,主要是对所设计的绩效管理体系进行详细解释和宣贯,并对实施过程中所涉及的表格如何填报、绩效考评结果如何运用等一系列问题予以明确阐述,让每一位员工熟悉和掌握绩效管理体系的内容及操作流程。

2. 严格绩效管理体系实施的过程管理

为保证房地产开发项目绩效管理体系的顺利执行,必须配合严格的绩效管理体系实施过程管理。具体而言,可采用的过程管理的主要形式包括周例会、月度会、半年会、年会、专题分析会等,通过各类自下而上的项目汇报,由相应的管理者点评和解决有关问题并制订下一步工作计划,以便及时发现并解决工作中存在的诸多问题,促使项目绩效目标的最终实现。

另外,还可以采取其他的一些辅助措施,如项目总经理可安排人力资源部牵头,从各部门抽调人员组成检查小组,对各部门绩效计划的推进情况、绩效管理体系的实施情况等进行检查,督促各部门认真践行所设计的绩效管理体系,并就检查中发现的问题进行通报,要求相关部门进行整改等。

3. 建立良好的绩效沟通与辅导体系

建立良好的绩效沟通与辅导,一方面可以自上而下大大提升项目绩效管理体系的认同率,促使员工建立起对项目成功开发的承诺;另一方面,有利于建立起畅通的"发现问题—反映问题—解决问题"的通道,以便及时发现问题、分析原因、找出偏差并予以改进,实现房地产开发项目绩效管理工作的PDCA闭环管理。

(1)绩效沟通与辅导的主要目的

根据考核与评价结果,一方面深入分析被考核者所具有的优势,因势利导,鼓励其在今后的工作中最大化地将自己的优势发挥和贡献出来;另一方面,客观公正地分析被考核者的不足之处并提出改进措施,以利于被考核者今后有目的地改进不足之处,提升自己。

(2)绩效沟通与辅导的实施

每个绩效考核周期结束,分管项目经理或部门负责人应与被考核者当面沟通和交流,对被考核者的优势、不足及下一步工作要求协调一致后,在相关考核表上签字。

(3)绩效沟通与辅导的主要内容

绩效沟通与辅导的主要内容包括确认工作目标和任务、考核者对被考核者作出评估和考核者提出改进措施。绩效沟通制度的建立旨在为各级绩效管理者定期对下属进行绩效管理时建立起有效的双向沟通制度,需明确的是各级绩效管理者不仅负有评估、督导下属工作的职责,而且还负有培养、训练、支持、提高下属工作绩效与工作能力的职责。

4. 严格绩效考评结果的运用

无论是项目整体的运营绩效考核，还是部门和员工的绩效考核，项目人力资源部门都要牵头做好各层级绩效考核结果的搜集和汇总工作，并将汇总结果在办公系统中予以公布，同时确定一定的公示期，接受所有相关人员的监督。

在薪酬确定、评奖评优、培训安排、职业晋升等方面，要严格按照企业标准执行，切实将绩效考评的结果与薪酬确定、评奖评优、培训安排、职业晋升等直接挂钩，并作为其主要依据，最大化发挥绩效管理体系的激励作用。

项目建设过程中，每次评奖评优、培训安排、职业晋升等都要以绩效考评的结果作为主要依据，名单确定后要予以公示，接受所有相关人员的监督，确保公平公正。一方面，督促所有人员重视绩效考评，努力工作，完成绩效考核目标；另一方面，也确保绩效考评的结果落到实处，发挥好其本身的激励作用。

4.4 案例分析

4.4.1 WT公司组织架构

WT公司放弃传统的房地产开发模式，不做全能型房地产开发商，而是走专业的房地产投资公司道路，业务分为三大部分：住宅建设、商用物业和定制服务。从而在总部设立了住宅建设事业部、商用物业事业部和定制服务事业部三个部门，实现高度专业化的业务结构和稳定的盈利模式的战略目标。

WT公司采用项目公司管理模式，其与总部相比更多地采用项目主导型的项目管理模式。此模式实施条件严格，项目决策期公司必须全面把握客户的需求和产品特性；对项目经理要求很高，既要能够把握客户需求又要能够领导项目公司实现产品要求。虽然这种项目管理模式能够适应不断变化的环境、及时快速决策，但风险依然较大，一旦项目经理能力不足将很可能导致项目失败。

住宅建设事业部主要按照公司的部署推进京津两地的业务拓展，抓住机遇，扩大土地的战略储备，为操作中的项目提供市场和产品等方面的支持并实施动态运营管理。住宅建设事业部是负责WT地产住宅业务投资开发与运营管理的核心业务部门及各住宅项目的后台支持部门，紧紧围绕公司新战略，在保持业务快速增长的过程中，积极推动增长模式的转型。WT公司的住宅建设定位于高品质的高端住宅开发，主要通过"利用多种融资方式进行专案的财务安排—开发—销售—股权收益"的模式进行赢利。

WT公司各事业部作为投资主体，将资金、土地汇集至各项目公司，需要总部支持时寻求支持系统的信息资源共享、支持。其优势在于有利于内部培养高级管理人才。其劣势在于每一个项目公司都要配备一整套完整的职能机构，人员增多、费用增加；各事业部独立核算，往往只从本事业部的角度考虑成本，忽略整个集团利益。项目与项目公司间、项目公司与事业部间、事业部间、事业部与总部间需要网络化的沟通平台。

综上，WT公司采取的管理模式是项目组织管理模式，其总部则采取事业部制管理模式。这种模式的采用和其企业面临的困难是分不开的。WT公司面临较大的区域市场风险，对公司可持续经营能力和盈利能力产生一定影响。而职能型管理模式在此时对WT公司而言，其放权的作用不够充分、协调困难，不是以目标为导向，也没有一个直接对项目负责的强有力的权力中心或个人，因此在企业的快速发展期，采取专业化的事业部制和项目指导型管理模式更易解决这个问题。从WT公司事业部制设立、总部职能机构的设置原则可以看出，WT公司发展的未来就是偏职能——矩阵型管理模式。

4.4.2　WK公司组织结构

WK公司将此前"团体总部—市级公司"的二级架构调整为以"战略总部—专业区域—实施一线"为主线的三级架构。经过新设深圳、上海和北京三大区域中心公司，总部部门人事、财务、决策等权力的下放，使区域中心能够更敏捷地各自应对珠三角、长三角和环渤海的业务市场。WK公司采取的是中央集权式架构，并采用一定的标准化来不断占领全国市场。

WK公司地产系统采用三层管理架构：第一层是集团总部；第二层是集团总部下面的四个区域本部，作为派出机构；第三层是区域本部下面按照城市设置的公司（在WK公司内部叫作一线公司）。

从框架上来讲，WK公司的管控模式非常简单，除了在战略、品牌、融资、研发和流程上为一线公司提供支持外，集团总部主要从三个方面进行管控：① 投资管控，只有总部有这样的权限，也就是说一线公司要买任何一个项目，要买任何一块地，必须通过总部最后的同意；② 财务管控，每个一线公司现金流的管理和财务运营管理，都受总部财务部的直接管理；③ 人事管控，一线公司的员工从总经理到普通员工大致分为五级，其中上面三级都是由集团总部直接任命。

除此之外，考虑到地产公司的行业特点，一线公司在运营上拥有非常大的自主权，而区域总部的作用则是代表集团总部对这个区域里面的所有一线公司进行指导和管理。

这种管控体系充分体现了WK公司的行业特色和文化特色，在集权和放权之间保持了平衡，具体包括以下两点：

（1）这种管控方式直接体现了WK公司对于运营风险、资金安全、土地和人才的认识，所以总部一定要把这三个权利集中在手上。

（2）地产行业不同于标准化生产和销售行业，具有极强的地域性，各地的政策、消费、市场成熟度和居住习惯都有很大的差异，这要求一线城市拥有很高的自由度和权限，以便应对当地市场的激烈竞争。事实上，WK公司一线公司的运营自由度相当大，不仅体现在对具体项目的判断和运作上，甚至各个一线公司的组织架构都是不一样的。

WK公司集团总部和某城市公司的组织架构如图4-14、图4-15所示。

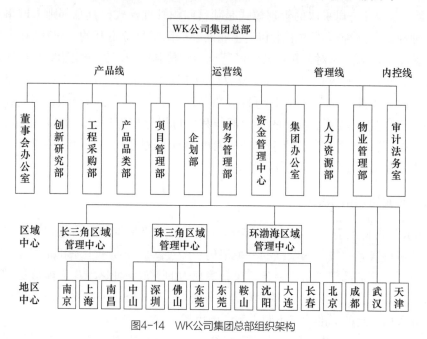

图4-14　WK公司集团总部组织架构

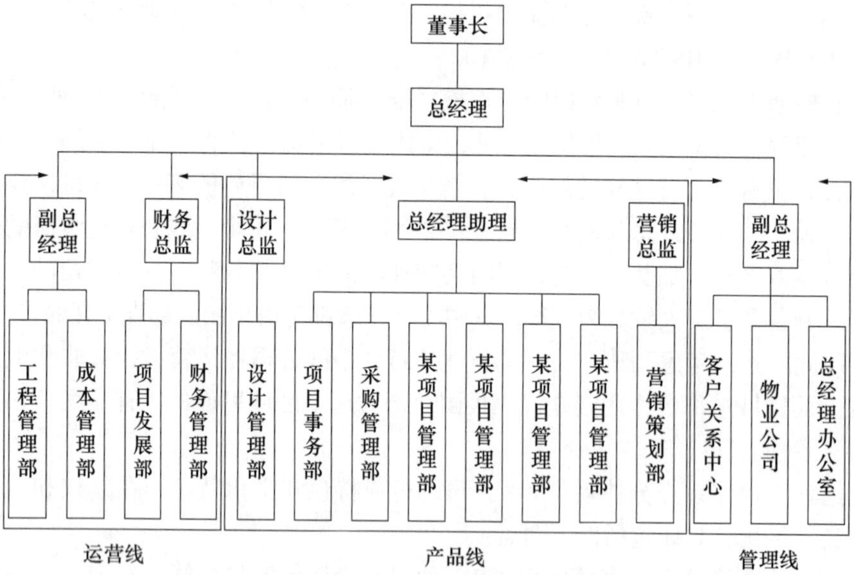

图4-15　WK公司某城市公司组织架构

WK公司每个城市公司都强调成本管理过程，设立成本管理部与总部财务部对接。对城市公司而言，管理线条也比较清晰，而且与集团对接。

WK公司项目部的组织架构如图4-16所示。

WK公司各区域及城市公司采用介于职能与矩阵管理之间的弱矩阵管理模式，没有采用项目管理模式；是最早提出职业经理人理念的企业，倡导职业化管理，管理比较规范；集团本部为投资决策中心，从事战略高度事宜，各地区为法人治理机制企业，通过产权管理；分公司授权较大，机构尽量简单，总部提供支持和监督功能；非常重视人力资源管理，强调人才的轮岗和晋升。

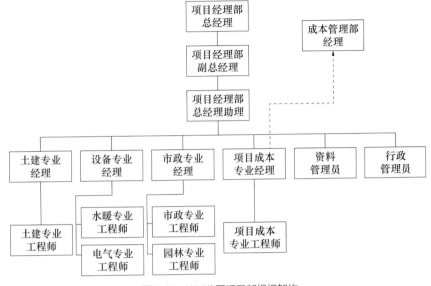

图4-16　WK公司项目部组织架构

复习思考题

1. 简述组织与组织管理的概念。
2. 简述主要的组织管理模式类型。
3. 简述组织结构设计的原则。
4. 简述组织流程诊断方法。
5. 论述房地产开发项目人力资源管理各阶段的职能。
6. 简述房地产开发项目劳动关系管理措施。
7. 简述房地产开发项目绩效管理的主要技术方法。
8. 简述房地产开发项目部门绩效管理体系设计。

项目招标投标

招标投标原本是市场稀缺商品交易的一种竞争方式。具体实施时，由唯一的买主（或卖主）设定标底，邀请若干个卖主（或买主）通过秘密报价进行竞争，从中选择优胜者与之达成交易协议，随后按协议实现标底，将此种竞争方式引用到房地产开发项目工程中，就形成了房地产开发项目工程招标与投标。房地产开发企业在工程招标与投标中属招标一方，而在土地招标与投标中则属投标一方。本章仅对通过招标投标方式发包的施工、勘察、设计、监理等工程或服务的招标投标过程加以说明。

5.1 房地产开发项目招标与投标

5.1.1 工程招标投标的基本概念及其作用

房地产开发项目工程招标，是指房地产开发企业将工程可行性研究内容，或监理服务，或勘察、设计要求，或设备需求，或拟建工程的建设要求等，编制成招标文件，通过发布招标广告或向承包企业发出投标邀请函，吸引有能力的承包企业参加投标竞争，直至签订工程发包合同的全过程。

房地产开发项目工程投标，是指承包企业在获得招标信息后，根据房地产开发企业招标文件提出的各项条件和要求，结合自身能力，提出自己愿意承包工程的条件和报价，供房地产开发企业选择，直至签订工程承包合同的全过程。

从上可知，招标和投标是同一项业务中密不可分的两个方面。实行招标投标的作用如下：

（1）房地产开发企业可以从参加投标的承包企业中选择最理想的承包者，有利于保证工程质量和工期，有利于降低造价。

（2）招标投标的原则是鼓励竞争，防止垄断。"多家竞争，共同发展"的格局能促进建筑业的繁荣兴旺和健康发展。

（3）招标投标可以促进承包企业提高管理水平和技术水准，也有利于工程各项评价指标的优化，从而取得优良的社会、经济效益。

5.1.2 工程招标方式

在工程实践中，工程招标的方式主要有公开招标和邀请招标两种。

1. 公开招标

这种方式是由房地产开发企业（或其委托招标代理机构）通过发布招标公告（广告），邀请不特定的承包企业参加投标竞争，从而择优选择承包人的一种发包方式。

公开招标使房地产开发企业有较大的选择范围，可在众多的投标单位之间选择出报价合理、工期较短、信誉良好的承包企业。这种方式有助于充分竞争，能促进承包企业努力提高工程（或服务）质量，缩短工期和降低费用。但是，其需花费的时间较长，招标中可能消耗较多的人力、物力资源。

2．邀请招标

这种方式是指房地产开发企业向特定的承包商发出邀请函，邀请他们参加某项工程任务的投标竞争。被邀请的承包商至少应达到三家。

由于被邀请参加竞争的投标者数量有限，这样做不仅可以节省招标费用，而且能提高每个投标者的中标概率，所以对招标投标双方都有利。不过，这种招标方式限制了竞争范围，把许多可能的竞争者排除在外，被认为不完全符合自由竞争、机会均等的原则。

另外，有些项目专业性强，有资格承接的潜在投标人较少，或者需要在短时间内完成投标任务等，也不宜采用公开招标的方式，而应采用邀请招标。

5.1.3　工程招标工作机构与管理流程

房地产开发项目工程招标工作大致可分为两类：一类属决策性的，如确定工程的发包范围；选择确定招标方式；选择确定合同的形式；定标及签订。另一类属日常事务性的，如编制和发送招标文件；审查投标者资格；组织现场勘查和解答承包企业提出的问题；接受并妥善保管承包企业的投标书；组织开标、评标以及合同谈判等。

在实践中，一般有专门的招标机构来完成上述工作。该工作机构可以由开发企业自身的职员组成"招标委员会"或"招标小组"；也可以委托有相关资质的专业咨询机构组织招标事务委员会。专业的招标工作机构一般只负责技术性和事务性的工作，最终决策仍由房地产开发企业作出。通常，如果需招标的工程任务量大且复杂，或房地产开发企业缺乏有经验、有资质的招标技术人员，或时间紧迫等，此时房地产开发企业应委托招标代理机构来组织工程的招标。

一般而言，房地产开发项目招标工作管理流程如图5-1所示。

所有的工程招标投标业务都必须符合《中华人民共和国招标投标法》《中华人民共和国招标投标法实施条例》《工程建设项目施工招标投标办法》《工程建设项目勘察设计招标投标办法》《工程建设项目货物招标投标办法》等相关法律和规定，同时应遵循当地的有关规定和实施细则。

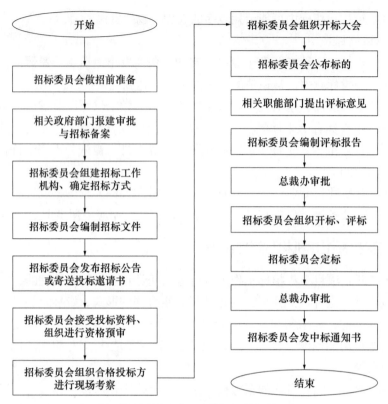

图5-1 房地产开发项目招标工作管理流程

5.2 房地产开发项目前期招标投标

5.2.1 勘察招标

房地产开发项目勘察招标工作可由房地产开发企业主持,也可委托具有法人资格符合专业要求的咨询服务、监理公司代办。勘察任务的发包可采取竞争招标方式(公开招标和邀请招标)或协商方式。不过,由于工程勘察任务量相对施工任务量而言很小,从目前的情况看,一般多采取协商方式。

1. 勘察招标应具备的条件

房地产开发项目公司在进行工程详细勘察前,应事先取得勘察所需的资金,办妥用地手续,取得当地规划管理部门的批准文件,清除地上障碍物,理清地下管网或其他工程状况,设置界标,提出勘察项目的内容及时间要求等。具体来说,房地产开发项目公司应取得下列文件和资料,同时具备以下条件,即可进行详细勘察任务的发包:

(1)工程拟建地域的用地许可文件,红线图。

(2)符合要求的地形图。

(3)已经批准的房地产开发项目工程规划设计方案。

（4）由受委托的设计人员提出的勘察钻孔布点图及勘察内容要求。

（5）拟建地域地下设施（给水排水管、煤气管、电缆、人防等）资料，此资料可到当地建设档案管理部门查阅。

（6）现场清理，平整道路，水电供应准备完毕等。

2．勘察招标的程序

采用竞争招标方式发包房地产开发项目的勘察任务时，按以下程序进行：

（1）在招标管理机构办理招标登记。

（2）组织招标工作机构或委托专业机构代理招标事宜。

（3）组织评标小组。

（4）编制招标文件。

（5）发布招标公告或邀请投标函。

（6）接受投标报名（邀请招标则无此项以及相关各项）。

（7）对申请投标者进行资质审查。

（8）向合格的投标单位分发招标文件。

（9）组织投标单位勘察现场和进行答疑。

（10）投标单位编制投标文件，开发企业接受标书。

（11）开标、评标、定标，确定中标的勘察单位。

（12）房地产开发企业发出中标通知书，与中标单位签订勘察合同。

3．勘察单位与勘察合同的一般要求

勘察任务的承包单位必须持有国家统一颁发的"工程勘察证书"和营业执照，具备能满足拟建工程勘察任务要求的技术力量、勘察装备与测试手段；近几年承担的主要工程项目完成情况及其勘察质量情况良好。勘察单位应按国家现行有关标准、规范、规程和技术条例进行勘察工作，并在规定时间内提交正式勘察报告。此报告须经规划与建设管理部门审查。

勘察合同是委托方与承包方为完成一定的勘察任务，明确双方权利义务关系而达成的协议。房地产开发项目工程勘察合同的委托方应为房地产开发企业（或其代表监理公司）或开发项目工程总体承包单位；而承包方应是持有国家认可的勘察证书，并在当地注册的勘察单位。合同签订生效后，按规定委托方应付给承包方定金，定金交付后合同才能成立。定金一般为勘察费用的20%，合同履行后，定金抵作勘察费。委托方如不履行合同，无权要求返回定金。勘察费用计取依据和标准要按国家现行规定计算，允许一定范围的浮动，结算方式可以依具体情况双方商定。合同须报管理部门审核登记。

5.2.2 设计招标

对房地产开发项目进行设计招标，有利于防止垄断、开展设计竞争，能促进采用先进技术、降低工程造价，也有利于缩短工期（包括设计周期）、降低设计费用，从而提高投资效益。

设计招标可按不同的专业性质，采取不同阶段的招标。一般来说，房地产开发项目采用设计方案招标。通过方案竞赛，择优选定设计单位连续承担初步设计和施工图设计任务。对一些大型的基础设施项目，也可采用可行性研究方案招标，实行可行性研究方案招标后，可不再实行设计方案招标。

1. 设计招标应具备的条件

依据《工程建设项目勘察设计招标投标办法》第九条的有关规定，依法必须进行勘察设计招标的工程建设项目，在招标时应当具备下列条件：

（1）招标人已经依法成立。

（2）按照国家有关规定需要履行项目审批手续的，已履行审批手续，取得批准。

（3）勘察设计所需资金已经落实。

（4）所必需的勘察设计基础资料已经收集完成。

（5）法律法规规定的其他条件。

招标人依据开发项目的不同特点，可以实行勘察设计一次性总体招标；也可以在保证项目完整性、连续性的前提下，按照技术要求实行分段或分项招标。招标人不得将依法必须进行招标的项目化整为零，或者以其他任何方式规避招标。依法必须招标的建设项目，招标人可以对项目的勘察、设计、施工，以及与工程建设有关的重要设备、材料的采购，实行总承包招标。

2. 设计的竞争性招标和投标

房地产开发项目设计招标，应尽量采用竞争性招标方式。

（1）工程项目设计招标的程序

1）组织招标工作小组。

2）编制招标文件。

3）发布招标公告、广告或发出邀请投标函。

4）对投标设计机构进行资格审查。

5）向合格的投标者发售或发送招标文件。

6）组织投标者踏勘工程现场，解答投标者提出的问题。

7）接受投标者的标书。

8）开标、评标、定标。

9）签订设计承包合同。

招标文件应当包括以下几方面内容：工程项目名称、地址、占地面积、建筑面积等；已批准的项目建议书或者可行性研究报告；工程经济技术要求；城市规划管理部门确定的规划控制条件和用地红线图；可供参考的工程地质、水文地质、工程测量等建设场地勘察成果报告；供水、供电、供气、供热、环保、市政道路等方面的基础资料；招标文件答疑、踏勘现场的时间和地点；投标文件编制要求及评标原则；投标文件送达的截止时间；拟签订合同的主要条款；未中标方案的补偿办法。在招标文件中，特别要清晰明确招标内容和具体的招标范围，应提供项目构成及总体设想的大致方向，如空间要求、结构造型、设备系统、工程投资、建设周期等，以给设计者提供较明确的依据。另外，投标方案是一个还是数个以及表现形式等也要具体说明。按一般规定，招标文件应报有关管理机构审定。

邀请招标须邀请三个以上单位。有条件的项目，应邀请不同地区、不同部门的设计单位参加。所有投标设计单位必须具备法定从业资格。

自发出招标文件至开标，一般不超过三个月，开标、评标、确定中标单位的时间一般不超过一个月。开标前应组织好评标小组，评标小组主要由房地产开发企业的专业人员和有关专家组成。评标小组须根据设计方案的优劣、投入产出效率高低、设计进度快慢、设计单位的资历和社会信誉、设计收费金额高低等因素综合评审，提出综合评标报告，并根据综合评分值或其他约定方式确定候选的中标单位。定标则是由房地产开发企业根据评标结果作出决策，最终择优选定中标单位。定标也可由评标小组表决进行。

定标后，房地产开发企业应立即向中标单位发出中标通知书，中标单位应在规定时间内与房地产开发企业签订设计合同。对于参加投标而未中标的单位，由房地产开发企业通知其领回标书及有关资料，同时付给其一定的补偿费。房地产开发企业若采用非中标单位的成果，应实行有偿转让，在招标文件中对此都应有说明。按规定，合同签订后，房地产开发企业应付给设计单位定金，定金一般为设计费的20%，合同履行后，定金抵作设计费。设计取费，应按质论价，经双方协商可以在规定标准上下浮动，但幅度一般不超过15%。按规定，设计合同须报有关管理部门审核登记。

设计单位应根据设计基础资料，按国家颁发的设计标准、技术规范、规程、定额等进行设计，并应按合同规定的进度和质量要求提交设计文件（包括概预算文件、材料设备清单）。

（2）工程项目设计投标

持有当地建设工程设计证书的设计单位和取得当地许可证的外省市设计单位，都可以在批准的业务范围内参加当地开发项目、工程项目的设计投标，参加设计投标的单位可以独立，也可以联合申请参加投标。

投标单位的投标文件应按照招标文件规定的内容编制，一般包括：综合说明书；方案设计图纸：总平面图、单体项目的平面图（标准层、非标准层、首层、顶层等）和立面图、主要项目的剖面图、重要公共建筑的彩色透视图和模型、居住小区须有的规划模型等；主要施工技术要求；工程投资估算、经济分析和主要材料用量、设备要求；设计质量达到的等级和设计周期及其保证设计进度的措施、建设工期；设计收费金额等。

投标文件的说明书、图纸和模型一律不用图签及其他任何标识，不注明单位名称、不署名，而另行备文加盖公章及法人代表印章，一并密封后送交房地产开发企业，最后由房地产开发企业统一编号，以确保招标投标活动的公正性。

5.2.3 设计方案竞赛

房地产开发项目设计任务的发包,除了可采取招标形式外,还可采取方案竞争形式。特别是一些大型建筑设计的发包,习惯上多采取设计方案竞争的方式。通常的做法是,房地产开发企业(或委托专业机构代办)先提出竞赛的具体要求和评选条件,准备好方案设计所需的技术、经济资料,再发函或公开邀请设计单位参加竞赛。参加竞赛的设计单位,在规定的期限内向竞赛主办单位提交参赛设计方案。针对设计目标,可以组织单轮或多轮设计方案竞赛。房地产开发企业或专业机构聘请各方有关的专家组成评审委员会,对参赛方案进行评审,就能否满足设计要求、是否符合规划管理的有关规定、建造和使用过程的经济性、设计单位设计资历和社会信誉影响、设计进度等方面,提出评价意见和候选名单,最后由房地产开发企业作出评选决策。

设计竞赛的优胜单位往往就是扩初设计及施工图设计任务的承担者,此时,优胜单位应根据评审意见及房地产开发企业的要求优化其方案。设计费由双方在设计合同中商定,一般来说,中奖的奖金应在设计费中予以扣除。但是,以竞赛优胜单位作为合同的签约人也不是必然的,有时只是以优胜单位的竞赛方案作为确定设计方案的基础,再以一定的方式委托设计,商签设计合同。由此可见,设计竞赛与设计招标是有区别的。不过在实践中,人们也把设计竞赛归于设计招标范围,属设计招标方式之一。

设计方案竞赛邀请函一般应包括以下内容:建筑场地(附图说明);设计要求,包括总建筑面积、建筑用途、层高、各类用房比例和各个单位的面积要求等;投资控制数额;参加竞赛的设计单位应提交的文件和图纸,包括设计单位简况、设计证书及营业执照、设计方案图纸、设计费报价单等;设计方案的评选方式;竞赛的时间安排和有关费用的负担,包括现场踏勘和答疑时间、竞赛收件截止时间、入选方案和未入选方案的奖金和报酬补偿标准等。

5.3 房地产开发项目施工阶段招标投标

5.3.1 工程监理招标

房地产开发建设工程项目中的监理招标,与其他工程招标项目的不同之处在于其提供的是"监理服务",而不是硬性的生产建设与材料供给任务。中标的企业并不承担工程项目中的任何生产需求,而是为招标人提供工程建设进程中一系列的监督管理与咨询帮助等服务,推动工程项目建设效率与质量的提升,并预防与解决任何工程隐患和问题。

1. 工程监理招标应具备的条件和程序

(1)工程监理招标应具备的条件

依法应当招标的工程监理项目，应具备下列条件才能进行监理招标：

1）招标人已经依法成立。

2）招标范围、招标方式和招标组织形式等应当履行核准手续的，已经核准。

3）有相应资金或资金来源已经落实。

4）有招标所需的技术资料。

5）法律法规规定的其他条件。

（2）工程监理招标的程序

采用招标方式发包房地产开发项目工程的监理任务时，按以下程序进行：

1）向招标管理机构递交招标申请书。

2）编制招标文件和评标、定标办法，并报招标管理机构审定。

3）发布招标公告或投标邀请函。

4）对申请投标单位进行资质（资格）审核，并将结果通知投标申请单位。

5）向审查合格的投标申请单位发出招标文件。

6）组织投标单位进行答疑。

7）确定评标、定标小组组成人员。

8）召开开标会议，当众开标，组织评标，确定中标单位。

9）签发中标通知书。

10）与中标单位签订监理合同。

2．工程监理的评标指标

监理招标的标的是"监理服务"，与房地产开发项目建设中其他各类招标的最大区别为监理单位不承担物质生产任务，只是受招标人委托在生产建设过程中提供监督、管理、协调、咨询等服务。鉴于标的具有特殊性，招标人选择中标人的基本原则是"基于能力的选择"。因而，监理评标标准基本有三个：一是招标宗旨是对监理单位能力的选择；二是报价选择从属于能力选择；三是控制投标单位数量。

（1）招标宗旨是对监理单位能力的选择

监理服务是监理单位的高智能投入，服务工作完成的好坏不仅依赖于执行监理业务是否遵循了规范化的管理程序和方法，更多地取决于参与监理工作人员的业务专长、经验、判断能力、创新想象力以及风险意识。因此招标选择监理单位时，鼓励的是能力竞争，而不是价格竞争。

（2）报价选择从属于能力选择

从另一个角度来看，服务质量与价格之间应有相应的平衡关系，所以招标人应在能力相当的投标人之间再进行价格比较。

（3）控制投标单位数量

选择监理单位一般采用邀请招标，且邀请数量以3～5家为宜。因为监理招标是对知识、技能和经验等方面综合能力的选择，每一份标书内都会提出具有独特见解或创造性的实施建议，但又各有长处或短处。如果邀请过多投标人参与竞争，不仅会增加评标工作量，而且定标后还要给予未中标人以一定的补偿费。

监理评标指标有：投标人资质等级及总体素质，监理规划，监理机构（总监理工程师资格及业绩、专业配套、职称年龄结构等，各专业监理工程师资格及业绩），监理取费、检测仪器、设备，监理单位业绩，企业奖惩及社会信誉。

5.3.2 工程施工招标

施工招标是指招标人通过适当的途径发出确定的施工任务发包信息，吸引施工企业投标竞争，从中选出技术能力强、管理水平高、信誉可靠且报价合理的承包商，并以签订合同的方式约束双方在施工过程中行为的经济活动。施工招标最明显的特点是发包工作内容明确具体，各投标人编制的投标书在评标中易于横向对比。虽然投标人是按招标文件的工程量表中既定的工作内容和工程量编制报价，但报价高低一般并不是确定中标人的唯一条件。投标实际上是各施工单位完成该项目任务的技术、经济、管理等综合能力的竞争。

5.3.3 工程施工项目投标

工程施工项目投标是指施工企业根据业主或招标人发出的招标文件的各项要求，提出满足这些要求的报价及各种与报价相关的条件。投标是建筑企业取得工程施工合同的主要途径，投标文件就是对业主发出的邀约承诺。投标人一旦提交投标文件，就必须在招标文件规定的期限内信守自己的承诺，不得随意反悔或拒绝。因为投标是一种法律行为，投标人必须承担违约的经济和法律责任。

1．投标前准备工作

投标的前期准备工作主要包括获取投标信息与前期投标决策。目的是从众多市场招标信息中确定选择哪个项目作为投标对象。

（1）查证信息并确定信息的可靠性

要参加投标的企业在决定投标对象时，必须认真分析验证所获得信息的可靠性。目前，在我国建筑市场上有一些被称为"空手道"的"中介人"或"信息公司"颇为活跃，他们往往利用施工企业由于任务不足而"饥不择食"的心理，使用虚假信息进行诈骗活动。我国有些建筑公司为了跟踪这些信息，耗费了大量的人力与财力。因此，作为投标企业必须保持头脑冷静，不能听任中间人的摆布，更不能以先付一笔资金为代价换取查询有关资料的许可。对于政府工程、国有单位的发包项目，都必须先获得立项批准并落实了资金后方可获准招标。

（2）对业主进行必要的调查分析

对业主的了解是确定实施工程的酬金能否回收的前提。许多业主单位长期拖欠工程款，致使承包企业不仅不能获取利润，甚至连成本都无法收回。还有些业主单位的管理人员利用工程发包索取回扣，甚至挟制建设单位使用其指定的高价劣质建材和设备，再从物资供应商那里索取回扣，这些都令承包企业苦不堪言。

因此，工程承包商必须对实施项目的利弊进行认真的评估，防止遇到不良业主使其陷入泥潭而不能自拔。

2．研究招标文件

投标人报名参加或接受邀请参加某一工程的投标时，通过资格审查、取得招标文件之后，首要的工作就是认真仔细地研究招标文件，充分了解其内容和要求，以便有针对性地安排投标工作。研究招标文件，重点应放在投标人须知、合同条款、设计图纸、工程范围及工程量表上，当然也要看清楚对技术规范有无特殊要求。

投标人应认真落实要求的投标报价范围，不应有含糊不清之处，应将工程量清单与投标人须知、合同条件、技术范围、图纸等一同认真核对，以保证在投标报价中不"错报"、不"漏报"。

对于招标文件中的工程量清单，投标者一定要进行校核。核算工程量不仅是为了便于计算投标价格，而且是未来在实施工程过程中核对每项工程量的依据，同时也是安排施工进度计划、选定方案的重要依据。投标人应结合招标图纸，认真仔细地核对工程量清单中的每个分项。若发现工程量清单中的工程量与实际工程量有较大差异时，特别是漏项的，应向招标人提出质疑，要求业主核对，并给予书面声明，这对于固定总价合同尤为重要。

3．调查投标环境

这是投标前极其重要的一项准备工作。所谓投标环境，就是招标工程施工的自然、经济和社会条件，这些条件都是工程施工的制约因素，必然会影响到工程成本，是投标人报价时必须考虑的，所以在报价前要尽可能了解清楚。

（1）当地自然条件调查

1）当地气象资料：包括年平均气象、年最高气温和年最低气温，风向图、最大风速和风压值，日照，年降雨量和降雪量情况，湿度情况。其中比较重要的是分析全年不能和不宜施工的天数。

2）当地水文资料：包括地下水位、潮汐、风浪等。

3）地震、洪水及其他灾害情况等。

4）地质情况：包括地质构造及特征、承载能力、冬季冻土层厚度等。

（2）施工现场踏勘

施工现场踏勘主要指的是去工地现场进行考察，招标人一般在招标文件中要注明现场踏勘的时间和地点，在文件发出后就应安排投标人进行现场踏勘的准备工作。

施工单位在现场踏勘前，应先仔细地研究招标文件，特别是文件中的工作范围、专用条款以及设计图纸和说明，然后拟定调研提纲，确定重点要解决的问题，做到事先有准备。

现场踏勘费用均由投标人自行承担，业主应为现场踏勘创造一切条件。现场踏勘时应从以下几个方面进行调查了解：

1）工程的性质及其与其他工程之间的关系。

2）拟投标的那部分工程与其他承包商或分包商之间的关系。

3）工地地貌、地质、气候、交通、电力、水源等情况，有无障碍物等。

4）工地附近有无住宿条件、料场开采条件、其他加工条件、设备维修条件等。

5）工地所在地的社会治安情况等。

4. 编制施工组织设计、施工方案和施工进度计划

施工组织设计构成投标文件中技术标的核心内容，是反映投标人对投标项目全面理解、技术把握、施工部署与组织、施工控制与管理的综合技术文件，是主要评标对象之一。投标人应该认真编写，使其具有针对性和可行性。

施工方案是施工组织设计的核心内容之一，是投标报价的一个前提条件，也是招标人评标时要考虑的因素之一。施工方案应由投标人的技术负责人主持编制，主要应考虑施工方法、主要施工机具的配置、各工种劳动力的安排及现场施工人员的平衡、施工进度及分批竣工的安排、安全措施等。施工方案的编制应在技术、工期和质量保证等方面对招标人有吸引力，同时又有助于降低施工成本。

（1）选择和确定施工方案

编制施工方案应从工期要求、技术可行性、保证质量、降低成本等方面综合考虑，主要应包括以下几个方面的内容：

1）根据工程类型，研究和确定各项工程可以采用的施工方法和适用、经济的施工方案。

2）选择施工设备和施工设施。根据上述各类工程的施工方法，选择相应的机器设备。在工程估价过程中还要不断进行施工设备和施工设施的比较，利用旧设备还是采购新设备，在国内采购还是在国外采购，设备的型号、配套、数量（包括使用数量和备用数量）；还应研究哪些类型的机械可以采用租赁办法，特殊的、专用的设备折旧率要单独考虑，订货设备清单中还要考虑辅助和修配用机械及备用零件，在订购外国机械时也应注意这一点。

3）研究和确定哪些工程由自己组织施工、哪些分包，提出分包的条件和设想，以便询价。

4）估计工程所需不同工种人工的数量，并安排其进场时间。

5）估算主要建筑材料的需用量，考虑其来源和分批进场的时间安排，估算现场用于存储、加工的临时设施。

6）根据现场设备、高峰人数和一切生产和生活方面的需要，估算现场用水、用电量，确定临时供水和供电设施。

7）提出某些特殊条件下保证正常施工的措施，如冬、雨期施工措施等。

8）其他现场临时设施的安排。

（2）编制施工进度计划

编制施工进度计划应紧密结合施工方法和施工设备的选定。施工进度计划中应提出各时段内应完成的工程量及限定日期。施工进度计划可用网络图或横道图表示，具体根据招标文件要求而定。在投标阶段，一般用横道图即可满足要求，但目前国内大型工程招标多要求用网络计划表示进度。

5. 编制投标报价

投标报价是投标人对拟建工程的期望价格，也是投标人用来参与投标竞争的竞争价。建设工程投标报价是构成投标文件商务标的核心内容，是影响投标人投标成败的关键因素，因此正确合理地编制投标报价非常重要。

（1）投标报价的编制依据

投标报价的编制依据主要包括以下内容：

1）招标人提供的招标文件。招标文件对投标人的投标价格有明确的要求，投标人在编制投标价格时，必须满足招标文件的要求，否则将被认定为废标。投标人在编制投标价格以前应认真研究招标文件的有关要求，并对此作出实质性的响应。

2）企业定额。企业定额是指由施工企业自主制定的用于本企业的分项工程实物消耗量标准。按企业定额确定各分部分项工程的实物消耗量，体现了施工企业以本身的实力参与竞争。投标人应该根据本企业的实际情况制定本企业的实物消耗量定额。如果施工企业尚未制定企业定额，可参照国家及地区颁发的现行建筑、安装工程预算定额及与之相配套执行的各种费用定额等。

3）市场价格信息。按照工程所在地的市场价格信息来编制投标价格，可以真实、准确地反映拟建工程的成本价，也体现了通过市场竞争来确定价格的原则。投标人应该随时注意搜集、整理与应用市场价格信息。

4）按国务院和各省、自治区、直辖市人民政府建设行政主管部门发布的工程造价计价办法、建设行政主管部门统一发布的计价办法编制投标价格，可以使各个投标人提交的投标价格口径一致，便于互相比较。

（2）投标报价的编制方法

投标人编制投标报价时，其原理与标底的编制原理基本相同。不同之处在于投标人是以投标价格参与竞争，因此应该贯彻企业自主报价的原则。具体地说，投标人的投标报价，要反映企业本身的实力、反映市场行情、反映企业的投标策略，既不能低于企业的成本价，又要有足够的竞争力。

1）编制方法。投标人编制投标报价，可以采用工料单价法，也可以采用综合单价法。

如果招标文件规定采用工料单价法，投标人利用分项工程直接费单价来计算直接费，各项费用另行按规定计算；如果招标文件规定采用综合单价法，投标人利用综合单价直接计算投标价格，不另行计算各项费用。编制方法的选用取决于招标文件的规定。

招标人若采用工程量清单组织招标，应该提供工程量清单。目前我国正在积极推行采用工程量清单组织招标。

2）投标报价的费用构成。建筑安装工程费主要由直接工程费、措施费、规费、企业管理费、利润和税金组成。在编制投标报价时，除应包括上述费用外，还应考虑不可预见费。

上述各项费用简述如下：

① 直接工程费，是指施工过程中耗费的构成工程实体的各项费用，包括人工费、材料费和施工机械使用费。

② 措施费，是指为完成工程项目施工，发生于该工程施工前和施工过程中非工程实体项目的费用。其包括环境保护费、文明施工费、安全施工费、临时设施费、夜间施工增加费、二次搬运费、大型机械进出场及安拆费、模板费、脚手架费等，要按照工程量清单计价规范中的列项，每一项按照规定单独计算。

③ 规费，是指政府有关权力部门规定必须缴纳的费用，包括工程定额测定费、社会保障费、住房公积金、危险作业意外伤害保险费等。

④ 企业管理费，是指建筑安装企业组织施工生产和经营管理所需的费用，包括管理人员工资、办公费、差旅交通费、固定资产使用费、工具用具使用费、劳动保险费、职工教育经费、财产保险费、财务费、税金等。

⑤ 利润，是指施工企业完成所承包工程获得的盈利。

⑥ 税金，是指国家税法规定的应计入建筑安装工程造价内的营业税、城市维护建设税及教育费附加等。

当招标工程采用总价合同形式时，投标人应该按规定对整个工程报出总价。当招标工程采用单价合同形式时，投标人应该按规定对每个分项工程报出综合单价。综合单价包括完成工程量清单中一个规定计量单位项目所需的人工费、材料费、机械使用费、管理费和利润，并考虑风险因素。工程量乘以综合单价就直接得到分部分项工程费用，再将各个分部分项工程的费用与措施项目费、其他项目费和规费、税金加以汇总，就得到工程的投标价。

6．编制投标文件

投标文件应严格按照招标文件的各项要求来编制，一般包括下列内容：投标书；投标书附录；投标保证金；法定代表人；授权委托书；具有标价的工程量清单与报价表；施工组织设计；辅助资料表；资料审查表；对招标文件中合同条款内容的确定和响应；按招标文件规定提交的其他资料。

投标文件编制的重点包括：

（1）招标文件要研究透彻，投标文件必须采用招标文件规定的文件表格格式，填写表格时应根据招标文件的要求，否则在评标时就认为放弃此项要求。重要的项目或数字，如质量等级、价格、工期等如未填写，将作为无效或作废的投标文件处理。

（2）所编制的投标文件"正本""副本"的分数应按要求提供，正本与副本不一致，以正本为准。

（3）按照招标文件中规定的各种因素和依据计算报价，并仔细核对，消除算术计算错误，确保准确，在此基础上正确运用报价技巧和策略，并用科学的方法作出报价决策。

（4）填写各种投标表格。招标文件所要求的每一种表格都要认真填写，尤其是需要签章的一定要按要求完成，否则有可能会因此而导致废标。

（5）投标文件的封装。投标文件编写完成后要按招标文件要求的方式分装、贴封、签章。

7. 投标文件的递送

投标文件应在招标文件规定的投标截止日期以前送达招标人指定的地点，否则即不接受，但也不宜过早投递，以免泄漏信息。投标文件的正本、副本和其他文件应密封装在内层投送函内，再密封装在一个外层包封内。内层和外层封皮上应写明招标人名称、地址、合同名称、工程名称、招标编码，并注明开标时间以前不得拆封。

标书发出后，如果发现有遗漏或错误，允许进行补充修正，但必须在投标截止日期以前以正式函件送达招标人，否则无效。凡符合条件的补充修订文件，应视为投标书附件，招标人必须承认，并作为评标、定标的依据之一。

5.3.4 施工招标的评标

按《中华人民共和国招标投标法》规定，一般情况下评标的方法有两种，即综合评估法和经评审后的最低投标价法。对于大型或技术复杂的工程，可以采用技术标、商务标两阶段评标法。

1. 综合评估法

综合评估法是以投标文件能否最大限度地满足招标文件规定的各项综合标准为前提，在全面评审投标报价的合理性、技术标的有用性和可信性、投标人和项目经理等主要技术管理人员的业绩等投标文件内容的基础上，评判投标人在具体招标项目的施工技术、施工组织、施工管理、目标控制以及资源使用等方面的能力。通过综合确定各投标人投标文件的优劣，最后形成中标候选人的排序。综合评估法一般使用设立若干评价项目进行量化打分的方式进行，也称综合评价法。综合评估法适用于建设规模较大，履约工期较长，技术复杂，质量、工期和成本受不同施工方案影响较大，工程管理要求较高，不宜采用仅凭价格定标的施工招标评标。

综合评估法的做法是先在评标办法中确定若干评价因素，并确定各评价因素所占的比例和评分标准。评标时，评标委员依据评分标准对各类细分的小项进行相应的打分，最后计算的累计分值反映投标人的综合水平，以得分最高的投标书为最优。有时最高得分者和次高得分者的总得分相差不大，且得分次高者的报价比得分最高者的报价低到一定程度时，则可选取得分次高者为中标人。

2. 经评审后的最低投标价法

经评审后的最低投标价法是以投标文件是否能完全满足招标文件的实质性要

求和投标报价是否低于成本为大前提，以经评审的、不低于成本的最低投标价为标准，由低到高排序确定中标候选人的一种评标方法。一般技术部分采用合格制或符合性标准来评审。报价的评审主要看是否存在重大偏差，是否低于投标人个别成本，但企业个别成本的认定有一定难度。经评审后的最低投标价法适用于具有通用技术、性能和标准，或招标人对其技术、性能没有特殊要求，工期较短，质量、工期和成本受不同施工方案影响较小，工程管理要求一般的施工招标评标。

3．两阶段评标法

在评标过程中，如果技术评审和商务评审分开进行，则技术评审主要由评标委员中的技术专家负责进行，对投标书的技术方案、技术措施、技术手段、技术装备、人员配置、组织方法和进度计划的先进性、合理性、可靠性、安全性、经济性进行分析评价，这是投标人按期保质保量完成招标项目的前提和保证，必须高度重视。尤其是大型、特大型、非常规、工艺复杂、技术含量高的项目，如果招标文件要求投标人派拟任招标项目负责人参加答辩，评标委员会应组织他们答辩，这对于了解项目负责人的工作能力、工作经验和管理水平都有好处。没有通过技术评审的标书，不能中标。

商务评审主要由评标委员中的经济专家负责进行。商务评审的目的是从工程成本、财务和经验分析等方面评审投标报价的准确性、合理性、经济效益和风险等。商务评审的主要内容包括：审查全部报价数据计算的正确性（通过对投标报价数据全面审核，看是否有计算上或累计上的算术错误）；分析报价构成的合理性（通过分析工程报价中直接费、间接费、利润和其他费用的比例关系，主体工程各专业工程价格的比例关系等，判断报价是否合理）；如果有建议方案的话，还应对建议方案进行商务评估。

5.4 案例分析——某开发项目二期施工招标文件

5.4.1 招标公告

1．招标条件

某开发项目二期已由A市DL区发展和改革局以AD发改（AF）便字〔2018〕15号批准建设，招标方式核准为公开招标，项目业主为某置业有限公司。工程建设资金来自企业自筹（资金来源），项目出资比例为100%，招标项目已具备招标条件。

2．项目概况与招标范围

（1）本次招标项目的建设地点：A新城东至JF街，南至SF大道，西至JS街，北至XT路。

（2）工程规模：某开发项目二期总建筑面积约为29.67万m^2，其中地上建筑面积为22.78万m²，地下建筑面积为6.89万m²，规划栋数为38栋。结构为剪力墙结构。

（3）招标范围：本工程施工图纸范围内建筑和安装工程，包含土石方工程、建筑工程、结构工程、桩基工程、基坑围护工程、电气工程、消防工程、给水排水工程、暖通工程、弱电工程、装饰工程及工程量清单列明的内容；不包含：换热站房中的换热设备供货及其安装工程、变配电室中的安装工程、发电机组供货及其安装工程、电梯供货及其安装工程、给水设备房给水设备供货及其安装工程和室外工程。

（4）工期要求：2018年11月25日开工至2020年9月28日竣工，计划工期674天。

（5）质量要求：合格。

（6）安全文明施工要求：获得"A市安全文明工地称号"；在绿色施工方面，确保获得"××省绿色施工示范工地称号"，争创"国家绿色施工示范工地称号"。

（7）本次招标共划分成四个标段，允许投标人兼投兼中。

1）一标段：某开发项目二期A地块A11#、A12#、A13#、A14#、A15#、AS4#单体，总面积为43348m²。

① 招标范围：本标段施工图纸范围内的建筑和安装工程，包含土石方工程、建筑工程、结构工程、桩基工程、基坑围护工程、电气工程、消防工程、给水排水工程、暖通工程、弱电工程、装饰工程及工程量清单列明的内容；不包含电梯供货及安装工程和室外工程。

② 工期要求：2018年11月25日开工至2020年9月28日竣工，计划工期674天。

2）二标段～四标段（略）。

3．投标人资格要求

（1）本次招标要求投标人须具备房屋建筑工程施工总承包二级及以上资质，并在人员、设备、资金等方面具有相应的施工能力。

（2）投标人不可以组成联合体投标。

（3）本次招标要求投标人拟派具备房屋建筑工程（专业）一级注册建造师资格，具备有效的安全生产考核合格证书，且未担任其他在建建设工程项目的项目经理。

（4）投标人是否已建立企业信息数据库，若未建立企业信息数据库，请在递交投标文件前，到企业所在地招标投标监管部门办理建库事项，否则一旦投标，其投标文件将作为废标处理。

注：接收投标文件后，招标人应将投标人名单与建设行政主管部门的企业信息数据库进行核对，未建立企业信息数据库的投标人不得参与投标。一旦投标，其投标文件将作为废标处理。

4．招标文件的获取

（1）有意投标单位请于2018年11月4日～2018年11月10日（法定公休日、法定节假日除外），每日上午8：30～11：30，下午13：30～16：30（北京时间，下同），按照网上下载招标文件的程序，通过密码锁登录A市建设工程信息网自行购买并下载招标文件。不具备网上支付条件或网上下载招标文件条件的地方，投标人应持招标公告在SY招标中心923室购买招标文件。

（2）招标文件每套售价500元，售后不退。图纸押金2000元，在退还图纸时退还押金（不计利息）。电子文档图纸除外。

5．投标保证金或投标担保

（1）投标保证金（或投标担保）80万元，需在2018年11月23日16：00前提交。

（2）投标保证金可在递交投标文件时现场缴纳，也可通过网银方式缴纳。投标保证金或投标担保均须在开标前完成。

（3）递交投标文件时，投标人须出示缴纳投标保证金或投标担保的缴纳凭证。投标人未能按时提供有效凭证的，其投标文件招标人不予受理。

6．投标文件的递交

（1）投标文件递交的截止时间（投标截止时间，下同）为2018年11月24日10：00，地点为A市HN新区建设工程交易中心。

（2）投标截止时间与开标时间是否有变化，请关注本次招标答疑中的相关信息。

（3）投标文件逾期送达指定地点或未在规定时间内传输到指定网站的投标文件，招标人不予受理。

7．联系方式

具体信息略。

5.4.2 投标人须知

投标人须知有关内容如表5-1～表5-10所示。

投标人须知总则　　　　　　　　　　表5-1

条款号	条款名称	编列内容
1.1	项目概况及要求	
1.1.2	招标人	名称：某置业有限公司（本项目联系人及相关联系方式略）
1.1.3	招标代理机构	名称：SY招标中心 级别：甲级 （本项目代理人及相关联系方式略）
1.1.4	项目名称	某开发项目二期施工总承包
1.1.5	建设地点	A市SF新城
1.2	资金来源和落实情况	
1.2.1	资金来源	企业自有资金
1.2.2	出资比例	100%企业自筹
1.2.3	项目的资金落实情况	资金已落实

续表

条款号	条款名称	编列内容
1.3	招标内容、计划工期和质量要求	
1.3.1	招标内容	1. 一标段（招标范围）：本标段施工图纸范围内的建筑和安装工程，包含土石方工程、建筑工程、结构工程、桩基工程、基坑围护工程、电气工程、消防工程、给水排水工程、暖通工程、弱电工程、装饰工程及工程量清单列明的内容；不包含电梯供货及安装工程和室外工程 2. 二标段～四标段（略）
1.3.2	计划工期	计划开工日期：2018年11月25日 计划竣工日期：2020年9月28日
1.3.3	质量要求	质量要求：合格
1.4	投标人资格要求	
1.4.1	投标人资质条件、能力和评价	资质条件：具备建设主管部门颁发的房屋建筑工程施工总承包二级及以上资质 财务要求：2015年1月1日～2017年12月31日经审计的财务审计报告、营业执照、税务登记证、组织结构代码证等 业绩要求：近三年承担过类似项目的土建工程。 项目经理资格：房屋建筑专业一级注册建造师执业资格，且未担任其他在建建设工程项目的项目经理
1.4.2	是否接受联合体投标	不接受
1.5	承担费用	
1.5.1	费用承担方式	投标人准备和参加投标活动所发生的费用自理
1.6	保密	参与招标投标活动的各方应对招标文件和投标文件中的商业和技术等秘密保密，违反者应对由此造成的后果承担法律责任
1.7	语言文字	除专用术语外，与招标投标有关的语言均使用中文。必要时专用术语应附有中文注释
1.8	计量单位	所有计量均采用中华人民共和国法定计量单位
1.9	踏勘现场	
1.9.1	是否组织踏勘现场	不组织
1.10	投标预备会	
1.10.1	是否召开投标预备会	召开
1.10.2	投标答疑	提交问题时间：2018年11月11日16：00 提交问题方式：传真、书面、电子邮件 答疑方式：传真、书面、电子邮件
1.11	分包	
1.11.1	是否允许分包	不允许
1.12	偏离	
1.12.1	是否允许偏离	不允许

招标文件的有关要求　　　　　　　　　　　　　　　　表5-2

条款号	条款名称	编列内容
2.1	招标文件的组成	
2.1.1	构成招标文件的其他材料	电子光盘（清单报价）
2.2	招标文件的澄清	
2.2.1	投标人要求澄清招标文件的截止时间	2018年11月13日16：00

续表

条款号	条款名称	编列内容
2.2.2	递交投标文件的截止时间	2018年11月24日10：00
2.2.3	投标人确认收到澄清问题的函	在收到相应澄清文件函后2h内告知招标人或招标代理机构
2.3	招标文件的修改	
2.3.2	投标人确认收到修改的招标文件	在收到相应修改的招标文件后2h内告知招标人或招标代理机构

投标文件的有关要求　　　　　　　　　　　　　　　　表5-3

条款号	条款名称	编列内容
3.1	投标文件的组成	
3.1.1	构成投标文件的其他材料	所有要求的扫描件光盘
3.2	投标报价	
3.3	投标有效期	
3.3.1	投标有效期	180天
3.4	投标担保	
3.4.1	投标担保方式	投标担保采用的方式：现金、网银、汇款 投标担保的金额：80万元（人民币）
3.4.2	对投标保证金的要求	投标保证金递交方式：2018年11月23日16：00前递交 投标保证金退还的方式：以电汇的形式，退还到投标人开户行的基本账户
3.5	资格审查资料	
3.5.2	近年财务状况的年份要求	近三年，指2015年1月1日起至2017年12月31日止，以财务审计部门的财务审计报告为准
3.5.3	近年完成的类似项目的年份要求	近三年，指2015年1月1日起至2017年12月31日止
3.5.5	近年发生的诉讼及仲裁情况的年份要求	近三年，指2015年1月1日起至2017年12月31日止
3.6	备选投标方案	
3.6.1	是否允许递交备选投标方案	不允许
3.7	投标文件的编制	
3.7.3	签章要求	对投标文件签章要求：纸质文件名章印鉴签章
3.7.4	投标文件副本份数及要求	副本要求：纸质4份、电子光盘1份 具体要求见投标人须知说明3.7.4项
3.7.5	电子投标文件光盘的制作要求	详见投标人须知说明3.7.5项
3.7.6	纸质投标文件装订要求	纸质投标文件分册，印刷本厚度要求控制在5cm以内，超过厚度则分册装订 纸制投标文件按类分册，每册采用胶装方式装订，装订应牢固，不易拆散和换页，不得采用活页装订

投标的有关要求　　　　　　　　　　　　　　　　　　　　　　　表 5-4

条款号	条款名称	编列内容
4.1	投标文件的密封和标记	
4.1.1	电子投标文件签章要求	不适用
4.1.2	纸制投标文件封套上写明	招标人的地址、招标人名称、项目名称 投标文件在年月日时分前不得开启
4.2	投标文件的递交	
4.2.2	递交投标文件形式及地点	现场递交，纸质5份、电子光盘2份 现场递交地址：略 密封方式见投标人须知说明4.1项
4.2.3	是否退还投标文件	否
4.3	投标文件的修改与撤回	

开标的有关要求　　　　　　　　　　　　　　　　　　　　　　　表 5-5

条款号	条款名称	编列内容
5.1	开标时间和地点	
5.1.1	开标时间、地点及开标形式	开标时间：2018年11月24日上午10：00 开标地点：略 现场纸质标书开标
5.2	开标程序	
5.2.1	开标顺序及程序	开标顺序：按投标文件送达逆顺序 开标程序：公布投标人名称；检查密封情况；公开唱标 开标有关事项详见投标人须知说明5.2.1项
5.3	电子开标的应急措施	不适用
5.4	开标过程中，招标人有权拒绝其投标的情况	

评标的有关要求　　　　　　　　　　　　　　　　　　　　　　　表 5-6

条款号	条款名称	编列内容
6.1	评标委员会	
6.1.1	评标委员会的组建及评标专家的确定方式	评标委员会由5人组成，其中：经济专家1人、技术专家3人，招标人代表1人 评标专家确定方式：计算机随机抽取语音通知
6.2	评标原则	评标活动遵循公平、公正、科学和择优的原则
6.3	评标	
6.4	本次评标采用的评标方法	综合评估法
6.5	评标方式	电子评标

合同授予的有关要求　　　　　　　　　　　　　　　　　　　　　表 5-7

条款号	条款名称	编列内容
7.1	中标公示	
7.2	定标方式	

续表

条款号	条款名称	编列内容
7.2.1	是否授权评标委员会直接确定中标人及指定候选人数	否,按排序指定中标候选人3家 中标公示详见投标人须知说明7.1项
7.3	中标通知	
7.4	履约担保	
7.4.1	履约担保的形式与金额	履约担保的形式:现金转账履约 担保金额:合同总价的10%
7.5	签订合同	

重新招标与不再招标　　　　　　　　　　　表5-8

条款号	条款名称	编列内容
8.1	重新招标	
8.2	不再招标	

纪律和监督　　　　　　　　　　　表5-9

条款号	条款名称	编列内容
9.1	对招标人的纪律要求	
9.2	对投标人的纪律要求	
9.3	对评标委员会成员的纪律要求	
9.4	对与评标活动有关的工作人员的纪律要求	
9.5	投诉	

其他要求　　　　　　　　　　　表5-10

条款号	条款名称	编列内容
10.1	不良行为	
10.1.1	其他不良行为	其他不良行为包括:查询行贿犯罪档案结果告知函有不良记录
10.2	招标控制价及标底	
10.2.1	招标控制价及标底的要求	设立:招标控制价 招标控制价:开标前3天公布
10.2.2	是否设立招标控制价或拦标价以及有效标价的确定方式	招标控制价:××万元
10.2.3	是否设立标底以及有效标底的确定方式	不设置标底
10.3	技术标"暗标"评审方式	
10.3.1	施工组织设计是否采用暗标	不采用
10.4	中标公示	

续表

条款号	条款名称	编列内容
10.4.1	中标公示有关要求	在中标通知书发出前,招标人将中标候选人的情况在本招标项目招标公告发布的同一媒体和建设工程交易中心予以公示,公示期不得少于3个工作日
10.5	投标人代表出席开标会	投标人的法定代表人或其委托代理人参加开标会,并应出示本人身份证,以证明其出席开标会议
10.6	同义词语	
10.7	监督	
10.8	知识产权	
10.9	解释权	
10.10	招标人认为应该补充的其他内容	
10.10.1	外埠备案	外埠的投标人必须在开标前到××省和A市建设行政主管部门办理外埠备案和安全生产备案,并持备案手续到开标现场,如果开标前没有按招标文件要求递交外埠备案手续原件,其投标文件不予接收
10.10.2	社会保障费	投标人的投标报价中不得包含相关社会保障费(详见《A市建设工程社会保障费管理办法实施细则》),中标后按规定向A市建筑企业管理站登记申请划拨社会保障费
10.10.3	安全防护文明施工措施费	根据有关文件精神,安措费按工程造价的2.0%计取。安措费为不可竞争性费用,不得删减,在计价中单列并计入投标总价
10.10.4	企业入库	投标人及其项目经理在开标前必须到××省或A市建设工程招标投标管理办公室(A市行政审批服务中心三楼)办理企业信息入库手续及相关验证,投标人及其项目经理若不办理企业信息入库手续及相关验证,将取消其中标资格
10.10.5	招标代理服务费	招标代理服务费:招标代理机构按国家计委颁发的《招标代理服务收费管理暂行办法》(计价格〔2002〕1980号)和发改办价格〔2003〕857号文规定的标准: 中标金额≤100万元,按照规定标准下浮35% 中标金额>100万元,按照规定标准下浮40%
10.10.9	投标保证金和利息的退还	在招标人与中标人签订合同后5日内,向未中标的投标人和中标人退还投标保证金本金;在扣除办理退还投标保证金和利息所发生的银行费用的基础上,同时退还投标保证金自开标之日起至招标人与中标人签订合同之日止所产生的同期银行活期存款利息的剩余额
10.10.10	招标控制价	招标控制价:开标前3天公布,投标人的投标报价超过招标控制价,其投标将被拒绝
10.10.11	投标保证金的没收	发生下列情形之一,投标保证金将被没收: (1)以现金或者支票形式提交的投标保证金不是从投标人基本账户转出; (2)在投标有效期内,投标人撤销或修改投标文件; (3)投标人相互串通投标; (4)投标人向招标人、招标代理机构的工作人员或评标委员会成员行贿; (5)投标人以他人名义投标或者以其他方式弄虚作假投标; (6)投标人捏造事实、伪造材料或者以非法手段取得证明材料进行恶意投诉; (7)中标人在签订合同时,向招标人提出附加条件或者不予招标人订立合同; (8)投标人不按照招标文件要求提交履约保证金
10.10.12	对投标文件的异议	对招标文件有异议的投标人必须在投标截止时间10日内提出,否则招标人不予答复
10.10.13	投标人发生重大变化	在合同签订前,投标人必须将其发生的合并、分离、破产等重大变化事项及时书面告知招标人,否则其投标无效,投标保证金将被没收
10.10.14	项目经理二次刷卡	投标人的项目经理在开标前需到A市建设工程招标投标管理办公室进行项目经理二次刷卡,没有刷卡或刷卡无效的,投标文件将被拒绝

注:投标人须知表所填内容以及所选项目一经确认不得修改

投标人须知说明的有关内容此处省略，详见《中华人民共和国标准施工招标文件》。

> **复习思考题**
>
> 1. 简述房地产开发项目工程招标投标的基本概念及其作用。
> 2. 总结公开招标和邀请招标的差异。
> 3. 简述招标工作管理流程。
> 4. 简述房地产开发项目勘察招标应具备的条件。
> 5. 简述房地产开发项目勘察招标的程序。
> 6. 简述工程监理的评标指标。
> 7. 简述施工招标评标办法的选用依据和适用范围。

规划设计管理

房地产项目规划设计管理旨在联系项目的计划、策划与系统，为项目提供一个整体体系。房地产项目规划设计主要包括项目选址、项目定位、规划设计三个方面。

6.1 房地产开发项目选址

6.1.1 项目选址原则

1．城市规划指引原则

房地产开发项目的选址要紧随城市规划脚步，在规划中寻求地块使用方向，在规划实施中寻求开发机会。关注旧城改造项目和新区建设项目，注重利用城市建设重点工程的带动效应，如高铁站重大投资项目等。

2．人流、物流、信息流适度密集原则

城市的基本功能之一是人流、物流、信息流、资本流的汇集与流动，在流动中形成聚集效益、规模效益和关联效益。商业物业开发决定于人流密集程度。工业物业开发依赖于物流畅通程度。

3．周边环境评价与协调原则

房地产价值表现为自用空间价值、小区内部环境价值、周边环境价值与区位环境价值的总和。周边环境包括自然环境、生态环境、交通环境、设施配套环境、购物休闲环境、文化教育环境、社会环境和房地产市场环境等。

4．同类物业相聚与功能互补原则

同类物业聚集在同一地段的聚合效应能提升知名度，而知名度效应通过信息沟通又能强化竞争效应。只有进行同类不同质的差异化开发经营，才能获得共赢。

5．土地开发价值与潜在收益原则

进行土地开发能获得一定价值，包括收益和社会价值。

6．与企业开发意图对应原则

企业开发经营战略和企业开发经营实力应与资金安排一致。

要确定房地产开发项目的选址，还要根据项目类型而定，住宅开发项目、写字楼开发项目、商业开发项目、工业开发项目、酒店开发项目等的开发选址原则需要结合其实际情况全面考虑，具体如表6-1所示。

各类房地产项目选址具体原则　　　　表6-1

项目类型	选择条件
住宅开发项目	①市政公用和公建配套设施完备程度； ②公共交通便捷程度； ③环境（空气、水、噪声等）； ④居住文化传统

续表

项目类型	选择条件
工业开发项目	①接近原材料产地； ②交通运输条件； ③水、电等配套设施
商业开发项目	①最短时间到达； ②区位易达性； ③接近购买力； ④商业氛围浓厚
写字楼开发项目	①与其他商业设施的接近程度； ②周围土地利用情况和环境； ③交通便捷性
酒店开发项目	①交通便捷； ②周边环境优美； ③有足够大的停车场

6.1.2 项目选址影响因素

房地产开发项目选址的影响因素有：周边环境、内部现状、自然条件、规划要求、权属情况和拆迁情况。

1．周边环境

（1）道路交通

分析地块是否与城市道路相邻或相连，明确周围道路性质、等级、走向情况，估计道路的人流量、车流量和流向，确定场地出入口设置。通过道路交通条件分析，为场地分区建筑物主要朝向、建筑物主要出入口确定提供重要信息资料。

（2）公共服务设施

公共服务设施主要包括商业购物、餐饮服务、文教卫生、金融办公等。公共服务设施分布状况、完善程度、规格档次、质量水准不仅影响到未来居民的生活舒适度与出行活动规律，也是决定土地价值和利用方式的重要平衡条件。

（3）基础设施

基础设施条件主要包括道路和供电、给水、排水、电信、燃气以及北方地区的供暖等管网线路设施连通、场地平整。基础设施是房地产项目正常运营不可缺少的支撑条件。

（4）相邻地块建设状况

要勘察相邻地块内建筑物的位置，确定其是否对拟投资地块的日照、通风、消防、景观、安全、私密等方面产生影响。要了解相邻地块基本的布局模式、形态特征、建筑处理手法以及与拟投资地块的边线间距，积累项目重要信息，以便在对拟建地块进行规划设计评估时能够处理好与周边环境的关系。

（5）特殊城市元素

地块周边存在一些特殊的城市元素，将对地块未来开发价值有较大影响。一些有利的城市元素包括地块临近城市公园、水系、公共绿地、广场、交通站点、自然景点和人文景观等。一些不利因素包括地块周边的传染病医院、殡葬馆等。

（6）地块景观

从地块不同位置、不同高度和视角观察到的地块外部景观特征。

2．内部现状

（1）地形和地势

研究地块高低落差、由落差产生的自然排水条件、地势对恶劣自然现象和自然灾害的防御性等。

（2）现状建筑物和构筑物

勘查地块上有无建筑物、其他附着物，进一步了解附着物情况。

（3）地块内部基础设施

地块内部基础设施是指地块内现有的道路、广场、桥涵和给水、排水、供暖、供电、电信、燃气等管线工程。特别要注意的是，有关变电站、调压站、泵站等设施常常附属有主干管线的重大市政设施，这类主要管线改造费用较大。

（4）地块空中条件

分析地块内部有无高压线设施，是否有高压线走廊、微波线路走廊经过地块上空。

（5）地下文物

详细了解地块所在区域的历史变迁，了解是否存在地下文物，如果存在地下文物，应该及时要求有关文物部门查勘。如果有重大历史价值，应该根据文物部门的意见采取对应措施，必要时还必须重新选择项目位置。

3．自然条件

（1）工程地质条件

工程地质条件的好坏直接影响建筑安全、投资成本和建设进度。在投资研究阶段，应该了解地块有无冲沟、滑坡、崩塌、断层、岩溶、地裂缝、地面沉降等不良地质现象，了解是否有地下淤泥或软弱地基及其位置。

（2）水文地质条件

地下水对建筑物稳定性也有较大的影响，要评估城市地下水对地块投资的影响。

（3）抗震条件

抗震条件有两个分析指标，震级和地震烈度。震级是用以衡量地震发生时震源处释放能量大小的标准，共分为10个等级；地震烈度是地震区域地面建筑物与设施遭受地震影响和破坏的强烈程度，共分为12度。

4．规划要求

地块规划要求包括用地性质、限高、容积率、用地红线、建筑红线、道路红线、建筑密度、建筑间距、绿地率、交通入口方位、车位配比、建筑风格、日照系数等内容。城市居住用地分类及代号如表6-2所示。

城市居住用地分类及代号　　　　　　　　　　表6-2

类别代号		类别名称	范围
R	R1	一类居住用地	市政公用设施齐全、布局完善、环境良好，以低层住宅为主的用地
	R2	二类居住用地	市政公用设施齐全、布局完善、环境较好，以多、中、高层住宅为主的用地
	R3	三类居住用地	市政公用设施比较齐全、布局不完善、环境一般，或住宅与工业有混合交叉的用地
	R4	四类居住用地	以简陋住宅为主的用地

5．权属情况

土地权属问题主要出现在二手土地转让中。考察土地权属情况，要注意以下四个问题：

（1）《国有土地使用权出让合同》《国有土地使用证》等土地取得手续是否完备，地价款缴纳凭证、完税证明、交易费用支付证明是否齐全。

（2）剩余土地使用年限。

（3）土地使用权是否存在抵押、质押、担保情况。

（4）土地权属是否存在法律纠纷。

6．拆迁状况

明确拆迁状况，包括评估拆迁成本、预测拆迁进度、评估拆迁难易程度等工作。

6.1.3　项目选址流程

房地产开发项目选址流程如图6-1所示。

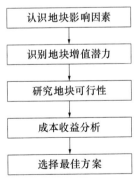

图6-1　房地产开发项目选址流程

1．认识地块影响因素

房地产投资地块的影响因素很多，不同地块的影响因素不一样，影响程度也不相同。一宗地块的好坏总是体现在需求上。土地的开发价值直接决定了房地产开发的利润基础。土地的开发价值则取决于所在地块及地块所在城市的发展情况。

2. 识别地块增值潜力

分析完地块投资的影响因素之后，下一步就应该判断哪种地块具有增值潜力。选择较好的投资地块主要是看投资者的经济实力，好的地块投资后增值空间大，同时资金需用量也大，风险也大。

进行房地产开发投资不外乎是对三种类型的土地进行开发：未开发地块、开发中的地块和已开发用地。

（1）未开发地块

在未开发的地块上进行投资，风险增大的同时利润也增大。如果城市扩展方向与拟投资地块相一致，则增值空间较大，反之亦然。在未开发的土地上建设房屋，虽然土地价格便宜，建设费用也不比其他类地块贵，但建设中的配套资金数额却非常大。配套资金数额大主要体现在两个方面：一是裸地块的基础设施建设，特别是综合管网部分；二是地块相关配套的维护费用。

（2）开发中的地块

开发中的地块是指完成了区域规划，具备基本的交通条件，水、电、气有保障，雨、污排放系统已经形成的地块，这类地块是有增值潜力的地块。在这种地块中进行房地产项目开发，主要是选择地块本身的质量和周边楼盘的档次，如周边均为高档楼盘，则这种房地产开发项目的增值潜力更大。

（3）已开发用地

已开发用地是指地块已经具备城市规模，这类地块常指旧城改造。在这种地块上进行开发，关键是深入研究政府有关旧城改造的法律、法规，最大程度争取政府的优惠政策。如拆迁补偿费、配套费、危旧房改造优惠政策等，这里有很多技巧值得研究。在有优惠条件的情况下，这种地块是值得投资的。

3. 研究地块可行性

在地块未真正投资前，需要进行可行性研究。可行性研究主要解决能否投资这个地块，并从技术、成本、质量、执行容易程度、经济性和法律的角度进行判断，该研究是从开发商的战略角度进行的。可行性研究的主要工作内容如下：

（1）认识地块问题

发现社会供求中存在的矛盾是选择投资建设一个开发项目的重要前提，这一矛盾确定得是否得当、是否准确就成为一个工程项目投资是否成功的关键因素。投资地块决策最基本的前提是明确地块所存在的问题，只有认识到存在的问题，才能合乎逻辑地去解决问题。

（2）明确地块开发目标

目标和问题是相互关联的，在明确地块中所存在的问题、社会需求之后，就应该提出满足这一需求的实施策略（开发、建设房地产项目）。为此，就需要根据市场情况提出有针对性的投资目标，包括所选择投资项目的目标市场、对投资规模的初步计划、建设工期及希望的收益情况等。在实际问题中，多目标之间往往是矛盾冲突的，因此要对各目标之间的关系进行充分的分析。

(3) 收集和分析数据

地块投资决策必须依赖一定的数据，收集数据是选址决策的一个关键问题，同时，所收集数据的准确性也将直接影响决策结果。在地块开发决策中，数据的一个重要来源是企业本身的财务系统，国家政策、市场调研、技术的发展趋向、原料和能源的供应情况等也是选址决策数据的主要来源。

(4) 拟定地块开发备选方案

为了作出决策就必须谋划拟定解决问题的各种方案。策划备选方案包括方案的提出和方案的筛选两个过程。方案的提出主要是由决策者与决策人员一起尽可能地考虑各种方案作为备选方案。方案的筛选主要是在备选方案中排除一些不可行的或太敏感的方案，经过筛选后提出少数几个方案供详细分析研究。

(5) 预测未来环境

地块投资与项目决策都需要预测各种备选方案的后果，而每种方案的后果与将来付诸实践时所处的环境有关。因此，在评价备选方案之前就要对未来环境可能发生的变化作出准确预测，需要对所开发产品相关的市场、房地产发展走势、技术趋势进行预测，还包括产品需求与市场定位预测、原材料来源与供应预测及技术发展预测等。

(6) 预估方案的结果

地块投资方案实施后可能取得的结果是方案选择最主要的依据，即确定各方案以费用与收益、利润形式表示的结果。

4. 成本收益分析

成本收益分析主要是从财务角度估算该地块是否值得投资。收益是按边际要求超过成本的原则进行分析，评价指标有：投资地块的财务净现值、折现现金流、内部收益率、投资收益、成功的可能性、存在的约束条件和假设的现实性。判断方案成本可行性的准则如表6-3所示。

判断方案成本可行性的准则　　　　表6-3

条件		衡量标准
投入相等	资金和其他投入资源数量相等	使收益或其他产出最大
产出相等	收益和其他产出的数量相等	成本费用最小或其他投入最小
投入和产出均不等	资金和其他投入的数量、收益和其他产出的数量均不相等	可根据情况选择绝对效益评价准则或相对效益评价准则进行判断

5. 选择最佳方案

选择最佳方案就是选定最适合的方案，即哪一个方案最符合选定标准。对于房地产开发项目，一般是以经济效益为主导的选择原则。但由于在计算过程中可能存在对问题的简化，因此在方案选择过程中还要根据决策者的经验及国家政策对方案可能产生的其他效果加以考虑。此外，还要结合多地块进行选择，根据不同地块的利润、增值潜力、潜在客户群、生产力几个方面的指标进行评定。

6.2 房地产开发项目定位

对于房地产开发项目而言，前期市场定位具有方向性和纲领性作用，影响项目的经营与发展。正确的房地产开发项目定位，能够减少投资盲目性，增加投资成功机会，是制定市场营销策略的基础。

6.2.1 项目定位原则

1. 适应性原则

适应性即指房地产开发项目定位必须迎合市场与行业发展趋势及机遇。市场定位的适应性原则包含以下四层含义：与当地或区域社会经济发展水平和消费者收入水平相适应；与所在区域房地产市场物业档次、标准、品质相适应；与经市场调查分析确定的目标客户群的消费特点和消费能力相匹配；与企业的技术和管理水平相适应。

2. 与企业发展战略相一致原则

企业发展战略包括品牌战略、经营战略和管理战略等。在企业发展战略的框架下进行项目市场定位，体现企业竞争优势，发挥企业核心竞争力，构建企业品牌和产品品牌，使企业产品具有延续性和创新性，实现企业发展目标。如果房地产开发项目定位不以自身优势迎合市场，即使定位概念做出来，它的演绎和支持体系也不完善，甚至很容易被别人复制和超越。

3. 经济性原则

经济性原则有三个方面的含义：首先是指产品定位应具有较高性价比，具有较高价格竞争力和抗价格变化风险的弹性；其次，从企业角度出发，在成本控制的基础上，做到效益最大化；最后，在成本和收益测算、效益评估的基础上计算的各项经济评价指标应达到企业既定目标要求或行业水平，确定项目赢利预期的可能性和风险性，明确项目经济利益可行性。

4. 可行性原则

可行性原则包括项目实施技术可行性和经济可行性两个方面。由于房地产市场在不断变化和发展，市场定位必须考虑项目实施的可行性，避免出现无个性、租售难的现象，要根据项目规模、地块特性和本项目的优势来分析入市时机，准确设计项目实施进度。同时，要运用微观效益分析与宏观效益分析相结合、定量分析与定性分析相结合、动态分析与静态分析相结合的方法，对项目进行经济评价，分析各经济评价指标是否可行。项目规模、开发模式和项目进度会受到经济实力、融资能力和企业管理能力等因素的限制，它们容易定性但难以定量，这个问题在市场定位时就应该得到解决。

5. 受众导向原则

房地产开发项目市场定位的重心在于消费者心理，对消费者心理把握得越准，定位策略就越有效。有的学者提出了消费者的五大思考模式，认为成功的市场定位取决于两个方面：一是项目如何将定位信息有效地传达到消费者脑中；二是定位信息是否与消费者需求相吻合。也就是说，市场定位必须为消费者接收信息的思维方式和心理需求所牵引，必须遵循受众导向原则。

受众导向原则实质上就是如何突破传播障碍，将定位信息进驻消费者心灵的原则，也是不断强化消费者满意程度的原则。要突破信息沟通障碍，打开消费者心智之门，关键是想消费者所想，千方百计使传播的信息变成消费者自己想说的话，让他在听到项目的宣传和参观楼盘时能有这样的感觉：这正是我所需要的，这正是为我专门设计的。这样才能让他们产生亲切感、认同感、信任感，从而产生购买欲望。

6. 差别化原则

面对各式各样的房地产广告，消费者往往不知道怎样选择，即使看中了某个楼盘，很快又被其他更新的楼盘所吸引。市场定位就是通过各种媒体等渠道向目标市场传达楼盘的特定信息，使之与对手楼盘的不同之处凸显在消费者面前，从而引起消费者注意。当目标定位所体现的差异性与消费者的需要相吻合时，楼盘或品牌就能留驻消费者心中。定位中要突出包含楼盘质量、建筑风格、交通、舒适度、价格、物业管理和升值潜力等方面有别于其他楼盘的优势。

7. 个性化原则

顾客选择楼盘时，他们在理性上会考虑楼盘的实用性，同时他们也评估不同楼盘所表现出的个性，尤其是对高消费水准的顾客来说。当楼盘表现的个性与他们的自我价值观相吻合时，他们就会选择该楼盘，并用该楼盘体现自己的个性。而遵循个性化原则，就要在重要性、明晰性、优越性、可沟通性、可接近性、收益性等方面寻求异于其他楼盘并能深深满足消费者个性化需求的突破口。

8. 动态调整原则

动态调整原则要求企业在变化的环境中抛弃过去传统的以静制动的陋习，在变化的环境中不断调整市场定位及其策略。房地产企业是社会系统中的一个子系统，它的经营活动自然受到环境制约。动态调整原则是指在变化的环境中，今天处于第一的企业不能保证明天依然独占鳌头，新的变化因素可以在转瞬之间将一个强有力的公司推入狂澜。因此，企业只有不断调整自己的目标、产品领域、技术与管理等，方能适应环境变化。作为重要的营销策略，定位的动态调整自然不可避免。

6.2.2 项目定位特点

1. 前瞻性

房地产产品是消费者人生阶段中不可或缺的一种产品，与其现实状况以及未来预期状况息息相关，而且房地产项目开发周期比较长，通常需要几年的时间。因此，在市场定位时要考虑到消费者在今后一段时期内自身状况的变动趋势及心理预期，了解其在未来几年内对房地产楼盘的前瞻性需求。例如，在实际定位分析中需要对消费者未来几年内家庭成员的增减情况或者对其未来几年内事业的发展趋势进行考察。

2．区域性

区域性是房地产最重要的一个特性，这一特性使土地利用形态受到区位的严格限制。房地产的区域性主要包含自然环境、经济环境、人文环境三个方面。虽然购买者可能不是来自于某一特定区域，但一旦购买某一楼盘后的主要消费行为将带有很强的区域特点。因此特定楼盘周边环境，即区域特征以及竞争分析都带有非常强的区域性色彩。

3．宽泛性

房地产开发项目是一个具有高度复杂性的产品，涉及楼宇本身、社区环境、配套设施、周边环境等方方面面，这决定了对其进行市场定位的宽泛性。例如，楼宇本身涉及建筑类型、建筑风格、建筑材料、外立面、面积、格局、朝向等。由于置业消费这一行为对于消费者而言至关重要，因此其将会考虑上述的各个因素，并且决策过程会相当复杂，因此在进行市场定位分析过程中所涉及的内容非常广泛。

6.2.3 项目定位方法

1．假设论证定位法

假设论证定位法，即从结论出发，在很难确立最佳定位时，对几种难以排除的定位进行假设论证，分析各自的优劣势，再将分析结果进行对比，据此确立最终定位。

假设论证定位法主要依靠策划人对项目的感应判断，这种感应判断不是玄学，而是建立在策划人对房地产业的敏锐、经验、独特思维方式和能力等基础之上的。这个方法的优势是直奔主题、迅速快捷，适用于疑难项目、特殊项目、单体项目，不适合大型项目。假设论证定位法首先需要由策划人设计几个最佳定位，分别对每一个定位进行分析、求证；然后，根据求证结论选取最优的两个定位，以时间、成本、难度为坐标，设计操作程序再次进行求证分析；最后，根据再次求证的结论最终确定项目定位，并将该定位与市场同类项目进行对比分析，以判断该定位的预期效果。这个方法最大的难点是求证，因此市场调研在这个过程中很重要。

2．剥洋葱定位法

剥洋葱定位法就是如何找矛盾，像剥洋葱一样一层一层往里剥，即将矛盾转化。而此方法最关键的一步是能否找准第一个最主要矛盾。第一次发掘到的矛盾可能不容易解决，随着对地块的认真研究、对项目的深入分析，越来越多的矛盾就会涌现出来，这时第一时间感觉的矛盾就可能不再主要了，就会被更大更深的矛盾所代替，然后再研究就会再出现新问题，矛盾不断出现也不断转化，最终就会找到真正的原因。关键是在这个过程中要有执着精神。

3．反瞄准定位法

随着房地产业竞争的加剧，房地产已经从需求导向转变为竞争导向，反瞄准定位法就是针对竞争环境提出的。但此定位法的弊端是风险太大，一般只有当项目处于四面包围之中，且敌手个个强于自己的情况才适用。

瞄准就是直接针对目标；反瞄准其实就是瞄准对方优势，强行将对方定位中的优势扭转为劣势，反瞄准定位法的实施步骤如图6-2所示。

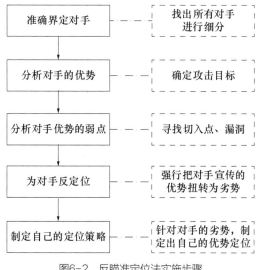

图6-2　反瞄准定位法实施步骤

4．避让定位法

避让定位法是房地产开发商将自己的项目确定在目标市场的空白地带，开发并销售市场上还没有的某种特色产品，以占领新的市场。这种定位方式的优点是能够较快进入市场、站稳脚跟，有利于在用户心中尽快树立起一种独特形象，从而减少市场风险，并取得较高的市场占有率。

避让定位法适用于以下情况：市场竞争格局比较稳定，即房地产市场比较成熟；竞争对手是强者，实力强大、地位不可动摇；企业是后来者，或实力不够强的企业，没有向强者挑战的可能。

5．对峙定位法

对峙定位法即房地产开发商将自己的项目定位在竞争者附近，生产与竞争者相同或相似的产品，与之争夺同一目标市场。采用这种策略会导致激烈的市场竞争。对峙定位法可以在以下两种情况下使用：房地产市场需求总量明显增加，居民购房力发生了突然增长；房地产市场供给方面发生了变化，房地产市场呈现多元格局。

6. 复合定位法

开发商在对项目进行定位时，巧妙地将房地产领域的各种技术手段和房地产以外的其他产业（如教育业、体育业、旅游度假业等）相结合，通过复合地产开发唤醒并满足目标客户群的潜在需求。例如，某度假村集中了娱乐、休闲、旅游和度假项目，分季花果（杨梅）与渔鲜结合，娱乐、住宿、运动互动，打造具有自然山水风格的大型高端度假区。

6.2.4 项目定位步骤

房地产开发项目定位分析是介于投资可行性分析完成之后、建筑设计开始之前，针对设计、销售和使用过程中将要遇到的实际状况，对市场条件、客户群体、产品类型、价格等进行的研究和分析。房地产开发项目定位流程如图6-3所示。

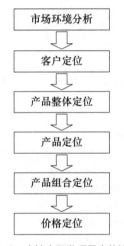

图6-3　房地产开发项目定位流程

1. 市场环境分析

房地产开发项目定位要进行科学的市场分析，依据市场分析结果进行客户细分，并进行准确的市场定位。

（1）市场环境分析内容

房地产开发项目市场环境分析是指通过研究房地产销售的市场状况以及与其相关联的经济政策环境，确定市场需求的种类、形式、大小和趋势，为产品研究提供市场基础，具体包括政策环境、经济环境和竞争环境。

（2）市场环境分析方法

市场环境分析有两种方法：市场调研法和SWOT分析法。

1）市场调研法。市场调研法是指运用市场调查，对房地产开发项目的市场环境进行数据收集、归纳和整理，形成项目市场定位可能的方向，然后对数据进行竞争分析，利用普通逻辑排除、类比、补缺等方法确定项目市场定位。市场调研的步骤如表6-4所示。

市场调研的步骤 表6-4

调查过程	工作内容
明确调查目的	例如，明确本调查是针对户型设计、小区环境、小区配套设施，还是小区的物业管理
确定调查内容	如城市年开发和竣工量、同区域楼盘情况、消费者需求情况、政府规划、配套收费情况
选择调查方法	主要的调查方法有：外围调查、消费者街访、消费者座谈、经营者座谈、投资者座谈、当地文献资料的研究等
全面调查	按照调查方法，设计合理的市场调查问卷，组织人员进行有序调查，控制调查质量，在规定时间内拿出调查结果
结果分析	对数据加以整理、分析研究，设计合理的调查统计表
研究报告	经分析研究得出调研结果，然后通过讨论形成成熟材料，撰写成报告并提交

2）SWOT分析法。SWOT分析是通过对项目的优势（S）、劣势（W）、机会（O）和威胁（T）进行综合分析与评估，从而得出结论。这种方法已经被许多企业运用到企业管理、人力资源管理和产品研发等方面，对于房地产开发项目的市场分析具有重要的借鉴意义。

2．客户定位

（1）客户定位准则

客户定位研究要遵循以下三个准则：

1）准确选择目标市场。选定最有价值的细分客户，剔除非目标客户。客户细分市场要足够大、可识别、有媒介触及点并且有利可图，这样的客户细分才有价值。反之，如果细分后的市场面太狭小，目标客户群不足以支撑企业发展所必需的利润，那么这种细分就是失败的。

2）差异化价值定位。不同客户对于项目而言带来的价值不尽相同，有的客户可以连续不断地为项目创造价值和利益，如多次置业客户、老客户不断介绍新客户等，因而要对客户进行价值差异化区分。

3）根据客户定位制定运营流程。仅将客户进行有效细分是远远不够的，细分的目的是抓住客户特征投其所好，将产品成功推广出去，精确、完善、稳定、合理的运营流程是成就这些美好愿望的助推器。

（2）客户定位步骤

1）细分目标客户群。对区域内的主要消费群进行细分，可以把区域内的物业主要消费者分类，分析区域热点、社区居民类型特征及每一类消费者的规模总量、人口特征、经济水平等。

2）选择目标客户群。经过以上基本特征的判断之后，需要进行价值区分，分辨出高价值和低价值的客户细分区域，即根据"20%的客户为项目带来80%的利润"的原理，重点锁定高价值客户。客户价值区分变量包括客户响应力、客户销售收入、客户利润贡献、忠诚度、推荐成交量等。根据房地产企业的不同诉求目标，通过不同的变量区隔对客户进行细分并进行价值定位，选定最有价值的细分客户。

3）定位目标客户群。围绕客户细分和客户价值区隔，选定最有价值的客户细分作为目标客户，提炼他们的共同需求，以客户需求为导向精确定义企业的运营流程，为每个目标细分市场提供差异化的营销组合。即企业最终决定瞄向哪些人群，这些人群的详细特征怎样，通过怎样的方法能够找到这些人群。

3. 产品整体定位

（1）容积率配置

容积率是指一个小区的地上总建筑面积与用地面积的比率。单从容积率的计算公式上看，层数越多则对开发商越有利，但在实际中，层数高的建筑建设成本也高，而底层临街建筑则可能带来更大的商业利益。所以，容积率应当视具体项目定位而确定。容积率的配置一般可以从以下五个角度来考虑：

1）与空间价值的关系。例如，商业气息浓厚的区域，一楼店面价值可能是高楼层价值的数倍，因此总可建建筑面积应尽量分配于低楼层；反之，商业气息弱的区域，则可以考虑增加楼层。再如，如果顶层销路较好，可以考虑建造楼中楼等。

2）与建筑成本的关系。越是高耸或造型特殊的建筑，其建筑成本越高，因此要权衡所增加的成本及可能创造的空间价值，以决定最佳容积率。

3）与建筑工期的关系。例如，两栋10层的建筑与单栋20层的建筑，前者的工期将比后者节省许多，而工期将直接影响投资回收的速度及营业风险。

4）与市场接受性的关系。例如，在高楼层建筑接受意愿不高的区域，若考虑规划成高层建筑，就要审慎评估市场风险。

5）与周围建筑物状况的关系。例如，处于一片低矮建筑物区域，可以考虑向高层建筑发展，建成此区域的标志性建筑物；如果处于一片高耸的建筑物之中，则要考虑楼间距是否足够大，是否会影响本楼层采光、视野等。

综合以上五个因素进行容积率分配，才能对容积率进行最充分、合理的利用。

（2）公共设施定位

欧、美、日等国越来越倾向于以包含私有面积及公共设施的整体规划来衡量建筑品质及价值，这也是我国要努力的方向。就发展或产品定位而言，首先要认清许多公共设施之所以难被购房者接受的原因是由于设施本身不实惠，或由于设施没有发挥真正的价值，然后明确辨别下列几种公共设施的功能及效益，再针对个案性质作合理定位。

1）具有保值效果的公共设施。如宽敞的门厅、走道等，这些设施的积极功能在于确保不动产的价值及未来的增值潜力。尤其是对于使用频率高、使用人数多的办公室、商场或小套房等产品，这种公共设施尤其重要。

2）具有实用性质的公共设施。如停车位、健身房、游泳池或公共视听室等。这类公共设施的功能在于它的公共性，例如，任何个人想拥有一个私人游泳池是奢侈的事，但是通过公共设施的分摊，却使整幢建筑或整个社区的住户都能长期经济地拥有及使用游泳池。

3）具有收益机会的公共设施。例如，地下室的商业空间、停车位或其他可供非该建筑住户付费使用的设施等。由于这种设施的使用可收取租金或使用费，对于分摊设施的购买者而言，相当于购买有长期收益的投资标的，不仅可以补贴管理费，同时也较易维护整体建筑品质，在使用价值高的地段是颇为适当的设施定位。

4）对环境有改善的公共设施。建设绿地、花园等景观设施，虽投入增加，但这种投入可以从因环境改变物业升值中得到回报。

公共设施的规划将越来越受到重视，产品定位者若能适当掌握各种公共设施的功能，可使公共设施空间发挥"小兵立大功"的作用。

（3）楼层用途定位

不同人群对各楼层空间的需求不同，也就是各个楼层事实上归属于不同市场，具有各异的供需情况、用途特性、交易性质及空间价值等，而这些差异的存在能给予从事房地产产品定位的人发挥创意的机会。

4．产品定位

产品定位是指通过对产品主要技术参数、模式、产品概念的确认，创造出产品独特的自身价值，并确立产品在客户心目中所占的地位，包括其质量、功能、特色和造型等。

（1）产品定位的内容

房地产产品应该由多个部分组成，产品的定位过程就是细化这些组成部分的过程，主要包括七大内容：

1）产品档次。确定产品档次将是房地产产品定位的首要问题，产品档次的划分方式有很多种，最简单的划分方法就是根据价格将其划分为高、中、低档。

2）项目环境。项目环境也是房地产产品定位的一个重要方面，充分利用项目环境，完善项目定位，这里的环境包括硬环境和软环境。硬环境是指项目所在地既有的可以看得见的环境，比如临山、面水等。软环境包括文化环境、经济环境等。项目定位时要充分挖掘这些条件。

3）总平面布置。总平面布置也是产品定位中一个非常重要的方面，在总平面布置中要考虑建筑和景观的布置、楼高、楼间距、与周边环境的融合、交通组织、竖向布置、配套等。

4）建筑。建筑是房地产产品定位中考虑比较多的一个内容，在建筑定位中要考虑建筑的外形、色彩、建筑户型、面积、建筑结构、门窗、功能、形象、品质、声、光、色等。

5）景观。随着生活水平的提高，人们不再只满足"居者有其屋"，而是追求更高的"居者优其屋"，人们对景观的要求越来越高，景观的档次已经成为房地产产品定位中和建筑一样重要的核心要素。景观的定位主要是满足景观的功能、服务能力、给人心理和生理的满意程度等。

6）智能。近几年，住宅智能化已经成为人们常常关注的一个话题，因此在房地产产品定位中要考虑到智能化的设计、运营等。

7）物业管理。物业管理是现在房地产消费者在进行消费时考虑得比较多的一个因素，在房地产产品定位中要充分考虑物业管理的定位问题。其定位主要包括服务内容、价格等。

（2）产品定位核心环节

房地产产品定位核心集中体现在建筑环节。建筑环节也是产品差异化竞争优势的产生环节。必须注意的是，房地产产品定位中使用的建筑及相关专业知识不等同于建筑设计本身，它是在建筑设计之前，在市场调研的基础上提出的建筑设计要求。

建筑策划研究包括五项内容：项目性质、项目品质、项目级别、建筑功能和空间组合方法。具体说来有以下四个工作步骤：

1）目标规模设定。目标规模是指建筑大小、高低尺寸、面积、容积、空间体量、尺度、建筑与街道的距离、建筑与环境的影响方式等；还包括使用者活动、流动轨迹，使用者由内到外对目标空间的使用方式，空间组合比例及环境空间使用量上的分配比等。目标规模的设定必须以满足使用为前提，同时避免不切合实际的消费与建设。设定目标规模的主要目的是求得抽象尺寸、在某种使用方法下的负荷人数和空间特征以及项目在环境中的实际运行状况。

2）项目外部条件调查。建筑策划部分的项目外部条件主要包括地理条件、地域条件、社会条件、人文条件、景观条件、经济技术条件以及一些总体规划中的控制性条件，具体如表6-5所示。

建筑策划的外部条件　　　　　　　　　　　表6-5

外部条件	具体内容
地理条件	指与建筑设计、施工和运营有关的地理条件，包括地理位置、地理特征、地理气候等
地域条件	指用地所处的城市行政区的性质、划分级别、等级及其与周围行政区的关系
社会条件	指用地周围的社会生活环境状况、城市配套设施建设情况、社会组成的比例、社会治安和秩序现状等
人文条件	指用地区域附近的人口构成特征、人口文化素质、城市历史文化背景等
景观条件	指用地本身在城市中的景观效应、用地四周的景观资源以及景观特征
经济技术条件	包括技术手段、项目总投资、投资分配比例、土地价值时限、对地区经济的作用等

3）建筑内部条件调查。建筑内部条件主要指建设项目自身条件，如功能要求、用户条件、使用方式、建设者的设计要求、管理条件、基地内的场地性质等。

5. 产品组合定位

所谓产品组合是指一个项目开发建设的全部产品线、产品项目的组合方式。它包括四个变数：宽度、长度、深度和关联度，具体如表6-6所示。

房地产产品组合变数内容 表6-6

变量类别	变量内容
宽度	项目开发经营的户型大类（一居室、二居室、三居室、四居室、跃层等），户型的种类多，产品组合就宽
长度	项目全部户型大类中具体户型的总和。户型大类多，各户型大类下的各户型种类多（如二居又可以分为大二居、中二居和小二居），产品组合就长
深度	户型大类中每一套户型的面积、格局、层数的多少
关联度	各种户型表现在最终用途、开发条件、销售渠道或者其他方面相互关联的程度（如经济适用房、普通住宅、高级公寓、商铺、写字楼、酒店等）

（1）产品组合的考虑因素

在多样化经营与专业化经营并存的房地产市场中，房地产产品组合可以从产品替代、消费连带和无关联产品三个角度分析研究。产品替代的好处是消费者选择余地大，但产品之间容易形成竞争，给销售带来压力；消费连带成分多，既可充分满足消费需求，又可发掘消费潜力；无关联产品种类较多，经营跨度大，产品组合内容丰富。

（2）产品组合的类型

从产品替代、消费连带和无关联产品这三个角度，对产品组合的宽度、长度、深度和关联度进行最优组合，得出以下五种产品组合类型：

1）全线全面型（长＋宽＋深＋关联度）。即强化产品组合的关联度，开发房地产各类关联性产品以占领多个需求市场。例如，建设大型综合体，包括商业、酒店、写字楼、公寓等。这类项目的特征是地处城市中心位置，为综合性用地且规模较大。此类项目虽然也分商业型综合体、商务型综合体和住宅型综合体，但一般都会兼顾其他类型物业的开发，完整地考虑了产品组合的四要素。一般来讲，只有实力较强的大企业才可能采取这种营销战略。

2）市场专一型（长＋宽＋深）。即仅开发经营某一个市场上的各种产品，而不在乎产品线之间的关联度。例如，普通住宅项目、商业项目、写字楼项目、酒店项目、别墅项目是市场上最常见的类型。此类项目的特征是按照所处片区的城市位置和所形成的相应物业的聚集度分布，用地性质为单一物业用地，规模较为适中。在某一特定专业市场上的项目开发，其所提供的产品分布在此类市场的各个不同区间段，产品种类较为丰富。也就是说，此类项目产品组合的关联度较为限定，但也要考虑产品组合的宽度、长度和深度。

3）产品专一型（长＋深）。即项目专门开发某一类市场上的某一种产品，而不在乎产品组合的宽度。例如，别墅项目和一些高档住宅项目提供的产品，面积基本都在150m²以上，户型功能集中在三居室以上；还有一些投资类住宅项目，面积都在120m²以下，户型功能集中在两居室。这类项目的特征是走区域市场的错位经营，规模相对较小。在这种情况下，一旦有新的替代品出现，那么企业将面临经营滑坡的危险。在产品相对集中的情况下，为了分散项目的操作风险，需要强化产品组合的长度和深度。比如，一居室的不同面积区间和各种朝向、景观、格局等。

4）有限产品专一型（宽）。即项目根据市场特征，集中精力开发有限的产品线以适应有限的或单一的需求市场。与产品专一型不同的是，有限产品专一型关注的是目标客户群单一和市场单一两个方面，只考虑产品组合的宽度，忽略产品组合的长度和深度。例如，一些住宅项目锁定了目标客户群就是改善型客户，则其产品不一定就是130m²的住宅，而有可能既有一居室也有四居室，甚至是错层、跃层和复式，只是每一种产品在长度和深度上有所限制。比如，一居室只是限制在某些朝向不好的产品；二居室则限制了其面积区间，将其定位在120m²左右的舒适性二居室等。

5）特殊产品专一型。企业根据自己的专长，开发某些在市场上有竞争力的特殊产品项目。例如，按照每个消费者的个性化要求生产独一无二的项目，产品之间的差异可以具体到每个最基本的组成部件。上述四种类型都是站在市场的角度区分产品组合，随着市场的发展，一些企业会在某些产品的开发上形成核心竞争优势，在项目产品组合上就会追求这种产品组合。例如，WK公司在设计技术上远远超过了同行，并在天津WK公司水晶城项目上获得情景花园洋房的专利，这样WK公司在很多类似的项目上都会将此种产品考虑到产品组合中；还有奥林匹克花园，该产品的最大特征除了将运动概念引入项目开发以外，开发郊区别墅也算一个特征。

（3）产品组合的评价方法

上述分析主要区分产品组合种类，如何评价一种产品组合的优劣则是产品组合定位的关键。

除了考虑地块因素、市场特征和企业经验外，分析产品组合是否健全、平衡的常见方法就是分析地产项目市场占有率、销售成长率和利润率，即在三维空间坐标上，以x、y、z三个坐标轴分别表示市场占有率、销售成长率以及利润率，如图6-4所示。每一个坐标轴又可分为高、低两段，不同的位置代表产品组合的不同价值取向，企业可结合自身标准来判断某类产品组合的优劣。

1）市场占有率。市场占有率是项目所提供的产品在区域市场中所占的份额。判断这个指标的优劣需要和销售成长率相结合。市场占有率高但销售成长率不高的产品，风险较大。

2）销售成长率。在一个区域的起步阶段，先富起来的群体会首先购房，由于其购房能力较强，对居住条件要求较高，大的三居室、四居室和跃层的销售状况良好。但随着市场的发展和消耗，市场中的中层会逐渐成为主流，这样二居室就会有市场，即销售成长率较高。

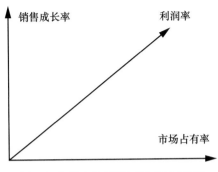

图6-4 评价房地产产品组合的三个维度

3）利润率。开发不同产品的利润率会有高低之分，一般情况下，期望利润与风险是相关的，例如商铺利润率会高于别墅利润率，别墅利润率会相对高于写字楼利润率，写字楼利润率会相对高于普通住宅利润率，在各自成本收益对比限制下，四居室的利润率会相对高于两居室的利润率。

任何一个房地产产品或产品线的利润率、销售成长率和市场占有率都有一个由低到高又转为低的变化过程，不能要求所有的房地产产品同时达到最好状态，即使同时达到也不能持久。企业所能要求的最佳产品组合必然包括：目前虽不能获利但有良好发展前途、预期成为未来主要产品的产品；目前已经达到高利润率、高成长率和高占有率的主要产品；目前虽仍有较高利润率但销售成长率已经趋于降低的维持性产品。

（4）产品组合定位建议

对现有的产品组合作出合理评价后，应当就所存在的问题寻找解决途径，可以从三个方面作出抉择：是否增加、修改或剔除产品项目；是否扩展、填充或删除产品线；哪些产品线需要增设、加强或简化。以此来确定最佳产品组合。

解答三个层次的问题应遵循既有利于促进销售、又有利于增加项目利润的总原则。产品组合定位措施如表6-7所示。

产品组合定位措施　　　　　　　　　　表6-7

对策	举措举例	影响举例
是否增加、修改或剔除产品项目	增加一些具体的户型面积区间	拓宽、增加产品线有利于发挥项目潜力、开拓新市场
是否扩展、填充和删除产品线	例如，某种特定的户型类型	延长或加深产品线可以适合更多的特殊需要
哪些产品线需要增设、加强或简化	例如，高层、小高层、别墅、洋房等	加强产品线之间的一致性可以增强项目市场地位，发挥和提高项目在有关专业上的能力

（5）产品组合定位的动态平衡

所谓产品组合定位的动态平衡是指企业根据市场环境和资源条件变动的前景，适时增加应开发的新产品和淘汰应退出的衰退产品，维持最大利润的产品组合。

由于市场需求和竞争形势变化，产品组合中的每种户型必然会在变化的市场环境下发生三类分化：一部分户型较快获得市场认同；一部分户型继续取得较高利润；还有一部分户型则趋于衰落。

企业如果不重视设计新户型和剔除衰退户型，则会出现不健全、不平衡的产品组合。所以，对于产品组合定位，企业需要经常分析产品组合中各种户型或产品线的销售成长率、利润率和市场占有率，判断各种户型产品或产品线的销售成长潜力或发展趋势，以确定企业资金的运用方向，开发新产品和剔除衰退产品，调整产品组合以达到产品组合的动态平衡。

6. 价格定位

（1）价格定位的流程

合理的房地产开发项目价格定位需要考虑三个因素：了解影响供求的宏观因素；关注制定具体项目价格的微观因素；注重项目价格定位的实际操作细节。价格定位流程如图6-5所示。

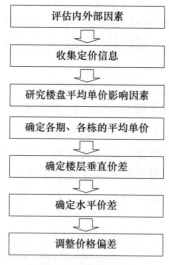

图6-5　价格定位流程

（2）总体定价策略

房地产总体定价策略分为低价策略、高价策略、中价策略三种。

采用低价策略，一般以提高市场占有率为主要目标，而营销利润为次要目标。采用高价策略的主要目的是在短时间内赚取暴利，而市场营销量与市场占有率无法相对提高。中价策略一般适用于房地产市场状况较为稳定的区域楼盘，房地产企业希望在现有的市场状况下保持其市场占有率。

（3）价格避让策略

价格避让策略应充分考虑物业的市场供求关系。价格制定往往需通过比较项目之间素质、销售状况而形成最终价目表。房地产项目竞争关系与时段相关，即某一时段内推销的项目之间容易形成直接的竞争关系。此外，由于土地的稀缺性和市场供应的非理性化，某一类物业的供应量在某一时段可能形成恶性竞争。因此，制定一个比较有竞争力的均价容易达到销售目标。

（4）价格等待策略

价格等待策略可作为商业物业定价策略采用。采用价格等待策略的项目需要考虑其投资功能，先行租赁或招商，最大限度实现物业价值。目前，商业物业销售一般采用市场比较法来制定项目售价，要确定最合理的物业租金水平和物业经营水平，必须等到物业投入经营以后才能实现。作为房地产开发企业，需要尽快回笼资金，因此暂时仍然按照当前的物业租赁水平和参照当前的物业售价制定价格发售。

6.3 房地产开发项目规划设计

房地产开发项目的规划设计就像"校准器"，制定了一个原则或一个方向，保证产品按照规划设计的方向高水平、高质量的进行和完成。合理的规划可以保证产品的合理性，而设计只是这个既定目标的实现过程。

6.3..1 规划设计的内容及策略

1. 规划的内容

（1）整体功能及造型规划

整体功能及造型规划具体是指单一空间的房型设计和室内功能规划以及由其延伸至整个大楼或小区的面积配比、格局配比、外观造型、社区环境和总体功能规划等。整体功能及造型规划是做产品最基本的要素，不但是客户购房时最为关心、最先考虑选择的条件之一，更是开发商在市场检验中判断其投资是否成功的最关键一环。

进入销售后的房地产项目的整体功能及造型规划变动最难调整。所以，一个房地产项目的前期规划尤其重要，一般到了项目建设的中后期就不再做任何大的更改了。

（2）各项设施的配置

各项设施的配置主要是指对整个大楼或小区，满足人们日常生活或工作需要的各项设施的全面配置。其包括水、电、煤、通信、装潢、保安和保洁等各个方面最基本功能的配置，是对整体功能及造型的充实和完善。

随着楼盘基本配置标准的逐渐提高，不少住宅小区已经开始增加很多额外的娱乐休闲性质的公共配套设施以及其他类型的商务配套设施。和整体功能及造型规划相比较,设施配置在影响客户购房感受方面不太直观、强烈,但却与今后日常生活密切相关,恰当的细节表现有时也会增加对客户的影响程度。各项设施的配置对开发商来说,是产品策略中种类最多、可塑性最强、最易于调整的部分,所以是产品促销中最容易表现和实现的元素。

2. 规划设计的策略

(1) 规划与目标市场相吻合

一个产品的客源定位涉及的内容包括客户职业、年龄、生活习惯等各个方面。做定位的最根本依据是客户收入水平,反映到产品上就是房屋价格区间。同样,不同产品之间规划的不同,也主要区别在产品具体构成的精美、丰富程度和档次上。做好这一点是开发者追加投入,增加费用、房屋单价和总价自然的过程。因此,产品规划的一个重要原则是总价设定原则,这是掌握成本和利润之间的一个平衡尺度,用它来实现和保证产品规划和客源定位之间的最佳平衡。

(2) 兼顾实际销售的需要

产品规划要兼顾实际销售的需要,在这个环节要特别注意恰当的应对。具体来说要注意以下三点:

1) 具体到规划产品的功能配置上,还应考虑竞争对手的状况。譬如,竞争对手的产品配置。需要注意的是,开发商的产品规划除必不可少的配置外,最好不要完全复制,需要针对对手欠缺的地方自己酌情加强。这样既便于突显自己的产品优势,又免于简单地跟随模仿,使自己背上沉重的成本包袱。

2) 产品规划应该考虑消费者的接受程度。

3) 产品规划是否有利于销售宣传也是一个重要关注点。

(3) 顺应和引导消费时尚

产品要想从众多竞争对手中脱颖而出,一些与众不同的规划设计必不可少。所以,作为一种积极主动的企业行为,产品规划的着眼点应该建立在顺应和引导消费时尚的基础上。

6.3.2 全过程产品规划设计

不同于房地产开发项目的市场研发、营销策划和融资管理等短期任务,产品规划设计工作会贯穿开发项目始终。产品规划设计管理直接关系着房地产项目的成败。这也是房地产企业对设计工作进行精确的规划和严格的管理的原因。房地产项目因为开发时间较长,一般都会把项目开发分成四个阶段:启动阶段、设计阶段、工程施工阶段和收尾阶段,产品规划设计在每个阶段的工作重点也不同。

1. 启动阶段的规划设计内容

规划设计工作在项目开发的不同阶段,所起的作用也不同,但必须要围绕满足项目总体规划和要求开展。房地产开发项目要明确项目组织结构,清楚各项参与人员的权责,组建高绩效的团队。

启动阶段的主要工作有四类:地块选择、房地产市场调查、购房者心理分析和开发项目市场定位如表6-8所示。

启动阶段的规划设计内容　　　　　　表6-8

主要工作	工作内容
地块选择	从经营角度和运作角度考虑，在做地块选择时，最好选择3个以上不同地块，分别对相关的经济指标和技术特性进行前期初步比较
房地产市场调查	针对城市宏观规划对房地产市场的影响、区域楼盘竞争的大小做详细的调查报告工作
购房者心理分析	透析客户心理，对各消费群进行分析，掌握客户的需求，从而更好地满足客户需求
开发项目市场定位	在明确目标客户的前提下，结合区位因素确定开发理念和用途功能，并进行价格定位

2．设计阶段的规划设计内容

（1）设计采购

设计采购是指选择合适的设计公司，通过合同形式承包房地产产品设计工作。设计采购可以通过两种方式进行：直接指定设计公司和招标投标选择设计公司。

1）直接指定设计公司。直接指定公司长期合作的战略伙伴或指定知名设计公司、设计师，可以根据以往的项目经验、专家判断、产品类型等综合因素决定是否直接与指定的设计公司建立合同关系。

2）招标投标选择设计公司。方案招标投标可以分内部招标和公开招标。内部招标和公开招标的投标人应不少于3家。招标投标对提高工程质量、降低工程造价和提高投资效益具有重要意义。

（2）产品设计

产品设计是在概念设计的基础上深化建筑设计，包括方案设计和初步设计。方案设计的主要内容包括：总体规划方案设计、景观绿化方案设计和建筑单体方案设计。作为一个完整的房地产开发项目，这三项内容是紧密衔接、相互制约的，必须在设计阶段同时考虑、同时深化。

3．工程施工阶段的规划设计内容

按照项目总体计划按部就班地进行施工组织，由于施工阶段的工作完全是通过向外承包完成的，所以房地产商要做好监督工作。

（1）要求施工单位做好施工组织设计工作，督促监理单位做好监理规划、制定监理细则。

（2）定期召开工地例会、设计交底会。

（3）确保工程的质量、进度、成本按项目总体计划实施和控制。

（4）设计管理人员要及时准确地审核各种变更，提出准确的通过或否定意见，使变更的发生尽量不脱离总体计划。

4．收尾阶段的规划设计内容

除了合同管理中有很多合同需要收尾外，设计管理很重要的工作就是总结经验教训，加强项目收尾的管理，有效保障项目圆满完成，及时完成对外结算，确保取得项目最大经济效益。一份完整的项目记录和总结还能成为企业新项目的参考模板和数据库。

6.3.3 产品规划设计管理的关键点

1．设计任务书编制

（1）制作充分的设计任务书

设计任务书是设计的输入，要想有好的设计，充分的设计输入是起点。在设计的各个阶段，设计任务书输入的重点不太一样。

（2）做好项目方案设计

方案设计阶段设计任务书的内容主要包括以下六个方面：公司最高领导层的规划意见；营销部门提供的产品定位；物业公司和客服部门提供的客户建议；开发部门提供的政府征询意见；预算部门提出的初步成本建议；项目现场管理部门提供的勘测报告等。

（3）重视初步设计和施工图设计

初步设计和施工图设计阶段设计任务书的内容主要包括以下四个方面：前面的设计成果；报批过程中获知的反馈意见；预算部门提供的细化成本要求；项目现场管理部门提供的配套设备的设计要求等。

此阶段设计任务书输入的重心同样在于报批反馈意见和成本要求。由于后续参与设计成果评审的部门基本与提供设计输入建议的部门一致，因此若此环节将某个部门省略，那么后续的设计评审也将缺乏针对性的效果。

（4）编制设计任务书的限制条件

一般来说，房地产企业都会主动意识到编制设计任务书的重要性，但总有原因导致设计输入不够充分或设计输入质量不高，这些原因总结起来主要有以下四点：

1）时间紧张。不少房地产企业为了让项目赶上一个好的面市时机或者快速回笼资金，往往预留的工期紧张，留给设计的时间不多，导致设计任务书编制匆匆忙忙，包括后续的设计过程控制和设计成果评审都敷衍了事，一切问题留待施工中通过做设计变更和工程签证来解决。而工期紧张也大大影响了其他部门的工作质量。

2）人力资源紧张。房地产企业一直缺乏专业人才，人才匮乏使很多大家都知道重要的工作却没有办法开展，比如收集客户信息、了解客户需求。精力分散必然导致工作质量降低，如设计限额要求的质量可能因为精力不够而大打折扣。

3）忽视重要工作。如编制设计任务书时，由于忽视了地质勘探报告的重要性，导致后续大量的土方签证和一系列设计存在先天性缺陷；扩初设计时又忽视项目现场管理部门提出的配套设备的设计要求，导致后续土建、配套和景观设计产生矛盾。

4）能力和资源积累不足。如成本预算方面积累不足导致预算部门难以提供有效的设计限额要求，客户积累不足导致营销部门、客服部门无法收集到充分有效的客户需求建议等。

2．设计过程控制与跟踪

设计过程的控制与跟踪是设计思想得以物化的重要步骤。不重视项目的控制与跟踪，最容易出现项目最终的设计意图与思想相差甚远的问题，出现不必要的偏差，降低项目的整体效益。为避免这种情况出现，可从以下两个方面进行改进：

（1）关键节点控制

在设计开始实施前，设计部门与公司领导拟定该设计项目的关键节点计划。这些关键节点由设计部门组织检查，必要时可组织各部门参与的研讨会，同时碰到不确定性问题时应及时征询规划部门的意见，尽早发现问题，提前解决问题。

（2）实地跟踪

在初步设计及施工图设计过程中，总师室应组织控制人员前往设计单位进行实地跟踪检查，检查内容包括设计进度、人员资格及专业配合等，检查中如果发现不符合要求的问题应立即要求设计单位整改，并要求设计单位将书面整改结果报总师室备案。

3．设计成果评审

设计成果评审是房地产企业工作中的重要一环，它是房地产企业对设计单位提供成果的最后一次把关。这次把关的好坏很大程度决定了后面设计变更和工程签证的多少，房地产企业应给予高度重视。为确保效益最大化，做好设计成果评审的把关，应做到以下四点：评审会的合理组织、评审参与部门齐全、评审参与部门重视和做好评审纪要。

（1）评审会的合理组织

评审会的合理组织要注意四点：房地产企业业务部门的工作时间异常宝贵，评审会的组织应尽可能科学、合理、有效；在时间上应充分考虑评审参与者的工作安排，避免因出差或其他原因导致的缺席；设计方案或施工图应根据量的大小提前下发评审参与者，以备消化吸收，提高评审会效率；选择权威人士担任主持人，提高各参与部门的重视程度，同时在出现不同意见时决策拍板，避免长期争执影响效率。

（2）评审参与部门齐全

一般来说，提供设计输入的部门以及领导都应参与，核对提供的设计要求或建议是否在设计图纸中得到体现。必要时，还应邀请外部相关专家参与。

（3）评审参与部门重视

参与部门重视才能起到评审的效果，而参与部门往往都是比较忙碌的业务部门，要避免来了听听走人的心态。

（4）做好评审纪要

严肃对待评审纪要可以提高部门的重视程度，并且为日后的设计分析及总结提供素材和依据。各个评审会都应做详尽的评审意见记录，并要求签字确认。

4．控制设计变更

设计变更可能产生好的影响，如节省成本，使房地产产品在功能上更加符合业主的要求；也可能产生不好的影响，如导致成本严重超出预算。设计变更的控制主要从减少设计变更次数和严格控制设计变更的发生两个方面进行。

（1）减少设计变更次数

要想减少设计变更次数，最关键的是将风险前移，也就是说将发生设计变更的可能性尽可能在前面的设计管理工作中予以降低。概括说来，就是做好前述的设计任务书编制、设计过程控制与跟踪和设计成果评审三项基本工作。做好这三项工作后，设计变更的次数就可以得到较好的控制。

（2）严格控制设计变更的发生

设计变更的控制主要坚持"先研讨、再测算、最后决策"的控制原则。简单来说就是先从技术上验证是否可行，然后从成本上验证是否可行，最后决策是否变更。这样一来可能会影响施工效率，在此可以适当给予项目负责人一定的设计变更权限。

复习思考题

1. 简述房地产开发项目的选址原则。
2. 论述房地产开发项目的选址影响因素。
3. 简述房地产开发项目的定位原则和特点。
4. 简述不同类型房地产产品的整体定位内容。
5. 简述房地产产品组合的类型。
6. 论述全过程的产品规划设计内容。
7. 简述产品规划设计管理的关键点。

开发质量控制

为了做好房地产开发项目的质量控制，项目管理者必须与相关专业技术人员一起合作，了解设计意图，熟悉施工图纸、各类技术标准、各种施工及验收的规范及程序，参加施工图纸会审、施工组织设计和主要施工技术措施的讨论与审定，并在施工现场对施工全过程的技术质量进行严格的检查和监督。

7.1 房地产开发项目质量控制原理

7.1.1 质量控制的含义

1. 质量的含义

质量是反映满足明确和隐含需要能力的特性总和。工程质量是国家现行法律、法规、技术标准、设计文件及工程合同中对项目安全、使用、经济、美观等特性的综合要求。

在现代房地产开发项目管理中，质量是一个综合的概念，它是由以下指标综合而成的：

（1）项目顺利完成后，其建筑产品或服务的质量、可用性、使用效果和稳定性等。

（2）项目结构设计和施工的安全性和可靠性。

（3）所使用的材料、设备、工艺、结构的质量及其耐久性和整个项目的寿命。

（4）项目的其他方面，如建筑造型的美观性、建筑与周边环境的协调性及建筑的可维护性、可检查性等。

在整个房地产开发项目管理目标体系中，当出现工期拖延、成本超支时，质量目标最容易成为牺牲品而被放弃或降低，但是由于项目建设过程的不可逆性，一旦出现质量问题，不可能重新无代价地回到原状态，这就会对其他目标造成不良影响，如增加成本、拖延进度等，最终使项目各参与方的利益受损。因此，如何与其他目标相结合，制定合理的质量目标，并在实施过程中做好质量控制，对保证项目总目标的完成起着十分重要的作用。

2. 质量控制的概念

房地产开发项目的质量控制，是房地产开发企业在项目实施过程中最重要的一项管理活动，其目的是为项目的用户（顾客、项目相关者）提供高质量的产品和服务，令用户满意，关键是项目过程和产品的质量都必须满足项目目标。

房地产开发项目质量控制是指采取有效措施确保实现合同（设计承包合同、施工承包合同、材料供应合同等）中规定的质量要求和质量标准，并避免出现常见的质量问题。房地产开发项目质量控制应做到：项目设计必须符合设计承包合同规定的质量要求，并且投资额、建设规模应控制在批准的设计任务书范围内；设计文件、图纸要清晰完整，各相关图纸之间无矛盾；项目的设备选型、系统布置要经济合理、安全可靠；环境保护、三废处理、能源利用要符合国家和有关部门的规定指标；施工过程要与技术要求、技术规范和设计质量要求相一致，符合合同要求和验收标准。

7.1.2 质量的特点

房地产开发项目质量的特点是由建设工程本身的特点决定的。由于房地产开发项目产品的固定性、多样性和体形庞大以及生产的单件性、流动性、露天作业和生产周期长，其建设过程具有程序繁多、涉及面广、协作关系复杂、生产管理方式特殊等技术经济特点，因此房地产开发项目质量具有以下一些特点。

1．影响项目质量因素多

由于房地产开发项目建设周期长，必然要受到多种因素的影响，如决策、设计、材料、机具设备、施工方法和工艺、技术措施、管理、人员素质、工期、工程造价等诸多因素均会直接或间接地影响项目质量。

2．项目质量波动大

由于房地产开发项目产品及其生产的特点不像一般工业产品那样有固定的生产流水线、规范化的生产工艺、完善的检测技术及稳定的生产环境，因此项目质量不像工厂化生产那样容易控制。同时由于影响房地产开发项目质量的因素多，其中任一因素发生变动都会使项目质量产生波动。

3．项目质量具有隐蔽性

在房地产开发项目建设过程中，由于分项工程交接多、中间产品多、隐蔽工程多，因此质量存在隐蔽性。若在施工中不及时进行质量检查，工程隐蔽后就只能检查表面，很难发现其内在的质量问题。因此，只有严格控制每道工序和中间产品的质量，才能保证最终产品的质量。

4．项目质量的终检具有局限性

房地产开发项目建成后不可能像一般工业产品那样依靠终检来判断产品质量，或将产品拆卸来检查其内在质量，或对不合格品进行更换。如果在项目完工后再来检查，只能局限于对表面的检验，很难正确判断其质量好坏。因此，房地产开发项目质量评定和检查必须贯穿于工程项目建设全过程，以彻底消除质量隐患。

5．项目质量评价方法具有特殊性

房地产开发项目质量的检查评定及验收是按检验批、分项工程、分部工程、单位工程进行的。检验批的质量是分项工程乃至整个工程项目质量检验的基础。检验批质量合格与否主要取决于对主控项目和一般项目抽检的结果。项目质量是在施工单位按合格质量标准自行检查评定的基础上，由监理工程师（或建设单位项目负责人）组织有关人员进行检验，确认验收。因此，房地产开发项目质量的检查评定具有与一般工业产品质量评价方法不同的特殊性。

6．质量要求的外延性

房地产开发项目质量不仅要满足顾客和用户的需要，更要考虑社会的需要。

质量的受益者不仅是用户和顾客,还包括业主、员工、供方和社会。要考虑整体工程的安全性、环保性、生态性与资源保护等诸多方面的社会要求。

7.1.3 质量控制的基本原则

1. 简化和标准化原则

坚持操作流程、管理流程、工作流程的简化和标准化原则,可以提高工作效率。简化原则首先要识别质量控制的非增值活动,然后减少或者删除这些不必要的非增值活动。简化的工作流程可以减少作业交叉,减少信息流的传导时间,降低信息在传递过程中的失真,提高工作效率。标准化原则可以减少人为因素的干扰,不会因为操作人员调整或者主管意识的改变而使房地产开发项目质量下降。

2. 关注关键作业原则

质量控制过程是一个作业网络,在作业网络中有的作业仅在一个职能部门流转,从单个部门投入并在此部门产出;有的横跨多个职能部门,没有一个部门或者个人能够对其负全责。在进行质量控制分析时,多个部门之间的配合是关键作业,应该作为控制的重点。例如,房地产开发项目由设计部进行规划设计环节的管理,最终的劳动成果是设计图纸和其他勘察资料等。将设计成果交由工程部负责施工管理,但是在实施过程中肯定会有设计图纸错误问题,施工条件改变导致设计需要调整的问题。这些问题需要设计部与其他职能部门沟通协商解决,此时质量控制的关键工作就是职能部门之间的沟通协作。部分房地产开发项目工作流程的闭合存在严重问题,只管工作交出,不管过程追索,更无终端的闭合,使工作没有得到真正的落实,把压力全面转移到终端部门,制约了房地产开发项目的有序推进和健康发展。因此,在房地产开发项目质量控制过程中必须重视关键工作,关注关键工作流程的闭合。

3. 关注薄弱环节原则

了解质量控制中的薄弱环节,必须对房地产开发环节进行层层分解。首先,将整个房地产开发项目看作一条价值链,对其价值活动进行分解;然后,进行第二层次、第三层次……的分解,分解为可控的质量控制点;最后,关注质量控制点中的薄弱环节。薄弱环节可能是客户投诉较多的质量问题,也可能是各职能部门管理真空的环节等。

7.1.4 质量的影响因素

在对房地产开发项目的质量进行管理时,首先应确定影响开发项目质量的因素有哪些,然后制定行之有效的管理措施,有针对性地进行管理。在项目开发建设中,影响质量的因素主要有人(Man)、材料(Material)、施工机械设备(Machine)、工艺方法(Method)和环境(Environment)五大方面,简称4M1E。因此,对这五大方面的因素予以严格控制,是保证房地产开发项目质量的关键。

1. 人的因素

人员是项目开发的主体，是直接参与工程建设的决策者、组织者、指挥者和操作者。房地产项目在开发过程中应充分调动人的积极性，发挥人的主导作用。

为了避免人的失误，调动人的主观能动性，增强人的责任感和质量观，达到以工作质量保证工序质量、工程质量的目的，除了加强政治思想教育、劳动纪律教育、职业道德教育、专业技术知识培训、健全岗位责任制、改善劳动条件、制定公平合理的激励制度外，还需根据工程项目的特点，从确保质量出发，本着适才适用、扬长避短的原则来控制人的使用。

2. 材料因素

工程材料泛指构成工程实体的各类建筑材料、构配件、半成品等，它是工程建设的物质条件，是工程质量的基础。工程材料选用是否合理，产品是否合格，材质是否经过检验，材料的技术性能是否符合法规、标准、合同、设计文件和图纸的要求，保管使用是否得当等，都将直接影响建设工程的结构刚度和强度、工程外表及观感、工程的使用功能和工程的使用安全。不合格的材料即使有科学、严格的管理措施，也无法保证开发产品的质量。因此，要从材料的选用、检验和保管等角度保证材料的质量。

3. 机械设备因素

用于房地产开发项目的机械可以分为两类：一是组成项目实体的各类机具和设备，如建筑项目中的电梯，与项目的土建工程形成项目完整的使用功能；二是生产过程中使用的各类机具和设备，如软件开发中使用的计算机，它们是项目生产的手段。施工机械设备是实现施工机械化的重要物质基础，对开发项目的施工进度和质量均有直接影响。为此，在项目施工阶段必须综合考虑施工现场条件、建筑结构形式、机械设备性能、施工工艺和方法、施工组织与管理、建筑技术经济等各种因素，使之合理装备、配套使用、有机联系，以充分发挥建筑机械的效能，力求获得较好的综合经济效益。

4. 工艺方法因素

工艺方法是指房地产开发项目现场采用的施工方案，包括技术方案和组织方案。前者如施工工艺和作业方法，后者如施工区段空间划分及施工流向顺序、劳动组织等。在项目开发中，施工方案是否合理、施工工艺是否先进、施工操作是否正确，都将对工程质量产生重大影响。尤其是施工方案是否合理，将直接影响工程项目进度控制、质量控制、投资控制三大目标能否顺利实现。由于施工方案考虑不周而拖延进度、影响质量、增加投资的情况时有发生。因此，必须结合工程实际，从技术、组织、管理、工艺、操作、经济等方面对施工方案进行全面分析、综合考虑，力求方案技术可行、经济合理、工艺先进、措施得力、操作方便，有利于提高质量、加快进度、降低成本。

施工方案选择的前提是一定要满足技术的可行性，如液压滑模施工要求模板内混凝土的自重必须大于混凝土与模板间的摩擦阻力，否则当混凝土的自重不能克服摩擦阻力时，混凝土必然随着模板的上升而被拉断、拉裂。所以，当剪力墙结构、筒体结构的墙壁过薄，框架结构柱的断面过小时，均不宜采用液压滑模施工。又如，在有地下水、流砂且可能产生管涌现象的地质条件下进行沉井施工时，对于沉井只能采取连续下沉、水下挖土、水下浇筑混凝土的施工方案。否则，若采取排水下沉施工，则难以解决流砂地下水和管涌问题；若采取人工降水下沉施工，有可能更不经济。

总之，工艺方法是实现工程建设的重要手段，方案的制定、工艺的设计、施工组织设计的编制、施工的开展和操作要求等，都必须以确保房地产开发项目质量为目的，并严加控制。

5．环境因素

环境因素是指对工程质量特性起重要作用的环境条件。影响房地产开发项目质量的环境因素较多，有工程技术环境，如工程地质、水文、气象等；工程管理环境，如质量保证体系、质量管理制度等；劳动环境，如劳动组合、劳动工具、工作面等。环境因素对项目质量的影响具有复杂而多变的特点，如气象条件就变化万千，温度、湿度、大风、暴雨、酷暑、严寒都会直接影响工程质量，往往前一工序就是后一工序的环境，前一分部分项工程也就是后一分部分项工程的环境。因此，根据工程特点和具体条件，应对影响质量的环境因素采取有效的措施，严加控制。

此外，在冬季、雨季、风季、炎热季节施工时，还应针对开发项目的特点，尤其是对混凝土工程、土方工程、深基础工程、水下工程及高空作业等，拟定季节性施工质量保证和施工安全的有效措施，以免工程受到冻害、干裂、冲刷、坍塌的危害。同时，要不断改善施工现场的环境，加强对自然环境和文物的保护，尽可能减少施工过程对环境的污染，健全施工现场管理制度，合理布置施工现场，使其秩序化、标准化、规范化，实现文明施工。

加强环境管理，改进作业条件，把握好技术环境，辅以必要的措施，是控制环境对房地产开发项目质量影响的重要保证。

7.2 房地产开发项目质量控制的主要内容

在房地产项目开发过程中，各个阶段的质量控制对开发项目质量的影响程度是不一样的，设计阶段的质量控制对产品质量的影响程度最大，约占40%；施工阶段的质量控制约占30%。因此，我们重点讨论设计阶段和施工阶段的质量控制。

7.2.1 设计阶段的质量控制

设计是从技术方面来定义项目的技术系统，定义项目的功能、工艺等各个总体和细节问题。这些工作包括功能目标的设计和各阶段的技术设计。一个房地产开发项目的工程设计质量不仅直接决定了项目最终所能达到的质量标准,而且还决定了项目实施的程序和费用。设计中的任何错误都会在计划、施工、运行中扩展、放大,引起更大的失误。因此,我们必须重视设计阶段的质量控制,必须严格控制和认真协调项目设计的各个方面。

1. 设计质量要求的确定

(1) 确定项目总功能目标和质量标准。在市场调查的基础上,通过对房地产市场环境和项目所在区域市场供需状况的分析,得到产品定位和价格定位。定位结论包括:开发什么样的楼盘,面对什么样的目标客户群体,目标客户群体对建筑产品有什么样的消费偏好等。

(2) 各部门提出对规划及建筑的空间、位置、功能、质量要求。需要强调的是,项目的使用功能和建筑物应相互协调,并将它们一起纳入项目管理的目标系统中,与进度目标、成本目标等一起进行优化,提出具体的项目要求、技术说明、安全说明等,最终形成详细设计任务书。设计任务书是进行设计质量控制、工程质量控制、投资控制最重要的依据,是对设计部门提出的质量要求文本,是本项目设计阶段的总体规范,并对以后详细的技术设计起控制作用。

(3) 对设计质量标准产生影响的重要因素之一是投资限额及其分配。为了加强对成本的主动控制,通常随着项目设计任务书的批准,对投资总额也有了相关规定。这就要求设计人员将投资总额按各个子功能(或是各个单项工程)进行切块分解,作为各部分设计的概算成本依据,总体的以及各部分的质量标准就由这个投资分解来确定。

2. 设计单位的选择

设计单位对设计的质量负责,对设计质量有根本性的影响,而许多房地产企业和项目管理者在项目初期对它没有引起足够的重视,有时为了方便、省钱或其他原因,将项目设计委托给不合格的设计单位甚至委托给业余设计者,结果造成很大的经济损失。

设计工作属于技术与艺术相结合的高智力型工作,其成果评价比较困难。设计方案以及整个设计工作的合理性、经济性、新颖性等常常不能从设计文件,如图纸、规范、模型的表面反映出来,所以设计质量很难控制。因此,对设计单位的选择应予以特别的重视,要根据设计单位的资质等级、设计能力、设计经验、市场信誉等进行选择。

3. 设计工作中的质量控制措施

(1) 分阶段进行审查

对阶段性的设计成果应审批签章,再进行更深入的设计,否则无效。无论是国内还是国外,设计都是分阶段进行的,逐渐由总体到详细,各个阶段都必须经过一定的权力部门审批,作为继续设计的依据,这是一个重要的控制手段。

(2) 委托专家审查

由于设计工作的特殊性,对一些大的、技术要求高的项目,或情况特殊的项目（如地基情况异常），业主和项目管理者常常不具备相关的知识和技能，这时可以委托设计监理或聘请专家咨询，对设计进度、质量和成果进行审查，这是十分有效的控制手段。

（3）多方案对比选择

由于设计单位对项目的经济性不承担责任，所以常常从自身的效益角度，不愿意作多方案的对比分析。但从项目全面控制的角度出发，可以采取以下措施来优化设计目标：

1）采用设计招标，在中标前审查方案，对比多家方案，这样确定一个设计单位就等于选择了一个好的方案。

2）采取奖励措施。鼓励设计单位进行设计方案优化，将优化所降低的费用取一部分作为奖励。

3）邀请科研单位专门对方案进行论证或研究，进行全面的技术经济分析，最后选择优化的方案。多方案论证不仅对项目质量有很大的影响，而且对项目投资的节约及经济性有很大的影响。

（4）对设计工作质量进行检查

在设计阶段发现问题和错误，纠正是最方便、最省钱的，对项目的影响也最小。因此，对设计工作质量进行检查要注意：

1）检查设计工作以及设计文件是否完备，是否能被施工单位和各层次的管理人员所理解。设计文件应包括说明项目形象的各种文件，如各种专业图纸、规范、模型、概预算文件、项目的各种技术经济指标说明、设计依据、边界条件等。

2）检查设计是否符合规范的要求，特别是强制性的规范，如防火、安全、环保、抗震标准以及某些质量标准、卫生标准等。

3）设计工作的检查常常要有业主、项目管理者、设计监理（咨询）参与，必要时，也要有施工单位、材料设备供应单位、未来的目标顾客群体参加，保证项目的设计质量，从而提高项目的总体质量标准。

7.2.2 施工阶段的质量控制

施工企业对施工质量负责，这个阶段的质量控制不仅要保证项目的各个要素，如材料、设备、工艺等符合规定要求，而且要保证项目整体及各个部分都符合项目质量要求，达到项目预期的功能，使整个项目系统能经济、安全、高效率地运行。

1. 施工阶段质量控制的主要内容

（1）施工准备阶段

1）对施工队伍及人员质量的控制。

2）对项目工程所需原材料、半成品、构配件和永久性设备、器材等的质量控制。

3）对施工方案、方法和工艺的控制。

4）对施工用机械、设备的质量控制。

5）对施工环境与条件的质量控制。

6）对测量基准点和参考标高的确认及对工程测量放线的质量控制。

（2）施工阶段

1）对施工承包单位质量控制的自检系统进行监督。

2）对施工过程进行质量跟踪监控，严格工序间的交接检查，建立施工跟踪档案。

3）会同建设监理单位审查设计单位或承包单位提出的工程变更或图纸修改。

4）对重要的承重结构、主要部位的隐蔽工程，如基槽、钢筋混凝土基础、主体结构中现浇钢筋混凝土柱、梁及屋面防水等进行检查验收，确认合格后办理隐蔽工程验收手续。

5）进行给水排水、电器安装的测试，如符合设计要求，应予签证。对设备安装检查应做盛水试验，防止设备的滴、漏、渗现象。

6）进行工程质量的评定和竣工验收准备工作，做好施工资料收集整理工作。

7）认真做好施工日记。施工日记的内容应包括日期、天气情况、施工部位及施工内容、施工过程中发生的事故及处理结果等。

8）对沉降有观测要求的建筑物、构筑物，在施工过程中督促施工企业进行定期观察，并做好相应的记录。

9）监督和协调施工企业做好文明施工、安全施工。

（3）竣工验收阶段

1）检查阶段。检查阶段的工作包括两个方面：一方面是对开发项目的工程质量进行检查，看是否达到了设计和规范的要求，如结构、地面、屋面及地下防水工程，油漆工程、门窗等建筑装饰装修工程，建筑垃圾、绿化工程等；另一方面是对开发项目的完整性进行检查，看项目的内容是否有疏漏，以保证项目的功能完整。当然，还包括对工程实体的检查和各种质量文件的检查，对查出来的问题应限期解决，既可以边移交边解决，也可以推迟移交，再作复查。

2）试验阶段。试验阶段的工作主要是按规范采用某些技术检验方法，对开发项目的组成部分进行功能方面的检查，如对给水排水管道、采暖设备、通风管道的检验以及对一些材料和设备的特殊检验等。

3）移交阶段。房地产开发项目的全部工程完工后，业主组织力量或委托某些专业工程师对整个项目的工程实体和全部施工记录资料进行交接检查，找出存在的问题，并为下一步质量评定工作做好准备。在竣工验收阶段，竣工图纸和文件的移交是一项十分重要的工作，竣工图不仅作为工程实施状况和最终工程技术系统状况的证明文件，而且是一份重要的历史文件，对项目以后的使用、修理、改建、加固都有重要作用。

2. 施工过程中质量控制的主要途径和方法

对房地产开发项目在施工阶段进行质量控制主要是通过审核有关文件、报表，以及进行现场检查及试验等途径和相应的方法实现的，具体途径如下：

（1）审核有关技术文件、报告或报表

1）审查施工现场分包单位的资质证明文件，检查其工作质量。

2）审批施工承包单位的开工申请书，检查、核实与控制其施工准备工作质量。

3）审批施工单位提交的施工组织设计方案，做好工程施工质量的技术措施保障。

4）审核施工承包单位提交的有关材料、半成品和构配件的质量证明文件（出厂合格证、质量检验或实验报告等），确保工程质量有可靠的物质基础。

5）审核施工单位提交的反映施工工序的记录、动态统计资料或管理图表。

6）审核施工单位提交的阶段产品质量证明文件，如工序交接检查、隐蔽工程检查、分部分项工程质量检查等报告文件、资料，以确保和控制施工过程的质量。

7）审批有关设计变更、设计图纸修改等，确保设计及施工图纸的质量。

8）审核有关应用新技术、新工艺、新材料、新结构等的技术鉴定书及其应用审批报告，确保新技术应用的质量。

9）审批有关工程质量缺陷或质量事故的处理报告，确保质量缺陷或事故处理的质量。

10）审核与签署现场有关质量技术报告、文件等。

（2）现场质量监督检查

1）开工前的检查。检查开工准备工作质量，以确保开工及正常施工质量。

2）工序施工中的质量跟踪控制。其主要是监督、检查在工序施工过程中，人员、施工机械、材料、施工工艺及环境条件是否符合保证工程质量的要求。

3）对工程质量有重大影响的工序，还应在现场监督与控制施工过程，确保使用材料及工序过程质量。

4）工序产品。交接检查及隐蔽工程检查。

5）复工前的检查。当工程因质量或其他原因停工后，应经检查许可后才可以复工。

6）分项分部工程检查。分项分部工程完工后，经检查认可后，签署中间交工证书。

7）个别检查。对于施工难度大的工程结构或容易产生质量通病的施工对象，还应进行现场跟踪检查。

（3）现场质量检验

质量检验是根据一定的质量标准，借助一定的检测手段来实测项目产品、材料或设备等的性能特征或质量状况的工作。一般包括：明确某种质量特性的标准，量度项目产品或材料的质量特征状况，记录与整理有关的检验数据；然后将量度的结果与标准进行比较，对质量进行判断与估价，对不符合质量要求的，要进行处理。通常采用的质量检验方法可分为三类，即目测法、工具测量法以及试验法。进行现场质量检验时，如对质量文件发生疑问，应要求施工单位予以澄清；若发现工程质量缺陷和质量事故，应指令施工单位进行处理。

3．施工过程中质量控制的主要手段

（1）"旁站"监督

"旁站"监督是房地产开发商经常采用的一种现场检查形式，即在施工过程中派技术人员到现场观察、监督与检查施工过程，注意并及时发现质量事故的征兆、影响质量的不利因素、潜在的质量隐患以及出现的质量问题等，以便及时进行控制。对于隐蔽工程的施工，"旁站"监督尤为重要。

（2）测量

施工前甲方技术人员应对施工放线，即高程控制进行检查，不合格者不得施工，发现偏差及时纠正。

（3）试验

试验数据是判断和确认各种材料和工程部位内在品质的主要依据。如材料性能、拌合料配合比、成品强度等物理力学性能以及打桩的承载能力等，通常需通过试验手段，取得试验数据来判断质量的优劣。

（4）指令文件

指令文件是运用甲方指令控制权的具体形式，是表达开发商对施工承包单位作出指示和要求的书面文件，用以向施工单位指出施工中存在的问题，提请施工单位注意以及向施工单位提出要求。开发商的多项指令都应是书面的或有文件记载的。如因时间紧迫，来不及作出正式书面指令，也可以通过口头指令方式下达给施工单位，但随即应按合同规定及时补充书面文件对口头指令予以确认。

（5）按规定质量监控工作程序

在房地产开发项目中必须规定双方遵守的质量监控工作程序，它是进行质量监控的必要手段和依据。如对未提交开工申请单，未经审查、批准的工程，不得开工；未经签署质量验收单予以质量确认，不得进行下道工序等。

（6）利用支付控制手段

这是国际上通用的一种重要的控制手段，是开发商的支付控制权。从根本上讲，国际上对合同条件的管理主要是采用经济手段和法律手段。因此，支付控制权就是对施工承包单位支付任何工程款项，均需由开发商批准。工程款支付的条件之一就是工程质量要达到规定的要求和标准。如果施工单位的工程质量达不到要求的标准，而又不能承担处理质量缺陷的责任，开发商有权停止对施工单位支付部分或全部工程款，由此造成的损失由施工单位负责。在房地产开发施工过程中，这是十分有效的控制和约束手段。

7.3 质量管理常用工具

7.3.1 排列图法

1. 定义

排列图法是利用排列图寻找影响质量主次因素的一种有效方法。排列图又称主次因素分析图或巴列特图，它是由两个纵坐标、一个横坐标、几个直方形和一条曲线所组成的。左侧纵坐标表示频数，右侧纵坐标表示累计频率，横坐标表示影响质量的各个因素或项目，按影响程度大小从左至右排列，直方形的高度示意某个因素的影响大小。实际应用中，通常按累计频率划分为0~80%、80%~90%、90%~100%三部分，与其对应的影响因素分为A、B、C三类。A类为主要因素，B类为次要因素，C类为一般因素。

2. 排列图的绘制方法

（1）收集整理数据

在质量管理中，排列图主要用来寻找影响质量的主要因素，因此应收集各质量特性的影响因素或各种缺陷的不合格点数。如在建筑产品施工生产中一般是按照《建筑工程施工质量验收统一标准》规定的检测项目进行随机抽样检查，并根据质量标准记录各项目的不合格点出现的次数（即频数），按各检测项目不合格点数大小顺序排列成表，以全部不合格点数为总频数计算各项目不合格点频率和累计频率。当检测项目较多时，可将频数较少的检测项目合并为"其他"项，列于表中末项。

例如，某工地现浇混凝土构件尺寸质量检查结果是，在全部检查的八个项目中不合格点（超偏差限值）有150个，为了进一步提高质量，应对这些不合格点进行分析，以便找出混凝土构件尺寸质量的薄弱环节。

首先，收集混凝土构件尺寸各项目不合格点的数据资料，见表7-1。

不合格点数统计表　　　　　表7-1

序号	检查项目	不合格点数
1	轴线位置	1
2	垂直度	8
3	标高	4
4	截面尺寸	45
5	平面水平度	15
6	表面平整度	75
7	预埋设施中心位置	1
8	预留孔洞中心位置	1
	合计	150

然后，对原始资料进行整理，将频数较少的轴线位移、预埋设施中心位置、预留孔洞中心位置三项合并为"其他"项。按频数由大到小顺序排列各检查项目，"其他"项排列到最后，计算各项目相应的频率和累计频率，结果见表7-2。

不合格点项目频数统计表　　　　　　　　　　表7-2

序号	项目	频数	频率（%）	累计频率（%）
1	表面平整度	75	50.0	50.0
2	截面尺寸	45	30.0	50.0+30.0=80.0
3	平面水平度	15	10.0	80.0+10.0=90.0
4	垂直度	8	5.3	90.0+5.3=95.3
5	标高	4	2.7	95.3+2.7=98.0
6	其他	3	2.0	98.0+2.0=100.0
合计		150	100	

（2）排列图的绘制

排列图的绘制步骤如下：

1）画横坐标。将横坐标按项目等分，并按项目频数由大到小从左至右顺序排列，上述例题中横坐标分6等份。

2）画纵坐标。左侧的纵坐标表示项目不合格点数即频数，右侧的纵坐标表示累计频率，要求总频数对应于累计频率100%。在上述例题中150应与100%在一条水平线上。

3）画频数直方形。以频数为高画出各项目的直方形。

4）画累计频率曲线。从横坐标左端点开始，依次连接各项目右端点所对应的累计频率值的交点，所得的曲线称为累计频率曲线。混凝土构件尺寸不合格点排列图见图7-1。

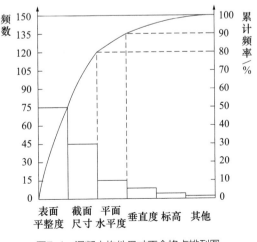

图7-1　混凝土构件尺寸不合格点排列图

3．排列图的观察与分析

（1）观察直方形，大致可看出各项目的影响程度。排列图中的每个直方形都表示一个质量问题或影响因素。影响程度与各直方形高度成正比。

（2）利用ABC分类法，确定主次因素。具体做法是将累计频率值分为0～80%、80%～90%、90%～100%三部分，各曲线下面所对应的影响因素分别属于A、B、C三类，即图7-1中虚线所示的两条线。该例题中，A类即主要因素是表面平整度、截面尺寸，B类因素即次要因素是平面水平度，其余属C类，为一般因素。综上所述，该工地应在下一步着重解决A类质量问题。

4．排列图的应用

排列图可以形象、直观地反映主次因素，其主要应用有：

（1）按不合格点的缺陷形式分类，可以分析出造成质量问题的薄弱环节。

（2）按生产作业分类，可以找出生产不合格品最多的关键过程。

（3）按生产班组或单位分类，可以分析比较各单位技术水平和质量管理水平。

（4）将采取提高质量措施前后的排列图进行对比，可以分析采取的措施是否有效。

此外，还可以用于成本费用分析、安全问题分析等。

7.3.2　因果分析图法

1．定义

因果分析图法是利用因果分析图来整理分析质量问题（结果）与其产生原因之间关系的有效工具。因果分析图也称特性要因图，又因其形状常被称为树枝图或鱼刺图。

因果分析图的基本形式如图7-2所示。从图7-2可见，因果分析图由质量特性（即质量结果，指某个质量问题）、主要原因（产生质量问题的主要原因）、枝干（指一系列箭线，表示不同层次的原因）、主干（指较粗的直接指向质量结果的水平箭线）等组成。

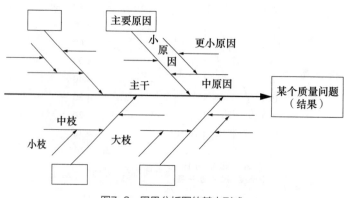

图7-2　因果分析图的基本形式

2. 因果分析图的绘制方法

因果分析图的绘制步骤与图中箭头方向恰恰相反,是从结果开始将原因逐层分解的,具体绘制步骤如下:

(1)明确质量问题——结果。画出质量特性的主干线,箭头指向右侧的一个矩形框,框内注明研究的问题,即结果。

(2)分析确定影响质量特性的主要原因。一般来说,影响质量的因素有五大方面,即人、机械、材料、工艺、环境等。另外,还可以按产品生产过程进行分析。

(3)将每种主要原因进一步分解为中原因、小原因,直至分解的原因可以采取具体措施加以解决为止。

(4)检查图中所列原因是否齐全,可以对初步分析结果广泛征求意见,并进行必要的补充及修改。

(5)选择影响较大的因素进行标记,以便重点采取措施。

图7-3是混凝土强度不足的因果分析图,从人、材料、机械、工艺、环境等几个方面把主要影响因素列出来,可以从这几个方面采取措施,提高质量。

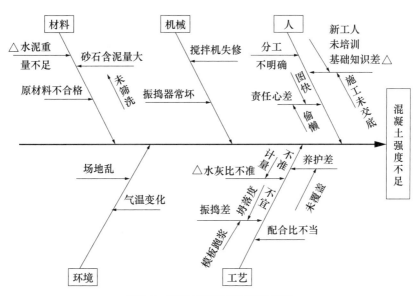

图7-3 混凝土强度不足因果分析图

因果分析图表现形式简单明了,但分析问题、绘制成图是比较复杂的事。

首先要求绘制者熟悉专业技术与施工工艺,调查、了解施工现场实际条件和操作的具体情况。应集思广益,以各种形式广泛收集现场工人、班组长、质检员、工程技术人员的意见,相互启发、相互补充,使因果分析图更符合实际。

其次,绘制因果分析图不是最终目的,根据图中所反映的主要原因,制定改进措施和对策,限期解决问题,保证产品质量不断提高,这才是目的。具体实施时,一般应编制一个对策计划表。混凝土强度不足的对策计划表见表7-3。

混凝土强度不足的对策计划表 表7-3

项目	序号	产生问题原因	采取的对策	执行人	完成时间
人	1	分工不明确	根据个人特长,确定每项作业的负责人及各操作人员职责,挂牌示出		
	2	基础知识差	组织学习操作规程,做好技术交底		
工艺	3	配合比不当	根据数理统计结果,按施工实际水平进行配比计算,进行实验		
	4	水灰比不准	制作水箱 现浇时每半天测砂石含水率一次 现浇时控制坍落度		
	5	计量不准	矫正磅秤,安装水表		
材料	6	水泥重量不足	进行水泥重量统计		
	7	原材料不合格	对砂、石、水泥进行各项指标试验		
	8	砂石含泥量大	冲洗		
机械	9	振捣器常坏	使用前检修 施工时配备电工 备用振捣器、铁插杆		
	10	搅拌机失修	使用前检修 施工时配备检修工		
环境	11	场地乱	认真清理,做好平面布置,现场实行分片制		
	12	气温变化	准备覆盖材料,养护落实到人		

7.3.3 频数分布直方图法

1. 定义

频数分布直方图法简称直方图法,是将收集到的质量数据进行分组整理,绘制成频数分布直方图,用以描述质量分布状态的一种分析方法,所以又称质量分布图法。

通过对直方图的观察与分析,可以了解产品质量的波动情况,掌握质量特征的分布规律,以便对质量状况进行分析判断。

2. 直方图的绘制方法

(1) 收集整理数据

用随机抽样的方法抽取数据,一般要求数据在50个以上。

例如,某建筑工地用大模板浇筑混凝土,对大模板边长尺寸误差进行质量分析,共收集了80个数据,见表7-4。

(2) 计算极差R

极差R是数据中最大值与最小值之差,本例中:

$x_{max}=+3.2mm$ $x_{min}=-6.0mm$

$R=x_{max}-x_{min}=+3.2-(-6.0)=9.2mm$

模板边长尺寸误差数据表（单位：mm） 表7-4

序号	模板边长尺寸误差数据							最大值	最小值
1	-2.1	-3.2	-3.1	-4.2	-2.3	0	-1.1	-2.2	0	-4.2
2	-2.1	-2.0	-3.1	-1.1	+1.2	-2.3	-2.3	-1.5	+1.2	-3.1
3	-2.5	-1.1	0	-1.2	-2.2	-3.3	-1.2	+2.4	+2.4	-3.3
4	-2.3	-5.1	-1.3	-3.3	0	+2.3	0	-2.2	+2.3	-5.1
5	0	+3.2	0	0	-3.6	-2.3	-5.2	+1.1	+3.2	-5.2
6	-1.2	-2.0	-4.0	-3.2	-4.2	-1.2	+1.1	+1.0	+1.1	-4.2
7	0	-4.1	-6.0	-1.1	-2.1	+1.2	-1.2	-2.3	+1.2	-6.0
8	-2.0	-3.0	-4.1	-1.1	-3.5	-1.5	+2.2	0	+2.2	-4.1
9	0	-3.3	-1.1	-2.1	-4.2	+1.2	-3.3	-1.2	+1.2	-3.3
10	-2.0	-5.1	-3.2	-4.0	-2.0	+1.2	-1.2	+1.1	+1.2	-5.1

（3）确定组数、组距、组限

1）确定组数 K。确定组数的原则是分组的结果能正确反映数据的分布规律。组数应根据数据多少来确定。组数过少，会掩盖数据的分布规律；组数过多，会使数据过于零乱分散，也不能正确地显示出质量分布状况。一般可参考表7-5的经验数值确定。本例中取 $K=10$。

数据分组参考值 表7-5

数据总数 N	分组数 K
50～100	6～10
100～250	7～12
250以上	10～20

2）确定组距 H。组距是组与组之间的间隔，也即一个组的范围，各组距应相等，于是有：

极差（R）≈组距（H）×组数（K）

因而，组数、组距的确定应根据极差综合考虑、适当调整，还要注意数值尽量取整，使分组结果能包括全部变化值，同时也便于以后的计算分析。

本例中：

$$H=\frac{R}{K}=\frac{9.2}{10}=0.92≈1\text{mm}$$

3）确定组限。每组的最大值为上限，最小值为下限，上下限统称为组限。确定组限时应注意使各组之间连续，即较低组上限应为相邻较高组下限，这样才不致使有的数据被遗漏。对恰恰处于组限值上的数据,其解决办法有二:一是规定每组上(或下)组限不计在该组内,而应计入相邻较高(或较低)组内;二是将组限值较原始数据精度提高半个最小测量单位。

本例采取第一种方法划分组限,即每组上限不计入该组内。

首先确定第一组下限:

$$X_{\min}-\frac{H}{2}=-6.0-\frac{1}{2}=-6.5\text{mm}$$

第一组上限＝－6.5＋H＝－6.5＋1＝－5.5mm

第二组下限＝第一组上限＝－5.5mm

第二组上限-5.5＋H＝－5.5＋1＝－4.5mm

以此类推,最高组的组限为＋2.5～＋3.5mm,分组结果覆盖全部数据。

（4）编制数据频数统计表

统计各组频数,可采用唱票形式进行,频数总和应等于全部数据个数。本例频数统计结果见表7-6。

频数统计表　　　　　　　　　　表7-6

组号	组限（mm）	频数	频率（%）
1	－6.5～－5.5	1	1.25
2	－5.5～－4.5	3	3.75
3	－4.5～－3.5	7	8.75
4	－3.5～－2.5	11	13.75
5	－2.5～－1.5	19	23.75
6	－1.5～－0.5	17	21.25
7	－0.5～＋0.5	10	12.5
8	＋0.5～＋1.5	8	10
9	＋1.5～＋2.5	3	3.75
10	＋2.5～＋3.5	1	1.25
合计		80	100

从表7-6可以看出,用大模板浇筑混凝土,质量特性值有波动性。但这些数据分布是有一定规律的,即数据在一个有限范围内变化,且这种变化有一个集中趋势,即模板误差值在－2.5～－1.5范围内的最多,可把这个范围即第五组视为该样本质量数据的分布中心,上下组限的频数随着强度值的逐渐增大或逐渐减小而逐渐减少。为了更直观、更形象地表现质量特征值的这种分布规律,应进一步绘制出直方图。

（5）绘制频数分布直方图

在频数分布直方图中，横坐标表示质量特性值，本例中为模板误差值，并标出各组的组限值。根据表7-6可以画出以组距为底，以频数为高的K个直方形，便得到频数分布直方图，见图7-4。

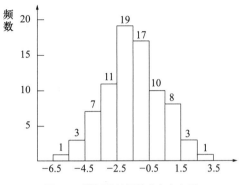

图7-4 模板误差频数分布直方图

3．直方图的观察与分析

（1）观察直方图的形状，判断质量分布状态

作完直方图后，首先要认真观察直方图的整体形状，看其是否属于正常型直方图。正常型直方图应是中间高，两侧低，左右接近对称的图形，如图7-5（a）所示。

出现非正常型直方图时，表明生产过程或收集数据作图有问题。这就要求进一步分析判断，找出原因，从而采取措施加以纠正。凡属非正常型直方图，其图形分布有各种不同缺陷，归纳起来有五种类型，如图7-5（b）（c）（d）（e）（f）所示。

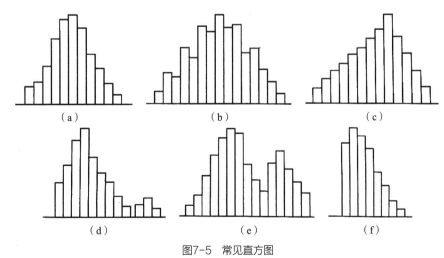

图7-5 常见直方图

（a）正常型；（b）折齿型；（c）左缓坡型；（d）孤岛型；（e）双峰型；（f）绝壁型

1）折齿型，如图7-5（b）所示，是由于分组不当或者组距确定不当出现的

直方图。

2）左（或右）缓坡型，如图7-5（c）所示，主要是由于操作中对上限（或下限）控制太严造成的。

3）孤岛型，如图7-5（d）所示，是由于原材料发生变化或临时他人替班造成的。

4）双峰型，如图7-5（e）所示，是由于两种不同方法或两台设备或两组工人进行生产，然后把两方面数据混在一起整理而造成的。

5）绝壁型，如图7-5（f）所示，是由于数据收集不正常，可能有意识地去掉下限以下的数据，或是在检测过程中存在某种人为因素造成的。

（2）将直方图与质量标准比较，判断实际生产过程能力

除了观察直方图的形状，分析质量分布状态外，再将正常型直方图与质量标准比较，从而判断实际生产过程能力。正常型直方图与质量标准比较，一般有如图7-6所示的六种情况。

图中，T表示质量标准要求界限；B表示实际质量特性分布范围。

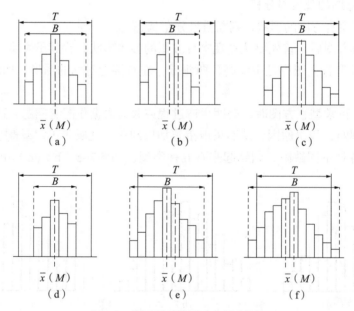

图7-6 实际质量特性分布与标准比较

1）如图7-6（a）所示，B在T中间，质量分布中心与T的中心M重合，实际数据分布与质量标准比较两边还有一定的余地。这样的生产过程，质量是理想的，说明生产过程处于正常稳定状态。在这种情况下生产出来的产品可认为全都是合格品。

2）如图7-6（b）所示，B虽然落在T内，但质量分布中心与T的中心M不重合，偏向一边。这样如果生产状态一旦发生变化，就可能超出质量标准下限而出现不合格品。出现这种情况时应迅速采取措施，使直方图移到中间。

3）如图7-6（c）所示，B在T中间，且B的范围接近T的范围，没有余地，生产过程一旦发生小的变化，产品的质量特性值就可能超出质量标准。出现这种情况时，必须立即采取措施，以缩小质量分布范围。

4）如图7-6（d）所示，B在T中间，但两边余地太大，说明加工过于精细，不经济。在这种情况下，可以对原材料、设备、工艺、操作等控制要求适当放宽些，有目的地使B扩大，从而有利于降低成本。

5）如图7-6（e）所示，质量分布范围B已超出标准下限之外，说明已出现不合格品。此时必须采取措施进行调整，使质量分布位于标准之内。

6）如图7-6（f）所示，质量分布范围完全超出了标准上、下限，散差太大，产生许多废品，说明生产过程能力不足，应提高生产过程能力，使质量分布范围B缩小。

7.4 质量管理体系标准

随着市场经济的不断发展，产品质量已成为市场竞争的焦点。为了更好地推动企业建立更加完善的质量管理体系，实施充分的质量保证，建立国际贸易所需要的关于质量的共同语言和规则，国际标准化组织（ISO）于1976年成立了TC176（质量管理和质量保证技术委员会），着手研究制定国际遵循的质量管理和质量保证标准。1987年，ISO/TC176发布了举世瞩目的ISO 9000质量管理和质量保证系列标准，即ISO 9000：1987系列标准，使之成为衡量企业质量管理活动状况的一项基础性国际标准。我国为了更好地与国际接轨，于1994年12月发布了GB/T 19000系列标准，并"等同采用ISO 9000族标准"。2016年，国家质量监督检验检疫总局、国家标准化管理委员会发布《质量管理体系基础和术语》GB/T 19000—2016，并于2017年7月正式实施。ISO 9000系列标准将过程方法的概念、顾客需求的考虑、持续改进的思想贯穿于整个标准，把组织的质量管理体系满足顾客要求的能力和程度体现在标准的要求之中。

7.4.1 标准的基本概念

国际标准化组织（ISO）将标准定义为：为在一定的范围内获得最佳秩序，对活动和其结果规定共同的和重复使用的规则、指导原则或特性文件。该文件经协商一致制定，并经一个公认机构批准。

标准的基本含义就是"规定"，就是在特定的地域和年限里对其对象作出"一致性"的规定。在人类生活和社会实践中，除了标准这样的规定，还有其他各种各样的规定。但标准的规定与其他规定有所不同，标准的制定和贯彻以科学技术和实践经验的综合成果为基础，标准是"协商一致"的结果。标准的颁布具有特定的过程和形式。标准的特性表现为科学性与时效性，其本质是"统一"。标准的这一本质使其具有强制性、约束性和法规性。

7.4.2 ISO 9001：2015的基本内容

2015年再次修订后的ISO 9001族标准的核心文件是《质量管理体系要求》ISO 9001：2015，也即我国等同采用颁布的《质量管理体系要求》GB/T 19001—2016，其基本内容包括：范围、规范性引用文件、术语和定义、组织的背景、领导作用、策划、支持、运行、绩效评价和持续改进。具体内容如图7-7所示。

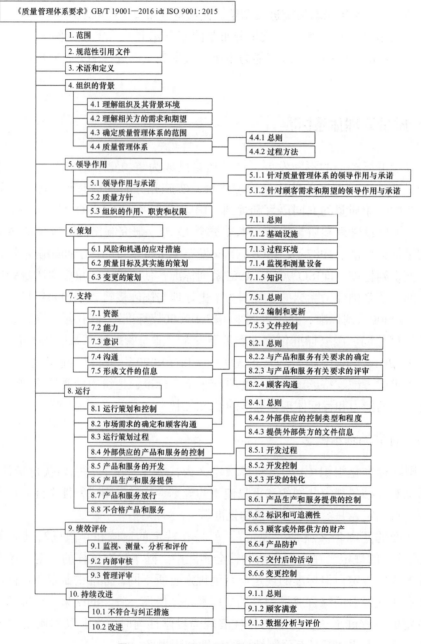

图7-7 ISO 9001：2015的基本内容

7.4.3 质量管理体系的建立与实施

按照ISO 9000系列标准建立或更新、完善质量管理体系的程序，通常包括组织策划与总体设计、文件编制、实施运行三个阶段。

1. **组织策划与总体设计**

最高管理者应确保对质量管理体系进行策划，以满足组织确定的质量目标的要求及质量管理体系的总体要求。在对质量管理体系的变更进行策划和实施时，应保持管理体系的完整性。通过对质量管理体系的策划，确定建立质量管理体系要采用的过程方法模式，从组织的实际出发进行体系的策划和实施，明确是否有剪裁的需求并确保其合理性。

2. **文件编制**

质量管理体系文件的编制应在满足标准要求、确保控制质量、提高组织全面管理水平的情况下，建立一套高效、简单、实用的质量管理体系文件。质量管理体系文件由形成文件的质量方针和质量目标、质量手册、质量管理体系程序文件、质量计划、质量记录等部分组成。

（1）形成文件的质量方针和质量目标

质量方针和质量目标一般都以简明的文字来表述，应反映用户及社会对工程质量的要求及企业相应的质量水平和服务承诺，是企业质量管理的方向和目标，也是企业质量经营理念的反映。

（2）质量手册

质量手册是规定企业组织建立质量管理体系的文件，是对企业质量体系系统、完整和概要的描述。其内容一般包括企业的质量方针和质量目标，组织机构及质量职责，体系要素或基本控制程序，质量手册的评审、修改和控制的管理办法等。质量手册作为企业质量管理系统的纲领性文件，应具备指令性、系统性、协调性、先进性、可行性和可检查性等特征。

（3）质量管理体系程序文件

质量管理体系程序文件是质量手册的支持性文件，是企业各职能部门为落实质量手册要求而规定的细则，企业为落实质量管理工作而建立的各项管理标准、规章制度都属于程序文件范畴。各企业程序文件的内容及详略可视企业情况而定。以下六个方面的程序为通用性管理程序，各类企业都应在程序文件中制定下列程序：① 文件控制程序；② 质量记录管理程序；③ 内部审核程序；④ 不合格品控制程序；⑤ 纠正措施控制程序；⑥ 预防措施控制程序。

（4）质量计划

质量计划是对特定的项目、产品、过程或合同，规定由谁及何时、应使用哪些程序相关资源的文件。质量手册和质量管理体系程序文件所规定的是各种产品都适用的通用要求和方法。但各种特定产品都有其特殊性，质量计划是一种工具，它将某产品、项目或合同的特定要求与现行的、通用的质量管理体系程序相连接。质量计划在顾客的特定要求和原有质量管理体系之间架起一座"桥梁",从而大大提高了质量管理体系适应各种环境的能力。

质量计划在企业内部作为一种管理方法,使产品的特殊质量要求能通过有效的措施得以满足。在合同情况下,组织使用质量计划向顾客证明其如何满足特定合同的特殊质量要求,并作为顾客实施质量监督的依据。在合同情况下,如果顾客明确提出编制质量计划的要求,则组织编制的质量计划需要取得顾客的认可。一旦得到认可,组织必须严格按计划实施,顾客将用质量计划来评定组织是否能履行合同规定的质量要求。

(5)质量记录

质量记录是阐明所取得的结果或提供所完成活动的证据文件。它是产品质量水平和企业质量管理体系中各项质量活动结果的客观反映,应如实加以记录,用以证明达到了合同所要求的产品质量,并证明对合同中提出的质量保证要求予以满足的程度。如果出现偏差,则质量记录应反映针对不足之处采取了哪些纠正措施。

3. 实施运行

为保证质量管理体系的有效运行,要做到两个到位:一是认识到位,二是管理考核到位。开展纠正与预防活动,充分发挥内审的作用是保证质量管理体系有效运行的重要环节。内审是由经过培训并取得内审资格的人员对质量管理体系的符合性及有效性进行验证的过程。对内审中发现的问题,要制定纠正及预防措施,进行质量的持续改进,内审作用发挥的好坏与贯标认证的实效有重要关系。

7.4.4 质量认证

1. 质量认证的基本概念

质量认证是第三方依据程序对产品、过程或服务符合规定的要求给予书面保证(合格证书)。质量认证包括产品质量认证和质量管理体系认证两方面。

(1)产品质量认证

产品质量认证按认证性质划分可分为安全认证和合格认证。

1)安全认证。对于关系国计民生的重大产品,有关人身安全、健康的产品,必须实施安全认证。此外,实行安全认证的产品,必须符合《中华人民共和国标准化法》中有关强制性标准的要求。

2)合格认证。凡实行合格认证的产品,必须符合《中华人民共和国标准化法》规定的国家标准或行业标准要求。合格认证自愿进行。

(2)质量管理体系认证

由于建筑产品具有单件性,不能以某个项目作为质量认证的依据。因此,只能对质量管理体系进行认证。质量管理体系认证始于机电产品,由于产品类型由硬件拓宽到软件、流程性材料和服务领域,使得各行各业都可以按标准实施质量管理体系认证。

（3）质量认证的表示方法

质量认证有两种表示方法，即认证证书和认证合格标志。

1）认证证书（合格证书）。它是由认证机构颁发给企业的一种证明文件，证明某项产品或服务符合特定标准或技术规范。

2）认证标志（合格标志）。由认证机构设计并公布的一种专用标志，用以证明某项产品或服务符合特定标准或规范。经认证机构批准的合格认证使用在每台（件）合格出厂的认证产品上。

认证标志是质量标志，通过标志可以向购买者传递正确可靠的质量信息，帮助购买者识别认证的商品与非认证的商品，指导购买者购买自己满意的产品。

认证标志分为方圆标志、长城标志和PRC标志，其中方圆标志又分为合格认证标志和安全认证标志。

2．进行质量认证的意义

近年来随着现代工业的发展和国际贸易的进一步增长，质量认证制度得到了世界各国的普遍重视。通过一个公正的第三方认证机构对产品或质量管理体系作出正确、可信的评价，从而使他们对产品质量建立信心。这种做法对供需双方以及整个社会都具有十分重要的意义。ISO下设200多个技术委员会（TC），专门从事国际标准的制定和推广工作。1998年1月22日，在中国广州召开的国际认可论坛（IAF）第十一届全体会议上，中国质量体系认证机构国家认可委员会（CNACR）等17个国家中的16个国家认可机构首次签署IAF质量体系认证与多边承认协议（IAF/MLA），我国是签约的唯一发展中国家。每个签约机构认可的认证机构发出的ISO 9000认证证书在多边承认协议的其他签约机构均得到承认。

（1）可以促进企业完善质量管理体系

企业要想获取第三方认证机构的质量管理体系认证或按典型产品认证制度实施的产品认证，都需要对其质量管理体系进行检查和完善，以保证认证的有效性。在实施认证时，对其质量管理体系实施检查和评定中发现的问题均需及时地加以纠正，所有这些都会对企业完善质量管理体系起到积极的推动作用。

（2）可以提高企业的信誉和市场竞争能力

企业通过质量管理体系认证机构的认证，获取合格证书和标志并通过注册加以公布，从而也就证明其具有生产满足顾客要求产品的能力，能大大提高企业的信誉，增加企业的市场竞争能力。

（3）有利于保护供需双方的利益

实施质量认证，一方面对通过产品质量认证或质量管理体系认证的企业准予使用认证标志或予以注册公布，使顾客了解哪些企业的产品质量是有保证的，从而可以引导顾客，防止其误购不符合要求的产品，起到保护消费者权益的作用。并且由于实施第三方认证，对于缺少测试设备、缺少有经验的人员或远离供方的用户来说带来了许多方便，同时也降低了进行重复检验和检查的费用。另一方面，如果供方建立了完善的质量管理体系，一旦发生质量争议，也可以把质量管理体系作为自我保护的措施，较好地解决质量争议。

（4）有利于国际市场的开拓，增加国际市场的竞争能力

认证制度已发展成为世界上许多国家的普遍做法。各国的质量认证机构都在设法通过签订双边或多边认证合作协议，取得彼此之间的相互认可。企业一旦获得国际上权威认证机构的产品质量认证或质量管理体系注册，便会得到各国的认可，并可享受一定的优惠待遇，如免检、减免税和优价等。

3．质量管理体系认证的实施程序

（1）提出申请

1）申请单位向认证机构提出书面申请。

2）申请单位填写申请书及附件。附件一般应包括：一份质量手册的副本，申请认证质量管理体系所覆盖的产品名录、简介；申请方的基本情况等。

3）认证申请的审查与批准。认证机构收到申请方的正式申请后，将对申请方的申请文件进行审查。经审查符合规定的申请要求，则决定接受申请，由认证机构向申请单位发出"接受申请通知书"，并通知申请方下一步与认证有关的工作安排，预交认证费用。若经审查不符合规定的要求，认证机构将及时与申请单位联系，要求申请单位作必要的补充或修改，符合规定后再发出"接受申请通知书"。

（2）认证机构进行审核

认证机构对申请单位的质量管理体系进行审核是质量管理体系认证的关键环节，其基本工作程序是：

1）文件审核。文件审核的主要对象是申请书的附件，即申请单位的质量手册及其他说明申请单位质量管理体系的材料。

2）现场审核。现场审核的主要目的是通过查证质量手册的实际执行情况，对申请单位质量管理体系运行的有效性作出评价，判定是否真正具备满足认证标准的能力。

3）提出审核报告。现场审核工作完成后，审核组要编写审核报告，审核报告是现场检查和评价结果的证明文件，需经审核组全体成员签字，签字后报送审核机构。

（3）审批与注册发证

认证机构对审核组提出的审核报告进行全面的审查。经审查若批准通过认证，则认证机构予以注册并颁发注册证书。若经审查，需要改进后方可批准通过认证，则由认证机构将需要纠正的问题及完成修正的期限书面通知申请单位，到期再作必要的复查和评价，证明确实达到了规定的条件后，仍可批准认证并注册发证。若经审查，决定不予批准认证，则由认证机构书面通知申请单位，并说明不予批准的理由。

（4）获准认证后的监督管理

认证机构对获准认证（有效期为3年）的供方质量管理体系实施监督管理。

管理工作包括供方通报、监督检查、认证注销、认证暂停、认证撤销、认证有效期延长等。

（5）申诉

申请方、受审核方、获证方或其他方对认证机构的各项活动有异议时，可向其认证或上级主管部门提出申诉或向人民法院起诉。认证机构或其认可机构应对申诉及时作出处理。

复习思考题

1. 简述房地产开发项目质量控制的概念和特点。
2. 论述房地产开发项目质量的影响因素。
3. 简述房地产开发项目设计工作中的质量控制措施。
4. 简述房地产开发项目施工过程中质量控制的主要途径和方法。
5. 分析对比质量管理常用工具的管理目标和绘图方。
6. 简述质量管理体系文件构成。
7. 简述质量管理体系认证的实施程序。

开发进度管理

工程进度的安排是否合理，直接关系到工程项目的成本、工期及质量。科学合理且满足合同规范要求的施工进度，有助于确保工程质量及对工程成本的控制，一味地赶工期不仅影响工程质量，还可能导致工程成本失控，使开发商蒙受重大损失。

8.1 房地产开发项目进度管理原理

8.1.1 进度管理概述

1. 进度的概念和衡量指标

进度通常是指开发项目实施结果的进展情况。在房地产开发项目实施过程中，总是要消耗时间（工期）、劳动力、材料、成本等才能完成项目任务，项目的实施结果应当以项目任务的完成情况来表达。但是由于项目对象系统的复杂性，常常很难选定一个恰当的、统一的指标来全面地反映项目的工作进度。

通常采用如下指标衡量项目的进度状况：

（1）持续时间

项目的成功实现最终要看它是否能在规定的时间内完成既定任务，所以整个项目或某一部分工程的持续时间是进度的一个重要指标。人们常用已经使用的工期与计划工期相比较来描述项目的完成程度，如某项目的计划工期是一年，现已经进行了半年，则工期进度已达50%。这里需要特别指出的是，我们所说的进度与工期并不是同一个概念，如一个房地产开发项目在开始时因为资金、设备或是材料尚未完全到位，工作效率低，进度相应的也慢一些，那么有可能到工期进行了一半时，工程的实际完成进度还不到一半，也就是进度并未达到50%，因此我们说工期与进度是两个概念，它们之间是存在一定差异的。

（2）项目的结果状态

这一指标一般只适用于项目的某一部分工程活动，针对专门的领域，其生产对象简单、工程活动简单。如对设计工作而言，可以用资料数量（图纸、规范等）作为衡量进度的指标；对于混凝土工程，可以用混凝土的体积作为衡量进度的指标；对于设备安装工程，可以用吨位作为衡量进度的指标；对于管道、道路工程，可以用长度作为衡量进度的指标等。

（3）已完成工程的价值量

即用已经完成的工作量与相应的合同价格、预算价格进行计算，它能够将不同种类的分项工程统一起来，较好地反映工程的进度状况，是常用的进度指标。

（4）资源消耗指标

最常用的有劳动工时、机械台班、成本的消耗等，它们有统一性和较好的可比性，即各个工程活动乃至整个项目都可用它们作为指标，这样可以统一分析尺度。在现代房地产开发项目管理中，人们赋予进度更加综合的含义，它将项目任务、工期、成本有机结合起来，形成一个综合的指标，能全面反映项目的实施状况。进度管理已不只是传统的工期控制，还将工期与工程实物、成本、劳动消耗、资源等统一起来。

2．进度管理

广义的工程项目进度管理是指为保证工程项目实现预期的工期目标，对工程项目生命周期全过程的各项工作时间进行计划、实施、检查、调整等的一系列工作。

房地产开发项目进度管理是指在全面分析房地产开发过程中各项工作内容、工作程序、持续时间和逻辑关系的基础上编制进度计划，力求使拟定的计划具体可行、经济合理，并在计划实施过程中通过采取各种有效措施，为确保预定进度目标的实现而进行的组织、指挥、协调和控制等活动。

一般情况下，房地产开发项目进度管理的内容主要包括进度计划编制和进度计划控制两大部分。进度计划的编制方法主要有里程碑计划、横道图、网络计划等。进度计划控制的主要方法有甘特图法、S形曲线法、香蕉曲线法、甘特图与香蕉曲线综合比较法、垂直图法、前锋线法等。控制进度的最终目的是保证项目进度总目标的实现。

8.1.2 进度管理的基本目标及原则

1．进度管理的基本目标

进度管理的目标就是通过控制管理以实现房地产开发项目的进度目标。进行项目进度计划控制可以更好地保证进度计划的落实与执行，减少各部门和各单位之间的相互干扰，确保工程项目顺利完成。项目进度管理的主要任务是根据房地产开发项目进度管理的各项目标分别编制总进度计划、各管理组织的分段进度计划、项目年、季度、月作业计划，并分别对计划实施的全过程进行控制，确保按计划要求的目标完成各自的任务。房地产开发项目不同参与方的进度管理任务见表8-1。

房地产开发项目不同参与方的进度管理任务　　　　表8-1

参与方名称	任务	进度涉及时段
开发商	管理整个项目实施阶段的进度	项目全过程
设计方	根据设计任务委托合同控制设计进度，并能满足施工、招标投标、物资采购进度	设计阶段
施工方	根据施工任务委托合同管理施工进度	施工阶段
供货方	根据供货合同管理供货进度	物资采购阶段

项目进度管理就是控制项目进行的各个阶段、各项工作的实施进度，以使整个项目能够在保证质量的前提下耗费的时间尽量少，进而降低各项成本耗费，并尽早实现项目经济价值。

2. 进度管理的原则

（1）动态管理原理

房地产开发项目进度管理是一个不断进行的动态管理过程，也是一个循环进行的过程。在进度计划执行中，由于各种干扰因素的影响，实际进度与计划进度可能会产生偏差，这时往往要分析偏差产生的原因，采取相应的措施，调整原来的计划，使实际工作与计划在新的起点上重合，并继续按计划进行管理活动。但是，在新的干扰因素作用下又会产生新的偏差，因此进度管理是一个动态管理的过程。

（2）系统原理

为了对房地产开发项目实行进度计划控制，首先必须编制项目的各种进度计划，形成项目计划系统。按计划编制的对象由大到小、计划的内容由粗到细，包括项目总进度计划、单位工程进度计划、分部分项工程进度计划、季度、月（旬）作业计划。这些计划编制时从总体到局部，逐层进行控制目标分解，以保证计划控制目标的落实。计划执行时，从月（旬）作业计划开始实施，逐级按目标控制，从而达到对房地产开发项目整体目标进度的控制。

（3）信息反馈原理

应用信息反馈原理不断进行信息反馈，及时将实际信息反馈给项目控制人员，通过整理各方面的信息，经比较分析作出决策，调整进度计划，使其符合预定工期目标。项目进度管理过程同时就是信息不断反馈的过程。

（4）弹性原理

项目进度计划影响因素多，在编制进度计划时，根据经验对各种因素的影响程度、出现的可能性进行分析，编制项目进度计划时要留有余地，使计划具有弹性。在计划实施中，利用这些弹性缩短有关工作的时间或改变工作之间的搭接关系，使拖延了工期的项目仍然能达到预期的计划目标。

（5）封闭循环原理

开发项目进度计划控制的全过程是计划、实施、比较分析、分析原因、找出偏差、制定措施、实施纠偏、评价实际成效、再计划的不断循环过程，如图8-1所示。

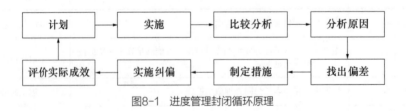

图8-1 进度管理封闭循环原理

8.1.3 进度管理的范围及意义

1. 进度管理的范围

房地产开发项目进度管理的总目标贯穿于整个项目的实施阶段，要保证进度目标顺利完成，保证计划目标值与实际值一致，则项目管理者在进行项目进度管理时，要渗透到项目实施的全过程中去，对项目的各个方面进行进度管理。项目进度管理的范围包括：

（1）项目的各个阶段

从房地产开发项目进度管理的概念，可以看出房地产开发项目的进度管理不仅包括施工阶段，还包括项目前期策划阶段、设计阶段、项目招标阶段、竣工验收阶段和后期管理阶段，即项目进度管理涉及项目建设的全过程。

（2）项目的各个组成部分

项目管理者在进行进度管理时，对组成房地产开发项目的所有组成部分进行全方位的进度管理，不论是红线内工程还是红线外配套工程，也不论是土建工程还是设备、给水排水、采暖通风、道路、绿化、电气等工程。

（3）项目的所有工作

为了确保房地产开发项目按计划进度实施完成，就需要把有关项目建设的各项工作，如设计、施工准备、工程招标以及材料设备供应、竣工验收等任务揽入进度管理的范围之内。因此，凡是影响房地产开发项目进度的工作都将成为进度管理的对象。当然，任何事务都有主次之分，这样才能使进度管理工作有条不紊、主次分明。

（4）影响进度的各项因素

由于房地产开发项目具有资金庞大、业务复杂、建设周期长、涉及相关单位多的特点，造成影响项目进度的因素很多，如人为因素、技术因素、材料设备与构配件因素，水文、地质与气象等自然因素，政治、经济、文化等社会因素，还有其他不确定的因素等。若要有效进行项目进度管理就必须对上述各种因素进行全面的分析与预测，由此说明了项目进度管理的复杂性和必要性。当然，这些影响因素以人为因素最多，有来自开发商的，有来自设计、施工及供货单位的，还有来自政府、建设主管部门、有关协作单位和社会其他单位的。因此在项目进度管理过程中，要加强对人为因素的控制管理，保证项目进度目标的实现。

另外，项目组织协调是实现有效进度管理的关键。要做好房地产开发项目进度管理工作必须做好与有关单位的协调工作，与房地产开发项目进度有关的单位较多，包括项目业主、设计单位、施工单位、材料供应单位、设备供应厂家、工程毗邻单位、监督管理项目建设的政府主管部门等。如果不能有效地与这些单位做好协调工作，不建立协调工作网络，不投入一定力量去做协调工作，进度管理将十分困难。

2．进度管理的意义

（1）提高工程效益

施工进度太慢、拖延工期等情况都会使施工单位和建设单位效益降低，特别是对于建设单位，工期的拖延意味着加大银行贷款利息、延后回收成本，会产生社会负面影响。而对于施工单位来说，一旦工期拖延，施工机械及人员就会滞留，无法投入到下一个项目，无法快速偿还租用的设备，使额外费用增加。因此，有效地控制和管理施工进度将会带来可观的社会、经济效益。

（2）影响工程质量

对工程进度要精心策划、避免疏漏，要秉承保证工程质量的前提下，加快进度，提高工程效益。但是，工程进度过快势必会影响工程各工序的衔接，特别是混凝土工程、模板工程影响尤其大，容易引起混凝土早期失水，早期混凝土强度偏低、干缩、裂纹等问题，致使工程质量验收不过关，引起返工，进而导致工程进度拖延，直接影响工期。

（3）影响工程安全

安全控制及工程质量和施工进度是辩证统一的关系，良好的工程进度管理可提升工程的安全性。施工进度太快，易产生安全隐患，引发安全事故；相反，若安全事故发生，则需停工对事故进行排查，反而制约了施工进度。

8.1.4 进度的影响因素

1. 组织因素

房地产企业的各项生产工作一般均由外部单位完成，自身主要进行决策、协调及管理工作。因此，无论是房地产企业自身的组织因素还是外部单位的组织因素都会影响房地产开发项目的进度。

设计阶段主要体现在设计公司的设计人员是否具备能力。方案设计的优劣会影响决策的时间，同样图纸的准确度会影响前期手续办理的时间，也会由于后期施工中发生大量的变更而影响工期。

施工阶段主要体现在承包商管理人员的组织能力及技术水平的高低；体现在施工班组技术工人操作水平的高低；体现在监理工程师管理能力及技术水平的高低。

房地产企业自身的管理能力也是影响进度的主要因素。决策层的决策决定了房地产开发项目的方向，决策失误往往会使项目的总工期无法达到预计目标；管理层对各项工作的安排协调也会影响工期，例如通过合理的招标手段找到优秀的承包商能在一定程度上缩减工期。

2. 经济与管理因素

房地产开发项目是资金密集型项目，时间跨度长，管理难度大。因此，能否保证资金供给及有效管理均会影响项目进度。一个房地产开发项目的投资少则几千万多则数十亿，房地产企业不可能完全用自有资金来开发。一般房地产项目的资金来源主要是自有资金、银行贷款或信托等外部融资以及预销售开始后的销售款等。由于资金来源的多样性，要保证在房地产项目开发的各个阶段都有充足的资金就有一定的风险，资金不到位必然会影响项目进度。

管理因素主要有合同风险、现场与公用防火设施的可用性及其数量、事故防范措施和计划、人身安全控制计划、信息安全控制计划等。例如，业主与承包商的合同条款中对工期延误的处罚不明确导致工期延误的损失由业主承担。

3．项目环境因素

施工阶段的进度管理是房地产开发项目进度管理的重点之一，在施工阶段环境变化会影响项目的进度。主要体现在：

（1）自然灾害，在江南地区最常见的是台风的影响。

（2）岩土地质条件和水文地质条件，最为常见的是在基础工程中发生的流砂，会对工程进度产生较大的影响。

（3）气象条件，由于工程施工主要在露天环境下进行，因此连续雨天、高温或严重冰冻均会影响工程进度。

（4）工程建设中发生的意外事故，例如，施工中发生火灾事故。

4．技术因素

技术因素对进度的影响主要在施工阶段，技术因素的来源主要是设计公司和承包商。房地产企业本身对技术的依赖度较小，但这些技术因素会影响设计公司或承包商的进度，进而间接影响项目进度，主要体现在工程设计文件、工程施工方案、工程物资、工程机械等方面。

5．政策因素

政府部门的宏观政策调整、新法律法规的颁布往往会间接影响房地产开发项目的进度。例如，中央对房地产行业实施调控政策会使房地产企业销售量整体下滑，房地产企业会普遍压缩开发量或调整开发节奏。因此，政策因素对进度的影响也较大。

8.2 房地产开发项目实施进度管理

8.2.1 实施进度管理制度

1．事前计划管理制度

（1）总体工程进度计划报审

单位工程开工前，总包单位应编制工程总体进度计划上报监理、项目公司审核，批准后报工程管理部、工程副总审批，通过后方可施行。总体进度计划中应明确各分包单位的配合措施和要求、进驻时间节点，为分包队伍的选择提供时间参考。如因总体进度计划不准造成分包队伍进场时间拖后致使单位工程工期拖延，由其总包单位承担违约责任。

（2）进度措施和方案的上报

项目开工前，总包单位编制的施工组织设计中应包括进度措施和方案。总包单位应结合自己的实力编制进度保证措施和方案。保证措施和方案应在项目开工前上报监理、项目公司审核，批准后报工程管理部、主管副总审批，通过后作为合同的附件。

在项目施工过程中，施工单位应根据实际施工情况动态调整进度计划和保证方案，计划编制应掌握先紧后松的原则（基础、主体施工期间要尽量把时间安排的紧凑一些），要能保证合同总体进度计划。如有重大进度措施和方案的调整，总包单位应重新编制进度措施和方案，按原审批程序进行审批，通过后再执行。但进度措施和方案的调整不能与整个工期计划相违背，并且其总包单位也无法推卸工期违约的责任。各分包项目在进场前也应根据总进度计划的要求编制各自分项工程的进度保证措施和方案，报监理、项目公司审核，批准后报工程管理部、主管副总审批。

（3）检查进度计划落实情况

工程管理部将在月检中根据前述进度计划及保证措施方案检查各个单位工程及其附属的进度计划落实情况。如发现实际进度计划严重滞后，比原计划拖后7天以上者，工程管理部将调查其拖后原因，让其拖后工期的单位负责人编制加快施工的保证措施和方案，总公司保留其拖期罚款的权利，各施工单位要根据实际情况不断调整其计划，保证关键节点的工期不再拖后，否则将按合同约定进行拖期处罚。

2. 建设过程控制管理

建设过程控制管理制度制定有以下三个要点：

（1）工程月检

工程管理部将在每月月底对工程项目进行巡查，巡查时将对各单位工程的实际进度情况进行检查，并填报进度确认表格和图像资料。其书面资料由项目公司负责人签字后作为执行合同的见证性资料和拨付工程款的控制依据。如工程拖后，工程管理部将延期拨款审批，并且保留采取经济处罚的权利。

（2）及时跟进拖延工程

在巡查时，发现某单位或分项工程与所报计划相比已严重滞后，出具书面《监督通知单》，告知其单位编制保证进度的可行性措施和方案，3天内报工程管理部审核调整。工程管理部将在次月中旬对其措施的落实情况进行检查，如措施得力，实际进度与计划进度相吻合，将不再追究其责任；如措施落实不得力，实际进度没有明显改观，如此下去将拖延整个工期，工程管理部可以采取罚款措施，并且要求其写书面保证书。严重者可能清退出场，重新选择施工队伍。

（3）实施进度评价措施

工程进度评价措施是对工程进度计划落实的评价。工程管理部在每月巡查时，将根据各单位工程实际进度情况对各分项或总包工程进行月度评价；月中对各个单位工程进度计划的整改落实情况再次进行评价；每季度汇总一次，直至单位工程竣工，对其单位工程施工情况进行总体评价，作为以后选择合格供方的重要依据。

8.2.2 项目分阶段进度管理

1. 施工准备阶段进度管理

(1) 项目施工计划工期目标的确定与分解

在施工准备阶段，首先需要根据合同工期等因素，确定开发项目施工的计划工期目标。工期目标确定之后，再将其分解为施工全过程的几个阶段性目标。例如，一般工业项目通常需要考虑全场性准备工作、场地土方工程、厂房基础与设备基础工程、构件预制工程、结构吊装和主体工程、屋面与装饰工程、设备安装工程、设备试运转与扫尾工程、阶段性竣工验收和总竣工验收等几个主要阶段的进度目标。

没有明确的工期目标，项目进度管理就没有依据。在确定工期目标时，应考虑留有适当的余地，使计划工期比合同工期短些。

(2) 编制施工进度计划

房地产开发项目施工进度计划的表达方式有横道图和网络图两种，其具体编制方法参见下一节相关内容。

(3) 编制施工准备工作计划和资源需用计划

为确保房地产开发项目施工进度计划的顺利实施，还需编制项目开工前的准备工作计划和开工后的阶段性准备工作计划以及各种物资的资源需用计划。

(4) 编制年、季、月、旬、周度施工作业计划

大型房地产开发项目的施工，工期往往是几年，这就需要编制年度施工进度计划，并在此基础上按照均衡施工原则编制各季度施工进度计划。年度和季度施工进度计划均属控制性计划，可确定并控制项目施工总进度的重要节点目标。对于单位工程来说，月（旬、周）计划有指导作业的作用，因此要具体编制成作业计划，应在单位工程施工进度计划的基础上卡段细化编制，属于实施性（操作性）作业计划。年、季、月、旬、周度施工进度计划遵循"远粗近细"的原则。所谓"滚动式"施工进度计划是指在项目施工的每一计划阶段结束时，去掉已完成的施工作业内容，根据计划执行情况和内外部条件的变化情况调整修订后续计划，将计划阶段顺序向前推进（滚动）一段，制订一个新的阶段计划。图8-2为滚动式施工进度计划示意图。

(5) 制定施工进度管理工作细则

在开工前制定详细的施工进度管理工作细则是对项目施工进度进行有效控制的重要措施，其主要内容包括：

1) 进度管理人员的确定与分工。

2) 制定施工进度管理工作流程，如图8-3所示。

3) 明确进度管理工作方法。如进度检查方法、进度数据收集、统计整理方法、进度偏差分析与调整方法等。

4) 设置进度管理点。在进度计划实施前要明确哪些事件是对施工进度和工

期有重大影响的关键性事件，这些事件是项目施工进度管理的重点。

序号	项目名称	进度计划（总工期10个月）									
		1	2	3	4	5	6	7	8	9	10
1	总进度计划	■	■	■	■	■	■	■	■	■	■
2	施工准备	■									
3	地基工程		■								
4	主体工程			■	■	■	■	■			
5	砌体工程								■		
6	装修工程									■	■
7	竣工验收										■

图8-2　滚动式施工进度计划示意图

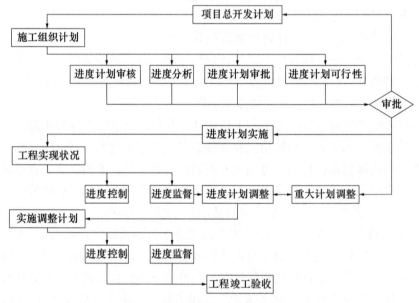

图8-3　施工进度管理工作流程示意图

通过制定施工阶段进度管理工作细则，明确为了对施工进度实施有效控制，应该和必须做好哪些工作？由谁来做？什么时间做和怎样做？给监理单位和施工单位施加压力，让其辅助发现技术问题，并予以奖励。

2. 施工阶段进度管理

施工阶段进度管理是工程项目进度管理的关键，其主要工作内容如下：

（1）施工进度的跟踪检查

在工程项目施工过程中，进度管理人员要通过收集作业层进度报表，对施工进度的执行情况进行动态检查并分析进度偏差产生的原因，召开现场会议为进度计划的调整及实现工程总进度目标提供必要的信息，随时了解和掌握实际进度情况。

（2）收集、整理和统计有关进度数据

在跟踪检查施工进度过程中，要全面、系统地收集有关进度数据，并经过整理和统计，形成能正确反映实际进度情况、便于将实际进度与计划进度进行对比的数据资料。

（3）将实际进度与计划进度进行对比分析

经过对比，分析是否发生了进度偏差，即实际进度比计划进度拖后或超前。

（4）分析进度偏差对工期和后续工作的影响

当发生进度偏差后，要进一步分析该偏差对工期和后续工作有无影响，影响到什么程度。

（5）分析是否需要进行进度调整

当分析得出进度偏差对工期和后续工作的影响之后，还要视工期和后续工作是否允许发生这种影响及允许影响到什么程度决定是否对施工进度进行调整。

一般从工期控制角度来看，某些工作的实际进度比计划进度超前是有利的。所以进度管理工作的重点是进度发生拖后现象时，要通过分析决定是否需要调整进度。当然，进度超前过多也会影响资源供应、资金使用等，如果这些条件限制很严格，也要进行调整。

（6）采取进度调整措施

在施工进度计划的实施过程中，应对计划的实施进行监督，当发现进度计划执行受到干扰时，应采取调整措施。当明确必须进行施工进度调整之后，还要具体分析产生这种进度偏差的原因，并综合考虑进度调整对工程质量、安全生产和资源供应等因素的影响，确定在哪些后续工作中采取技术上、组织上或经济上的调整措施。

在技术上可采取的加快施工进度的措施主要有：改进施工工艺和施工技术，缩短工艺技术间歇时间；采用更先进的施工方法，缩短施工作业时间；采用更先进的施工机械，以提高施工作业效率。

在组织上可采取的加快施工进度的措施主要有：增加作业面，组织更多的施工队组；增加每天施工时间（加班加点或多班制）；增加作业人数；增加机械设备数量；采取平行流水施工、立体交叉作业，以充分利用空间和争取时间，保证物资资源供应和做好协调工作等。

在经济上可采取的加快施工进度的措施有：提高奖金数额；对采取的一系列技术措施给予相应的经济补偿。

除上述措施外，还可以通过加强思想教育和精神鼓励等工作，激发作业层人员的劳动积极性，提高作业效率。

（7）实施调整后的进度计划

调整后的新计划实施后，重复上述控制过程，直至工程项目全部完工。

3. 竣工验收、交付使用阶段进度管理

竣工验收、交付使用阶段的工作特点是：在施工作业方面，大量施工任务已经完成，但还有许多零星琐碎的修补、调试、扫尾、清理等工作要做；在管理业务方面，施工技术指导性工作已基本结束，但却有大量的技术资料汇总整理、竣工检查验收、工程质量等级评定、工程决算、工程项目移交等管理工作要做。这些工作如不抓紧进行，也将会影响工程项目的交付期限。这一阶段的进度管理工作有：

（1）制订竣工验收阶段工作进度计划

在该计划中，要详细列出各项工作的日程安排，并把工作落实到每个人员。

（2）定期检查各项工作进展情况

在检查中如果发现工作拖延现象应及时采取必要的调整措施。

（3）整理有关工程进度资料，归类、编号、建档

认真做好有关工程进度资料整理工作，为以后的工程项目进度管理工作积累经验，同时也为工程决算和索赔提供依据。

8.2.3 工程进度计划的优化

优化计划是提高经济效益的关键。施工工期、资源投入量与成本消耗量是三个相互联系又相互制约的因素。在房地产项目开发过程中，施工阶段耗费时间最长，施工阶段的进度对整个项目开发进度起决定性作用。施工阶段的进度管理是整个房地产开发项目进度管理的关键。

1. 工期调整

工期通常是进度计划编制首先要考虑的问题。在一定的资源用量与成本消耗条件下，常常需要适当地调整计划工期，以满足规定工期的要求。

（1）搭接流水可以缩短工期

在不同工序之间，将顺序施工改为搭接交叉施工，将一个施工项目合成若干个流水段，组织流水作业可以缩短工期。前一道工序完成了一部分，后一道工序就插上去施工，前后工序在不同的流水段上平行作业，在保证满足必要的施工工作面的条件下，流水段分得越细，前后工序投入施工的时间间隔（流水步距）越小，施工的搭接程度越高，总工期就越短。

（2）合理排序，工期最短

一个施工项目可分成若干道工序，每一个流水段都要经过相同的若干道工序，每道工序在各个流水段上的施工时间又不完全相同，如何选择合理的流水顺序就是合理安排工期的关键问题。因为由施工工艺决定的工作顺序是不可改变的，但哪个流水段在先、哪个流水段在后的流水顺序是可以改变的，不同的流水顺序将导致总工期的不同，需要找出最优排序方案。

（3）资源平衡

编制施工项目进度计划时，必须进行资源的平衡。不但要求资源的计划用量

不超过资源的可供应量,还要力求做到资源的均衡使用。也就是说,要使资源的计划用量控制在可供应的资源限额以内。很明显,资源用量越趋于均衡,资源用量高峰就越小,资源使用的一次性费用就越少,经济效益则越好。

2. 成本优化

在项目施工中,采用不同的施工组织方案,工程成本会有所不同。寻求成本最低的计划方案是施工进度网络计划优化的重要内容。工程成本由直接费用和间接费用组成。一般说来,直接费用低的计划方案工期比较长,为了缩短工期需要采用效率更高的施工机械或施工工艺,直接费用随之增加;如果不改变效率,就需要投入更多的人力和物力,增加资源的使用强度,那就势必要扩大现场的临时设施和附属企业的生产规模,增加一次性费用的投入,其结果也会导致直接费用的增加。通常项目经理部总是优先采用那些增加费用不多而缩短工期效果显著的方法。不过随着工期的缩短,直接费用会更快地增加。

8.2.4 项目进度拖延管理

1. 项目进度拖延管理程序

进度拖延是房地产开发项目实施过程中经常发生的现象,各层次的项目单元、各个项目阶段都可能出现延误。工程进度拖延管理程序如图8-4所示。

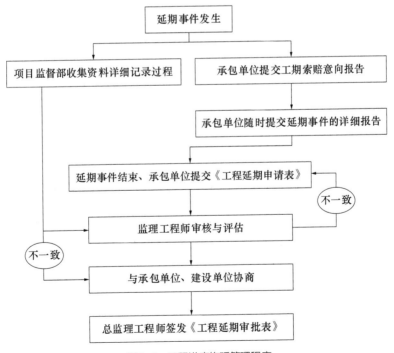

图8-4 工程进度拖延管理程序

2. 造成项目进度拖延的原因

影响项目进度的因素很多,这些因素可归纳为人的因素、材料因素、技术因素、资金因素、工程水文地质因素、气象因素、环境因素、社会因素以及其他难以预料的因素。其中以人的因素影响最多也最严重。从因素产生的根源来看，有来源于开发商及上级主管机构的；有来源于设计单位的；有来源于承包商（分包商）及上级主管机构的；有来源于材料设备供应商的；有来源于监理单位的；有来源于政府主管部门的；也有来源于社会和各种自然条件的。

具体来说，项目进度拖延的原因有以下五点：

（1）对项目认识不清，建设条件不充分

参与项目的单位未清楚地认识项目的实施条件，建设条件未经仔细论证，这都会造成工程进度拖延。具体原因包括下列几点：

1）没有完整的建设手续。没有完整的建设手续有可能在施工时被有关主管单位查处，从而拖延进度。

2）建设资金不完备。建设资金不完备会对施工单位设备和材料的供应造成不利影响，甚至会拖延施工人员到场时间，使设计图纸无法及时到位且图纸质量得不到保证，同时还会使监理人员的工作积极性下降。所以，确保工程工期的前提就是使建设资金准时到位。

3）施工现场条件不完善。如无法及时准确地提供测量定位的基准点，无法确保用于施工的水电等，都会对正常施工进度造成不利影响。

4）工程变更。如因建设单位不合理的处置而使工程变更，从而影响施工进度；企业未及时将准确、全面的设计条件提供给设计单位，而在施工中过多的补充和修正，对工程造价、工程质量及施工进度带来影响；企业随性地要求建筑外观和功能，以致在施工中一旦有不满意之处就责令整改，甚至还对一部分工程反复变更。

（2）项目参加人员的工作或管理失误

某些进度的拖延是因参与项目施工人员的工作失误而导致的，如设计人员工作拖拉、建设单位决策不及时、总包施工单位选择分包单位失利、质检站和建设行政主管部门将审批时间延长。

另外，未明确管理职责且未进行科学合理的管理也会致使拖延。如在管理建设项目时，开发企业未明确管理界限，对监理委托合同赋予监理工程师的权责随意忽视甚至干涉，导致管理混乱；没有明确内部分工，使承包商无从下手，无法及时解决出现的问题。

（3）施工单位的过失

施工进度取决于施工单位，而实施项目建设的主体也是施工单位。因施工单位的过失而造成的进度拖延，具体体现在以下三点：

1）错误的施工工艺、不合理的施工方案和不可靠的施工技术等。

2）施工进度计划不合理，即使施工进度计划较合理，但因施工过程中任意更改使执行较困难。

3）因机械设备和周转材料不到位而制约施工进度。

（4）监理单位的过失

因监理单位的过失而拖延进度，主要表现为：监理工程师的学历、专业、资质、资格、经验、水平、数量、年龄、健康状况不能满足工程监理需要，不能合理地对问题进行处理，浪费时间，拖延进度；监理工程师的责任心及预控能力缺乏，只会机械地进行事后处理，无法对问题作出预测并采取必要的举措；监理工程师工作能力不足，不能合理地对问题进行处理，浪费时间，拖延进度；由于监理管理机构调整、股权调整、人员调整、资产重组等原因导致无法按合同履约。

（5）其他不可预见的事情

来源于社会和各种自然条件的因素（除合同约定的不可抗力外，可以按实际发生调整，其他可以预料和避免的因素，视责任人不同可进行洽商），如战争、骚乱、地震、洪水、工程事故、企业倒闭等不可预见的事件也会引起工程进度的拖延，以上因素包括但不限于此。从上述诸多因素影响工程进度的程度看，开发商和承包商（分包商）起着最主要的作用，设计单位和材料供应商次之。开发商作为建设项目的组织和管理者，要有效地进行进度管理，必须对影响进度的各种因素进行全面的评估和分析。一方面妥善预防及克服不利因素，另一方面要事先制定预防措施，缩小实际进度与计划进度的偏差。

3．项目进度拖延的预防措施

（1）对项目建设目标计划作评估

工程发包前应对项目建设目标计划进行充分评估，留足机动时间和室外工程施工时间后，确定房屋建筑工程的施工合同工期，在项目建设招标文件中写明，作为要约条件请投标单位考虑。

（2）工程进度计划与合同要求相匹配

工程开工前，施工方应提交完整的施工进度计划报项目监理部和建设方，建设、监理方人员应根据工程施工总目标计划进行核准；对专业、分项工程，尚需与已核准的总包方进度计划和现场施工实际进度进行有效整合，确保工程进度计划满足合同要求。

（3）结合施工实际做好月度计划

施工单位每月底应对本月计划完成情况进行小结，并把下月的进度计划报监理、建设方审核。月度计划应结合施工实际，总包单位编制进度计划时应考虑分包单位的施工流程，确保计划的可实现和可操作性。

（4）施工进度与进度计划作对比

项目监理部应经常检查现场施工进度情况，与项目施工总进度计划进行比较，当实际施工完成进度滞后于施工进度计划时，监理人员应及时分析原因，提出解决的办法，落实施工方调整并报工程部备案。总包方对分包方的施工进度负管理责任，分包方必须服从总包方的管理。

（5）对承包商施工完成情况进行综合考评

施工期间每月由监理方配合建设方综合考评承包商施工计划完成情况。当出现关键工作的施工进度明显拖延，直接影响后续工序施工时，监理方、工程部应立即分析原因、找出解决办法，采取必要手段落实施工单位"赶工"，以此来确保目标节点工期的实现。

（6）落实确定的节点完成控制时间

根据目标工期确定的节点完成控制时间必须予以落实，对影响控制节点完成时间的责任单位在工程结算时按合同规定予以处罚。

4．项目进度拖延应对方法

当施工进度拖延时，可以采用以下两种方法进行应对：

（1）调整施工进度计划

一旦进度出现拖延，就要针对影响后续施工和总工期的偏差、偏差程度和其所在的方位、影响程度等方面进行分析和判断，分析和判断可使用网络计划中自由时差及总时差的方法。具体分析步骤如下：

1）在该环节要使用的三个判断标准是：若自由时差超过偏差，不影响工作计划；若自由时差小于偏差，会影响后续工作的最早开工时间，但不影响总工期；若偏差高于总时差，会影响总工期及后续工作。

2）若进度拖延的偏差过大，且对总工期及后续工作带来影响，则需调整进度计划。以对偏差作出的分析为前提，确立对原计划调整的具体措施，通常有改变某些工作之间的逻辑关系和缩短某些工作的持续时间两种方法。找出发生偏差的缘由，分析偏差影响，清晰认知影响总工期及工作的限制条件后，就可以采取措施调整实施新计划。

3）实施新计划以后，若实际进度再次与计划进度发生偏移，则对原计划再度调整，进行新的循环。

（2）采取应急补救措施

进行进度管理的应急补救可增加资源投入，提高施工强度，压缩重点工作持续时间，或对施工组织、施工工艺及方式做出调整或改变逻辑关系等。具体做法如下：

1）增加资源投入，如增加劳动力、材料、周转材料和设备的投入量。

2）重新分配资源，如将服务部门的人员投入到生产中去，采用加班或多班制工作。

3）提高劳动效率和劳动生产率。

4）将部分任务转移，如将任务分包或委托给别的单位，将原计划由自己生产的结构构件改为外购等。

5）修改实施方案，例如，将现浇混凝土改为场外预制、现场安装。

8.3 房地产开发项目施工进度控制方法

房地产开发项目施工进度控制方法很多。本节主要讲述横道图法、网络图法、S形曲线法和香蕉曲线法。

8.3.1 横道图法

1. 横道图法概述

横道图是一种最简单、运用最广泛的传统的进度计划方法，在国外被称为甘特（Gantt）图。它具有直观、形象、绘制简单等优点，缺点是不能明确表达各计划工作之间的逻辑关系，不利于进度计划的优化调整。尽管有许多新的计划技术，但横道图在工程项目施工进度控制中的应用仍非常普遍。

例如，某基础混凝土工程施工包括模板、钢筋、混凝土、回填土等四个施工过程，拟分两个施工段组织流水施工，各施工过程在每一施工段上的作业时间如表8-2所示。

某基础混凝土工程作业时间安排　　　　　表8-2

施工过程 \ 施工段 作业时间/d	I	II
模板	4	4
钢筋	2	2
混凝土	3	3
回填土	2	2

根据流水施工原理绘制的横道进度计划如图8-5所示。

施工过程	施工进度计划（d）																备注
	1	2	3	4	5	6	7	8	9	10	11	12	13	14	15	16	
模板																	
钢筋																	
混凝土																	
回填土																	

图8-5　某基础混凝土工程横道进度计划

2. 横道图控制步骤与方法

（1）标出检查日期

如图8-6下面的三角所示，本例假设在计划实施后的第9天下班时检查。

（2）标出已经完成的工作

如图8-6中双线所示，本例模板施工过程已完成了第I、II施工段的全部工作量（正在进行的工作按完成总工作量的百分比表示）。钢筋施工过程完成了第

Ⅰ施工段的全部工作量，第Ⅱ施工段尚未开始。混凝土和回填土施工过程尚未投入作业。

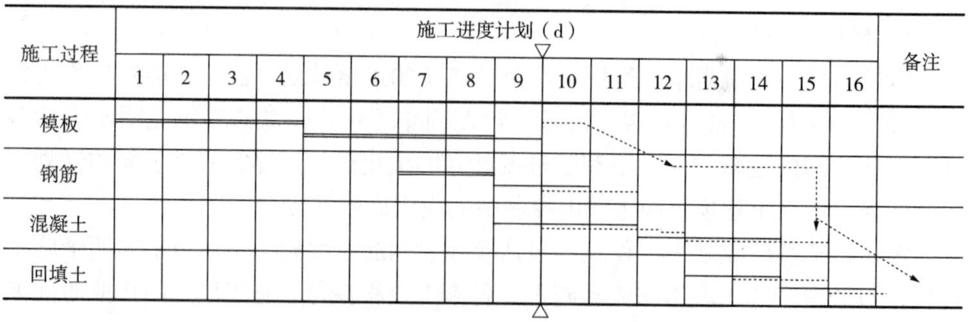

施工过程	施工进度计划（d）																备注
	1	2	3	4	5	6	7	8	9	10	11	12	13	14	15	16	
模板																	
钢筋																	
混凝土																	
回填土																	

图8-6　横道进度计划控制的表示方法

（3）将实际进度与计划进度进行对比，分析是否出现进度偏差

本例通过对比分析可以看出，模板施工过程已拖后1天；钢筋、混凝土、回填土三项施工过程的实际进度均比计划进度拖后1天。

（4）分析出现的进度偏差对后续工作及工期的影响

在本例中，模板施工过程、钢筋施工过程、混凝土施工过程、回填土施工过程各拖后1天，下面分别分析其影响：

1）模板施工过程与其后续工作的制约关系如图8-6中虚箭线所示。该制约关系表明，模板施工过程拖后1天将会影响钢筋施工过程的连续作业，但不会影响工期。

2）钢筋工程施工过程与后续工作的制约关系如图8-6中虚箭线所示。该关系表明，钢筋施工拖后1天将不影响后续工作的进行，也不影响总工期。

3）混凝土工程与后续工作联系紧密，它的拖后会影响工期。

4）受混凝土工程施工进度拖后1天的影响，回填土工程计划进度拖后1天。

（5）分析是否需要进行进度调整

在本例中，混凝土施工已影响到工期，若该计划工期不允许拖延，则必须在混凝土施工过程中加快进度，抢回拖后的1天时间；钢筋施工过程的拖后未影响到工期，不必调整；模板施工过程拖后的1天不影响计划工期，从工期角度来看，也不必调整。但要考虑钢筋施工过程是否允许不连续施工，若不允许要予以调整。

（6）采取进度调整措施

采取技术上、组织上、经济上的措施加速施工进度。如在本例中，可采取让混凝土工人班组加班加点、多发奖金、计件工资等措施；也可以采取让回填土工人班组支持混凝土工人班组作业的措施来加快基础施工进度，抢回1天时间。进度计划调整后，应重新绘出调整后的进度计划。

（7）实施调整后的进度计划

根据调整后的进度计划，重新编制人力、物力、财力安排方案，再次进入新一轮控制。

8.3.2 网络图法

1. 网络图法概述

图8-7为某大型项目的施工准备阶段网络进度计划。关键线路为图中粗线所示,工期为24天。下面结合该图说明网络进度计划实施中的控制步骤和方法。

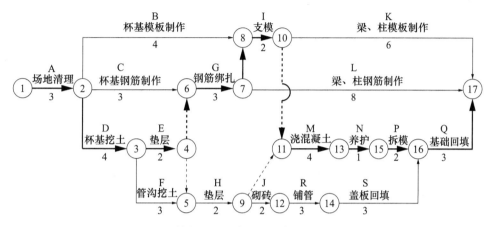

图8-7 某大型项目的施工准备阶段网络进度计划

为了对项目施工进度实施有效控制,在编制施工网络进度计划时,通常将图8-7所示的网络进度计划绘制成图8-8所示的时标网络计划。

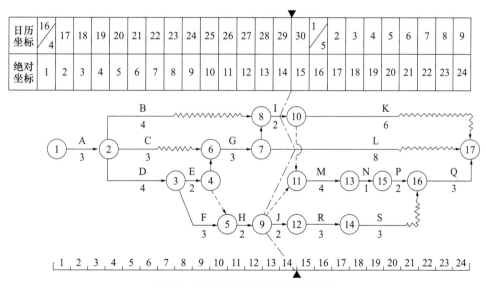

图8-8 某工程局部施工时标网络计划

2. 网络图控制步骤与方法

(1) 标出检查日期

如图8-8下边的黑色三角所示,本例在施工进行到第14天下班时检查。

（2）标出实际进度前锋线

所谓实际进度前锋线是指实际施工进度到达位置的连线。在本例第14天下班时检查发现，基础支模工作I完成了50%工作量；梁、柱钢筋制作工作L完成了25%工作量；基础浇筑混凝土工作M尚未开始；管沟垫层工作H已完成；管沟砌砖工作J尚未开始。据此绘出的实际进度前锋线如图8-8中的点划线所示。在实际进度前锋线左侧的工作均已完成；在实际进度前锋线右侧的工作均未完成。

（3）将实际进度与计划进度进行对比，分析是否出现进度偏差

在本例中，工作I已拖后1天；工作L的实际进度与计划进度相等；工作J已拖后2天。

（4）分析出现的进度偏差对后续工作和工期的影响

1）工作I拖后1天，由于该工作位于关键线路上，所以如不采取措施予以调整，将使工期拖延1天。同时也将影响其后续工作K（非关键工作）的最早开始时间。

2）工作J拖后2天。虽然该工作位于非关键线路上，但从图上可看出该工作仅有1天的总时差，因此若不采取措施予以调整，也将会使工期拖延1天。

（5）分析是否需要进行进度调整

如果该工程项目没有严格规定必须在24天内完成，工期可以拖延，可不必调整。这样只需去掉网络进度计划中已完成部分，重新绘制出未完成部分的网络进度计划，如图8-9所示。

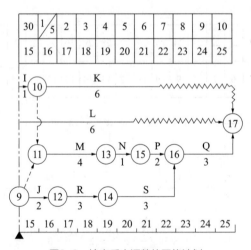

图8-9 检查后未调整的网络计划

如果该工程项目的计划工期不允许拖延，则必须做出调整。

（6）采取进度调整措施

调整时需综合考虑增加人力、物力资源的可能性和对工程质量、安全的影响。调整的方法是，选择位于关键线路上的某些工作作为调整对象，压缩其作业时间，保证工程项目按原计划工期完成。

本例选择工作M和工作R为调整对象,将其作业时间均压缩1天。调整后的网络计划如图8-10所示。

(7)实施调整后的网络进度计划

检查调整后的网络计划,如图8-10所示。

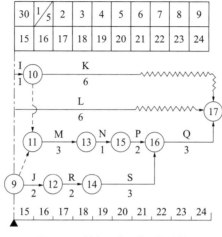

图8-10 检查调整后的网络计划

8.3.3 S形曲线法

1. S形曲线概述

S形曲线是一种描述工程项目施工速度的动态曲线。一般来说,在项目施工初期,由于准备工作多,作业面条件差,劳动力、机械设备不能一次性全部到位,工人作业不熟练等原因,项目施工进展速度缓慢;在项目施工后期,随着施工进展面逐渐减小,劳动力、机械设备等逐渐撤离施工现场,只留较少一部分人员从事收尾和清理工作,项目施工进展速度又要减慢。如果用平面直角坐标系的横坐标表示时间(可以天、周、旬、月等为单位),以纵坐标表示每一单位时间完成工程量(可以实物工程量、费用支出或工时消耗等数量表示),绘制出的时间与单位时间完成工程量之间的关系曲线如图8-11(a)所示。如果以横坐标表示时间,以纵坐标表示到每一单位时间为止累计完成工程量,绘制出的时间与累计完成工程量之间的关系曲线如图8-11(b)所示。因为此曲线形如"S",故称其为S形曲线。

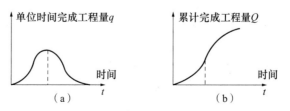

图8-11 时间与完成工程量关系曲线示意图(一)

在实际工程项目施工中,各单位时间内完成的工程量往往不是随时间的延续而连续变化的,绘制出的时间与单位时间内完成工程量的关系曲线如图8-12(a)所示,时间与累计完成工程量的关系曲线如图8-12(b)所示。若将图8-12(b)中各直方图右顶点用光滑曲线连起来,该曲线也呈"S"形,故也称其为S形曲线。

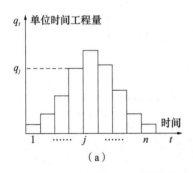 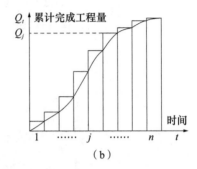

图8-12 时间与完成工程量关系曲线示意图(二)

2．S形曲线绘制方法

下面结合一个简单的例子说明S形曲线的绘制方法。

例 某项砌体工程总工程量为9000m³,计划10天完成,每天完成的工程量如图8-13所示,试绘制该工程的S形曲线。

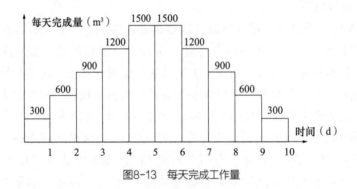

图8-13 每天完成工作量

绘制步骤和方法如下:

(1) 确定各单位时间(每天)完成工程量值,$T=1,2\cdots10$,结果见表8-3。

完成工程量汇总表　　　　　表8-3

时间（天）	j	1	2	3	4	5	6	7	8	9	10
每天完成量（m³）	q_j	300	600	900	1200	1500	1500	1200	900	600	300
累计完成量（m³）	Q_j	300	900	1800	3000	4500	6000	7200	8100	8700	9000
累计完成百分比（%）	u_j	3.33	10	20	33.3	50	66.67	80	90	96.67	100

（2）计算到每一单位时间（每天）完成工作量Q_j值。

$$Q_j=\sum_{t=1}^{j} q_j \ (j=1, 2, \cdots, 10)$$

累计完成工程量也可用百分比表示，累计完成工程量百分比为：

$$\mu_j=\frac{Q_j}{Q}\times 100\% \ (j=1, 2, \cdots, 10)$$

$$Q=\sum_{t=1}^{n} q_t$$

式中　Q——总工作量；

　　　n——总作业时间（天数）。

在本例中：

$$Q_7=\sum_{t=1}^{7} q_t=300+600+900+1200+1500+1500+1200=7200\text{m}^3$$

$$Q=\sum_{t=1}^{10} q_t=Q_{10}=9000\text{m}^3$$

$$\mu_7=\frac{Q_7}{Q}\times 100\%=\frac{7200}{9000}\times 100=80\%$$

计算结果见表8-3。

（3）根据(j, Q_j)或(j, μ_j)绘制S形曲线，如图8-14所示。

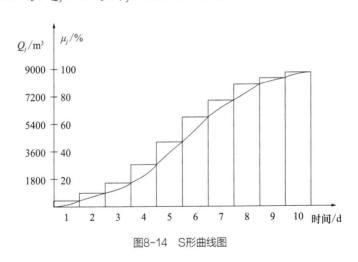

图8-14　S形曲线图

3．S形曲线控制步骤与方法

采用S形曲线控制项目施工进度时，首先需要根据计划进度绘制出S形曲线，然后在施工过程中按下述步骤和方法对施工实际进度进行控制。

（1）标出检查日期。图8-15中黑色三角表示两次检查日期。

（2）绘制出到检查日期为止的工程项目实际进度S形曲线。图8-15中a、b两点即为实际进度S形曲线的到达点。

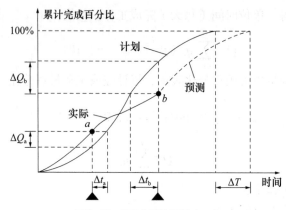

图 8-15 S形曲线控制图（一）

（3）分析工程量完成情况。图8-15中实际进度S形曲线上的a点位于计划进度S形曲线上方，说明实际进度比计划进度快，工作量超额完成，从a点沿垂直方向到计划进度S形曲线的距离ΔQ_a即为该检查点工程量超额完成量；实际进度S形曲线上的b点位于计划进度S形曲线下方，说明实际进度比计划进度慢，工程量未按原计划完成，从b点沿垂直方向到计划进度S形曲线的距离ΔQ_b即为该检查点工程量欠额完成量。

（4）分析进度超前或拖后时间。在图8-15中，从a点沿水平方向到计划进度S形曲线的距离Δt_a即为该检查点进度超前时间；从b点沿水平方向到计划进度S形曲线的距离Δt_b即为该检查点进度拖后时间。

（5）项目后期施工进度预测。图8-15中实际进度S形曲线到达b点后，若能保证后期按原计划进度施工，则预测的实际进度S形曲线如虚线所示，ΔT即为预计的工期拖延时间。

（6）分析项目后期施工进度的速度限值。如图8-16所示，通过计划进度S形曲线的顶点B点向该S形曲线作切线，切点为A点，切线AB即为实际进度S形曲线的下限。一旦实际进度S形曲线落在切线AB的下方，必须采取加快进度措施，否则必将拖延计划工期。图8-16中实际进度S形曲线的b点已经落在计划进度S形曲线的下方，因此必须采取加快进度措施。将b点与B点相连（如图中虚线所示），斜线bB的斜率即为在保证计划工期条件下，项目后期施工进度的最低速度。

（7）采取加快施工进度调整措施，如前述。

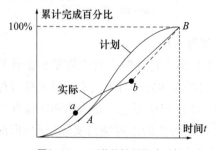

图 8-16 S形曲线控制图（二）

8.3.4 香蕉曲线法

1. 香蕉曲线概述

香蕉曲线是由两条S形曲线组成的，如图8-17所示。其中ES曲线是以工程项目中各项工作均按最早开始时间安排作业所绘制的S形曲线；LS曲线是以工程项目中各项工作均按最迟开始时间安排作业所绘制的S形曲线。这两条曲线有共同的起点和终点。在施工工期范围内的任何时点上ES曲线始终在LS曲线的上方，形如"香蕉"，故称其为香蕉曲线。

2. 香蕉曲线的绘制与控制方法

香蕉曲线的绘制方法是按照前述S形曲线的绘制方法，首先考虑项目中各项工作均按最早开始时间安排作业绘制出ES曲线，然后考虑项目中各项工作均按最迟开始时间安排作业绘制出LS曲线，即形成香蕉曲线。

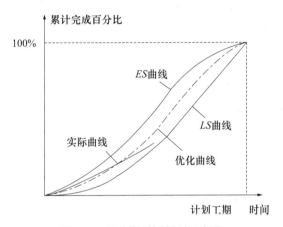

图8-17 香蕉曲线控制方法示意图

如图8-17所示，在ES曲线和LS曲线之间的细点划线所示的曲线为优化曲线，这是理想的工程项目施工进度曲线。下面将采用香蕉曲线控制施工进度的方法简单说明如下：

在工程项目开工前绘制出香蕉曲线，最好同时绘制出优化的曲线。在开工之后，定期或不定期地检查实际施工进度，绘制出至检查日期为止的实际进度S形曲线。将实际进度S形曲线与计划进度香蕉曲线进行比较，如果实际进度S形曲线在香蕉曲线之内，则说明工程项目实际进度正常，若能逼近优化曲线则最为理想。实际进度S形曲线超出香蕉曲线，则说明实际进度出现了偏差。

进度偏差有两种情况，如果实际进度S形曲线位于香蕉曲线上方，则说明实际进度比计划进度超前；如果实际进度S形曲线位于香蕉曲线下方，则说明实际进度比计划进度拖后。

对于出现的进度偏差，需要按S形曲线控制方法进行分析、预测和调整。

8.4 工程项目进度管理软件

8.4.1 Microsoft Project软件

Microsoft Project（或MSP）是一个在国际上通用的项目管理工具软件，汇集了许多成熟的项目管理现代理论和方法，可以帮助项目管理者实现时间、资源、成本的计划与控制。

Microsoft Project不仅可以快速、准确地创建项目计划，而且可以帮助项目经理实现项目进度、成本的控制、分析和预测，使项目工期大大缩短，资源得到有效利用，提高经济效益。该软件设计的目的在于协助专案经理发展计划、为任务分配资源、跟踪进度、管理预算和分析工作量。

Microsoft Project软件为项目管理提供了强大的技术支撑，能够帮助管理人员对项目进行多方面、全过程的有效管理，包括项目的进度、成本、资源等要素，并为项目成员建立了良好的沟通平台。这些正是项目管理者最关心和感到困扰的问题。

8.4.2 Microsoft Project软件简介

1. Microsoft Project软件的基本操作

（1）打开与保存project文档文件：打开；文件；（保存）另存为。
（2）创建project文档。
（3）创建模板文档。
（4）基于现有项目创建项目文档。
（5）浏览查看项目信息。
（6）选择数据域：选择单元格；选择单元格区域；选择全部单元格。
（7）行操作：选择行；移动行；改变行高。
（8）列操作：选择列；移动列。
（9）更改行或者列标题的文本样式。
（10）任务操作：新建任务；（任务名称enter）；修改任务；删除任务；插入任务。
（11）复制剪切和粘贴任务。

2. Microsoft Project软件管理的基本流程

（1）准备阶段。
（2）项目计划阶段。
（3）项目实施与控制。
（4）项目信息报告。
（5）项目收尾。

8.4.3 Microsoft Project操作实例（以软件开发为例）

1．新建项目模板

新建项目模板如图8-18所示。

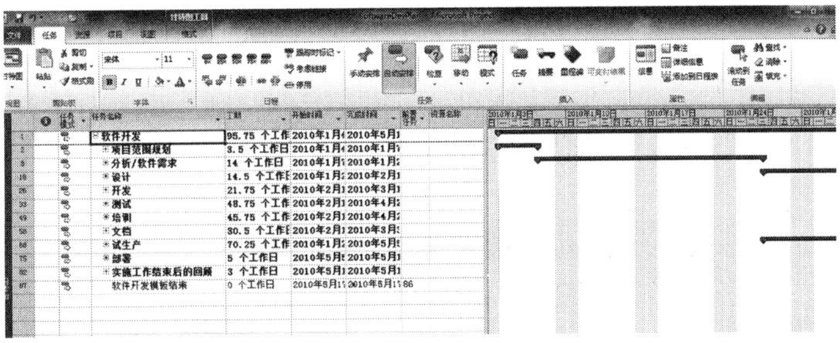

图8-18　新建项目模板示例

将项目开始时间改为2014年1月1日，可以直接输入或者选择输入，选择好后按enter键，如图8-19所示。

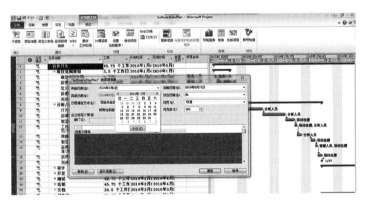

图8-19　时间修改示例

更改后的界面如图8-20所示。

图8-20　时间修改后示例

2．设置任务工期

工期是项目规划中最灵活多变的要素，项目能否顺利进行并完成与工期的安排有密切的关系，工期安排的好坏直接决定了该项目进度和资源的利用效率。工期的设置包括基本工期设置和固定工期设置两种。

使用甘特图更改任务工期的步骤如下：

（1）在【甘特图】中选择【工期】列，直接在单元格内输入工期值。

（2）在【任务】选项卡里，【属性】下的【信息】中打开【任务信息】对话框，如图8-21所示，在【任务信息】对话框更改任务工期。

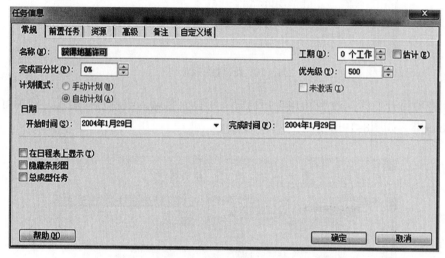

图8-21　任务工期更改示例

1)【在日程表上显示】：勾选该复选框，可以将该任务添加到【日程表】中。

2)【隐藏条形图】：勾选该复选框，可以在【甘特图】视图中隐藏该任务的条形图。

3)【总成型任务】：勾选该复选框，可以将子任务条形图显示在摘要任务的条形图中。

3．通过更改任务条形图设置任务工期

按住鼠标向左进行拖拽，至合适的长度后释放鼠标，在甘特图表中查看更改后的工期，如图8-22所示。

图8-22　查看更改后的工期示例

复习思考题

1. 简述进度的概念和衡量指标。
2. 简述进度管理的基本目标及原则。
3. 简述影响房地产开发项目进度的主要因素。
4. 简述房地产开发项目施工阶段进度管理的工作内容。
5. 简述项目进度拖延的预防措施和应对方法。
6. 简述横道图控制步骤与方法。
7. 简述S形曲线控制步骤与方法。

开发成本控制

房地产企业的生存取决于效益，成本管理水平的不断提高是效益最大化的根源。项目成本控制是降低工程费用和工程造价的重要手段。房地产企业的利润来自于销售收入和总开发成本的差值，而工程成本又是总开发成本的主要组成部分，因此，控制成本是房地产企业提高经济效益的主要手段。

9.1 开发成本控制原理

9.1.1 开发成本控制的概念及内容

开发成本控制是指开发商在项目开发过程中，根据事先制定的成本预算基准，对开发活动按照一定的原则，采用专门的控制方法进行指导、调节、限制和监督，对项目所消耗费用的使用情况进行合理有效的控制，并将实际开发成本限定在原来所规定的标准和预算范围内的过程。

房地产开发成本是指房地产企业为开发一定数量的商品房所支出的全部费用，主要成本构成有：

（1）土地费用

在我国，土地属于国家所有，房地产企业只能通过划拨、招标、挂牌和出让获得土地的使用权，也就是说在进行房地产项目开发时，房地产企业必须先取得土地的使用权，再进行项目的开发和建设。近年来，随着房地产项目的开发，城市中土地成为稀缺资源，土地使用权的出让价格也越来越高，成为房地产开发项目的主要成本构成之一。通常所说的土地费用是指土地使用费和拆迁补偿费。

（2）前期工程费

前期工程费是指开发项目前期规划、设计、可行性研究、地质勘察所需费用以及"三通一平"等土地开发费用。它在整个成本构成中所占比例相对较低，一般不会超过6%。

（3）建安工程费

建安工程费是指直接用于建安工程建设的总成本费用，主要包括建筑工程费（建筑、特殊装修工程费）、设备及安装工程费（给水排水、电气照明、电梯、空调、燃气管道、消防、防雷、弱电等设备及安装工程费）以及室内装修工程费等，又被称为房屋建筑安装造价。它在整个成本构成中所占比例较大，约占总成本的40%左右。

（4）市政公共设施费用

市政公共设施费用包括基础设施费和公共配套设施建设费两部分。基础设施费又称红线内工程费，包括供水、供电、供气、道路、绿化、排污、排洪、电信、环卫等工程费用。公共配套设施建设费是指在建设用地内建设的为居民提供配套设施服务的各种非营利性公用设施所发生的费用。如学校、幼儿园、医院、派出所等，以及各种营利性配套设施，如粮店、菜市场等商业网点。它同时还包括一些如煤气调压站、变电站、自行车棚等室外工程。市政公共设施费用在房地产开发成本构成中所占比例较大，我国一般在20%～30%左右。

（5）管理费用

管理费用主要是房地产企业为组织和管理房地产开发经营活动所发生的各项费用。它包括管理人员工资、差旅费、办公费、保险费、职工教育费、养老保险费等，在整个成本构成中所占比例很小，一般不会超过2%。

（6）贷款利息

房地产业是资金密集型行业，其开发周期长，所需投资金额大，往往需要借助银行的信贷资金，在开发过程中通过借贷筹集资金而支付给金融机构的利息也是开发成本的一个重要组成部分。但它的大小与所开发项目的大小、融资额度的多少有密切关系，所以占成本构成的比例相对不稳定。

（7）税费

房地产开发项目的税费包含两部分：一部分是与房地产开发建设有关的税收，包括房产税、城镇土地使用税、耕地占用税、土地增值税、增值税、城市维护建设税和教育费附加、契税、企业所得税、印花税、外商投资企业和外国企业所得税等；另一部分是行政性费用，主要指由地方政府和各级政府行政主管部门向房地产企业收取的费用，项目繁多且不规范。目前，税费在我国房地产开发成本构成中所占比例较大，一般在15%～25%左右。

（8）其他费用

其他费用主要指不能列入前七项的所有费用。它主要包括销售广告费和各种不可预见费等，在成本构成中一般不超过10%。

9.1.2 开发成本超支原因及控制依据

1. 开发成本超支的原因

（1）缺乏全员成本控制意识

长期以来，企业一直把成本管理作为少数管理人员的专项工作，认为成本、效益都应该由企业领导和财务部门负责，而把各部门的员工仅看作生产者。广大员工对于哪些成本应该控制、怎样控制等问题无意也无力过问，成本意识淡漠。企业由于缺乏全员成本控制意识，失去了管理群体参与，难以真正取得成效。

（2）缺乏全方位成本控制意识

一方面，企业没有从全过程的角度对房地产开发项目进行分析，仅仅局限于对材料采购、建筑安装等"显性成本"的控制，忽视了对规划设计、工程招标、合同管理等"隐形成本"的控制。另一方面，企业局限于传统的"节约一度电、一张纸"的简单、狭窄的成本控制模式之内，却忽视了潜在的成本损失，尚未对成本实行全方位的控制。

（3）缺乏全过程成本控制意识

成本管理是一项系统的工作，但目前有些企业却过分偏重于事后的反馈，对事前、事中控制缺乏力度。成本管理基础工作薄弱，缺少一套完善的成本管理制度，甚至只求形式、不讲实效。考核制度不完善，力度不大，无法调动员工的积极性。

2．开发成本控制的依据

（1）成本预算基准

开发成本预算基准又称为成本基线，是按时间段分段的开发成本预算，也是衡量和监控开发项目实施过程中项目成本费用支出的最基本依据。它由估算阶段的成本费用汇总制定而成，一般用S曲线表示。

（2）绩效报告

绩效报告提供了各阶段费用执行方面的信息，关注项目资源在项目周期中的使用情况。同时，绩效报告通常也包括项目进度、成本和质量的信息。

（3）变更申请

在项目开发过程中，往往存在一些不可预见的情况，使得很少有项目能够准确地按照期望的成本预算计划执行。这便要求在项目实施过程中根据不同情况对项目的成本费用作出新的估算和修改，形成项目变更申请。

（4）成本管理计划

成本管理计划是开发商制订的开发项目各阶段的成本管理计划。它确定了当项目实际开发成本与成本基准发生偏差和问题时如何进行管理，是对整个成本控制过程的有序安排，也是项目开发成本控制的有力保证。

9.1.3 房地产开发项目成本控制的原则

1．设置科学的成本控制目标

房地产开发项目建设过程是一个周期长、投资大的生产过程。管理者的开发经验、知识水平是有限的，再加上科学、技术条件的限制，因而不可能在开发项目开始阶段就设置一个科学的、一成不变的成本控制目标，而只能设置一个大致的投资成本控制目标，这就是项目投资估算。随着项目建设的反复实践，投资成本控制目标逐渐清晰、准确，形成设计概算、设计预算、承包合同价等。可见，开发项目投资成本控制目标的设置是随着项目建设实践的不断深入而分阶段设置的。具体来讲，投资估算应作为选择设计方案和进行初步设计的项目成本控制目标；设计概算应作为技术设计和施工图设计的项目成本控制目标；设计预算或建安工程承包合同价则应作为施工阶段控制建安工程成本的目标。

成本控制目标的制定，既要有先进性又要有实现的可能性，目标水平一定要能激发执行者的进取心，充分发挥他们的工作潜力和创造性。

2．设计阶段的投资控制是重点

项目投资控制贯穿于房地产项目开发建设的全过程，包括策划、设计、发包、施工、销售等阶段。房地产项目成本控制的重点是设计阶段的投资控制，从国内外建设工程实践可以看出，影响项目投资最大的阶段是项目建设前期策划阶段。

目前，国内外的房地产开发企业普遍存在忽视开发项目前期工作阶段投资控制的问题，而把控制开发项目的重点放在施工阶段——审核施工图预算、合理结算建安工程价款，尽管这对于成本控制也有一定的效果，但没有抓住控制重点。

3. 变被动控制为主动控制

房地产开发项目建设管理的基本任务是对项目的建设工期、投资成本和工程质量进行有效的控制，力求使所建项目达到建设工期最短、投资最省、工程质量最高。但是这样的理想要求实际上不可能完全实现，需要开发商根据建设的主客观条件进行综合分析研究，确定切合实际的衡量准则。如果投资控制方案符合准则要求，成本控制就达到了预期目标。

长期以来，人们一直把项目成本控制理解为目标与实际值的比较，当实际值偏离目标值时，分析其产生偏差的原因，确定其对策。尽管在房地产开发建设过程中进行这样的项目投资控制是有意义的，但这种方法只能发现偏离而不能使已产生的偏离消失，只能是被动控制。20世纪70年代初开始，人们采用主动控制方法，将系统论和控制论的研究成果应用于项目管理，将控制立足于实现主动的采取决策措施，尽可能减少以至避免目标值与实际值的偏离。因此，房地产开发项目投资控制不仅要反映投资决策、设计、发包和施工，而且要主动控制项目投资，影响投资决策、设计、发包和施工。

4. 采取经济与技术结合的成本控制手段

有效地进行项目成本控制应从组织、技术、经济、合同与信息管理等多方面采取措施，而技术与经济相结合是项目成本控制最有效的手段。技术上采取的措施包括设计方案的选择，严格审查监督初步设计、技术设计、施工图设计和施工组织设计，结合技术主要研究节约投资的可能性；经济上的措施包括动态比较投资的计划值与实际值，严格审核各项费用开支等。

我国房地产开发企业普遍存在技术与经济分离的现象。技术人员缺乏经济观念，很少考虑如何降低项目投资，而财会、概预算人员的主要责任是依据财务制度办事，不熟悉工程建设知识，不了解工程进展中的各种关系和技术问题，难以有效地控制项目成本。为此，迫切需要培养具有综合素质的房地产开发人才，在项目建设过程中把技术与经济有机结合起来，正确处理技术先进性与经济合理性两者之间的对立统一关系，力求技术先进条件下的经济合理，把成本控制观念渗透到各项设计和施工技术措施之中。

9.1.4 开发成本控制的方法

1. 过程控制法

开发项目的过程控制包括人工费的控制、材料费的控制和机械设备使用费的控制三种。

（1）人工费的控制

人工费的控制按照"量价分离"原则，结合作业用工和零星用工按定额工日的一定比例来综合确定用工的数量与单价,并通过签订工程合同进行控制。

(2)材料费的控制

材料费的控制也是按照"量价分离"原则进行的,分别控制材料用量和材料价格。材料用量的控制是在保证工程质量及工程设计的要求下合理使用材料,通过定额控制、指标控制、计量控制和包干控制的方法来保证对材料用量的控制。材料的价格由材料采购部门控制,主要通过招标和市场调研的方法确定。在工程项目中应根据ABC分类法分析确定A类材料的种类,这部分材料的数量虽然只占总数量的10%~20%,可是成本却占到70%~80%,因此对材料费的控制极其重要。

(3)机械设备使用费的控制

人员、材料和机械在房地产开发项目中都不可或缺,特别是针对高层建筑来说,如何控制机械设备使用费对项目的成本控制意义重大。根据某些工程实例统计,在高层建筑地面以上部分的总费用中,垂直运输机械费用约占6%~10%。因为,不同的起重运输机械特点和用途都不相同,故在起重运输机械选择时,应根据工程特点和施工条件来确定采用何种机械。工程项目大时,需要多种设备交替使用,因此在选择时应在确定成本最低的前提下选择最优组合。机械设备使用费主要由机械台班数量和台班单价两方面因素决定。

2. 成本累计曲线法

成本累计曲线又叫作时间—累计成本图,它是反映开发项目或项目中某个相对独立部分开支状况的图示。它可以从成本预算计划中直接导出,也可以利用网络图、条线图等图示单独建立。常见的成本累计曲线用S曲线表示,如图9-1所示。

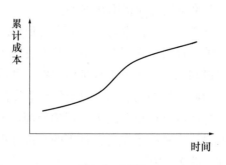

图9-1 S曲线

通常可以采用下面的三个步骤作出项目的成本累计曲线:

(1)建立直角坐标系,横轴表示项目时间,纵轴表示项目累计成本。

(2)按照一定的时间间隔或时间单元累加各工序在该时间段内的支出。

(3)将各时间段的支出金额逐渐累加,确定各时间段所对应的累计资金支出点,然后用一条平滑的曲线依次连接各点即可得到成本累计曲线。

成本累计曲线图上实际支出与理想情况的任何一点偏差都是一种警告信号,

但并不是说工作中一定发生了问题。发现偏差时要查明原因，判定是正常偏差还是非正常偏差，然后采取措施进行处理。在成本累计曲线图上，根据实际支出情况的趋势可以对未来的支出进行预测，将预测曲线与理想曲线进行比较可获得很有价值的成本控制信息，这对开发项目的管理很有帮助。虽然成本累计曲线可以为项目控制提供重要信息，但是前提是我们假定所有工序的时间都是固定的。

在网络分析中，大量非关键工序的开始时间和结束时间是需要调整的，利用各工序的最早开始时间和最迟开始时间制作的成本累计曲线称为香蕉曲线，如图9-2所示。香蕉曲线表明了开发项目成本变化的安全区间，实际发生的成本变化如不超出两条曲线限定的范围，就属于正常变化，可以通过调整开始时间和结束时间将开发成本控制在计划范围内。如果实际成本超出这一范围，就要引起重视，查清情况，分析出现的原因，若有必要应迅速采取纠正措施。香蕉曲线不仅可以用于成本控制，也是进度控制的有效工具。

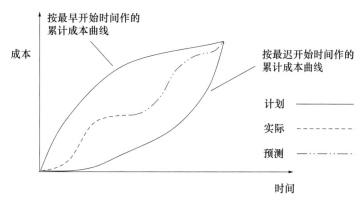

图9-2　香蕉曲线

3. 赢值法

有效的成本控制在于可以及早发现项目成本差异，争取在情况变坏之前予以纠正。赢值法就常常用于对项目实际成本的绩效测量与开发成本控制。利用赢值法对项目开发成本进行管理和控制的基本原理是根据预先制订的成本计划和控制基准，在项目工程实施后，定期进行比较分析，然后调整相应的工作计划并反馈到实施计划中去。有效地进行项目成本、进度管理的关键是控制项目实际成本及项目进度状况，定期与控制基准相对照，并结合其他可能改变的因素及时采取必要的纠正措施，修正或更新项目计划，预测在项目完成时项目成本是否会超出预算、项目进度会提前还是落后。这种控制必须贯穿于项目实施的整个过程。

（1）赢值法的三个基本参数

计划值（PV），又称计划工程预算成本（$BCWS$），是指项目实施过程中某阶段计划要求完成的工作量所需的预算成本，也是项目的目标成本。一般来说，如果合同执行过程中没有变更，计划工程预算成本在工程实施过程中是不变的。

实际成本（AC），又称已完成工程实际成本（$ACWP$），即在项目实施过程中完成某阶段任务实际产生的直接成本和间接成本。

赢值（EV），又称已完成工程预算成本（$BCWP$），是指项目实施过程中某阶段实际完成工作量按预算成本计算出来的成本，它等于实际完成工作量的百分比与预算成本的乘积。因为这笔费用是工程承包人获得资金的基础，故称赢值或挣值。

（2）赢值的四个评价指标

通过对三个基本参数的对比，可以对项目的实际进展情况作出明确的评估，有利于进行项目监控，也可以清楚地反映出项目管理和项目技术水平的高低。赢值法从上述三个基本值还可以导出四个评价指标，并以此来衡量项目开发成本、进度的绩效和状况。赢值法中偏差和绩效用表9-1中的变量来衡量。

偏差和绩效的度量指标及其计算　　　　　　　　表9-1

度量指标	计算公式	指标含义	结果说明
成本偏差（CV）	$CV=EV-AV$	已完成工作预算成本与实际成本的绝对差异	结果为"+"是有利的 结果为"-"是不利的
进度偏差（SV）	$SV=EV-PV$	以货币来衡量的已完成工作量与计划工作量的绝对差异	结果为"+"是有利的 结果为"-"是不利的
成本绩效指标（CPI）	$CPI=EV/AC$	正在进行的项目的成本效率	结果">1"是有利的 结果"<1"是不利的
进度绩效指标（SPI）	$SPI=EV/PV$	正在进行的项目的进度情况	结果">1"是有利的 结果"<1"是不利的

成本偏差（CV）是指检查期间已完工程预算成本（$BCWP$）和已完工程实际成本（$ACWP$）之间的差异。当CV为负值时，表示实际成本超过计划成本，项目超支；当CV为正值时，表示实际成本低于计划成本，项目进展良好。

进度偏差（SV）是指检查日期已完工程预算成本（$BCWP$）和计划工程预算成本（$BCWS$）之间的差异。当SV为负值时，表示实际进度落后于计划进度，项目进度延误；当SV为正值时，表示实际进度先于计划进度，项目进展顺利。

成本绩效指标（CPI）指已完工程预算成本（$BCWP$）与已完工程实际成本（$ACWP$）之比，用于估计完成工作的预计成本。当$CPI>1$时，表示实际成本低于预算成本，实际成本在预算范围内；当$CPI=1$时，表示实际成本与预算成本相等；当$CPI<1$时，表示实际成本高于预算成本，项目超支。

进度绩效指标（SPI）指已完工程预算成本（$BCWP$）与计划工程预算成本（$BCWS$）之比，用于估计完工工作的预计时间。当$SPI>1$时，表示实际进度先于计划进度，项目可先于计划提前完成；当$SPI=1$时，表示实际进度与计划进度一致；当$SPI<1$时，表示实际进度落后于计划进度，进度延误。

赢值法各参数变量之间的关系可以通过S曲线的形式进行较为直观的分析，如图9-3所示。

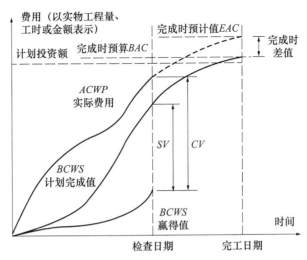

图9-3 赢值分析参数S曲线示意图

【例9-1】某开发项目的计划工期为8年,预算总成本为1600万元。在项目实施过程中,通过对成本的核算和有关成本与进度记录得知,在开工后第4年年末的实际情况是:开工后4年末实际成本发生额为400万元,所完成工作的计划预算成本额为200万元。与该项目预算成本比较可知:当工期过半时,项目的计划成本发生额应该为800万元。试分析该项目的成本执行情况和计划完工情况。

【解】

由已知条件可知:$PV=800$ 万元 $AC=400$ 万元 $EV=200$ 万元

$CV=EV-AC=200-400=-200$ 成本超支200万元。

$SV=EV-PV=200-800=-600$ 进度落后600万元。

$SPI=EV/PV=200/800=0.25$ 开工后4年只完成了4年工期的25%,相当于只完成了总任务的1/4。

$CPI=EV/AC=200/400=0.5$ 完成同样工作量的实际成本是预算成本的2倍。

由以上四个指标分析可以看出该项目成本超支、进度落后,需要进行控制调节。

开发商在开发项目实施过程中需要对开发成本进行管理控制,及早发现成本差异,及时采取纠偏措施,使项目在预计的轨道正常进展。赢值法作为成本控制的一种方法,可以直观地看出成本的情况,有利于对开发成本进行有效控制。

4. 开发成本变更控制系统法

开发项目计划是进行项目开发成本控制的依据,但在项目开发过程中会出现一些情况致使计划需要修订,这些变化产生了一种新状态,所以项目开发成本的状态一直都在不断地更新,于是需要不断地进行跟踪。成本变更控制系统是一种项目成本控制的程序性方法,主要通过建立项目成本变更控制体系对项目成本进行控制,这包括从变动请求到批准变动请求,一直到最终变动项目成本预算的整个变动控制过程。这一系统用图示法表示如图9-4所示。

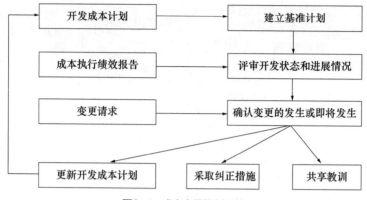

图9-4　成本变更控制系统

5. 目标成本责任控制体系法

建立目标成本责任控制体系是将总成本预算分解成多个可操控的小预算，将成本控制责任量化分解到具体责任人。在这一体系下，责任明晰，便于对开发成本进行管理和控制，可针对不同情况进行动态调整。建立这一体系的目的在于使所有管理人员思路清、重点明确，做到指标到人，有效地避免了责任交叉与推诿，提高了开发成本控制的效率。这一体系用图示法表示如图9-5所示。

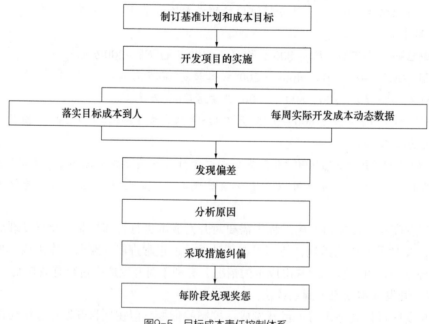

图9-5　目标成本责任控制体系

6. BIM技术控制法

BIM是建筑信息模型（Building Information Modeling）的简称，是以建筑工程项目的各项相关信息数据作为模型的基础，进行建筑模型的建立，并通过数字信息仿真模拟建筑物所具有的真实信息。引入BIM技术，对房地产开发项目成本控制的作用不容忽视。

（1）BIM技术可以有效地缩短项目建设工程中对于工程方案的修改时间。在过去的管理中，遇到修改的情况需要在原有设计图纸的基础上进行，这种方式既耗时间，效果也不好，利用BIM技术可以在信息系统中进行直接修改，省时又省力。

（2）BIM技术可以有效地缩减管理成本。首先是可以优化管理设置，在利用BIM技术之后，管理可以实现一体化，这就使得管理环节大大缩减，从而节省大量的管理成本。其次是管理资料的投入减少。在管理过程中，需要人力、物力来支持管理工作，但是在实现BIM技术一体化管理后，管理工作中需要的人力、物力显著减少，资源利用的减少可以有效缩减成本。

9.2 房地产开发项目各阶段成本控制

项目成本控制贯穿于项目开发全过程。要有效地控制项目的开发成本，就必须在项目决策和实施的各个阶段将成本控制的理念及手段渗透和运用其中，一个项目的阶段通常有多种分法，本书将其划分为五个阶段，即投资决策阶段、规划设计阶段、招标投标阶段、施工建设阶段及市场营销阶段。

9.2.1 投资决策阶段成本控制

投资决策阶段是整个开发过程中最为重要的一个环节，是选择和决定投资行动方案的过程，也是对拟开发建设项目的必要性和可行性进行技术经济论证，并对不同开发建设方案进行技术经济比较、选择及作出判断和决定的过程。投资决策阶段成本控制的目的是确定正确合理的投资决策。项目投资决策是投资行动的准则，正确的项目投资行动来源于正确的项目投资决策。正确决策是在对项目建设作出科学的决断前提下，优选出最佳投资方案，达到资源的合理配置，这样才能合理地估计和计算工程造价，实施最优投资方案，有效地控制项目投资，进而达到该阶段成本控制。投资决策阶段的成本控制需要做好以下几点：

1. 规范项目的可行性研究，正确决策

进行可行性研究是保证开发项目以最少的投资取得最佳经济效益的科学手段。可行性研究对成本控制的影响主要体现在以下几个方面：

（1）可行性研究作为开发项目投资决策的依据，其结论的可靠性和准确性是决定项目成败的关键。

（2）可行性研究对筹集资金的成本和控制项目财务费用有极其重要的影响。

（3）可行性研究对编制设计任务书，进行工程设计、设备订货和施工准备等前期工作具有十分重要的指导作用，同时对房地产开发项目全生命周期成本控制有决定性作用。

根据有关资料统计，在项目开发的各阶段中，投资决策阶段对项目开发的影响程度最高,可达到70%~80%。为确保项目投资的合理性,可以有效地控制开发成本,增加项目利润;而要做到合理投资,事先就要对建设项目进行可行性研究,以保证项目决策的正确性,避免决策失误,提高投资效益。

2. 建立科学合理的决策体系,合理确定成本估算

成本估算是开发项目成本管理的前提也是核心,只有抓好估算才能真正做到宏观控制,而做好成本估算的前提是项目决策的科学化和合理的成本估算指标。决策科学化的关键在于科学的决策体系,包含经济评价参数体系和决策责任制。合理的成本估算主要取决于成本估算指标。因此,建立科学的决策体系,明确决策责任制,编制高质量的估算指标,是做好成本估算的关键。

3. 建立成本控制目标体系,合理分解目标成本并进行动态监测

投资决策阶段的成本控制是事前控制。由于决策阶段影响项目投资的程度最高,因此在决策阶段就应对项目投资成本进行预测,建立成本控制目标体系,确定投资控制目标,将目标成本按开发成本和期间费用进行分类、分解。在正确划分成本项目的基础上,对各环节支出确定开支范围并拟定费用标准,根据目标成本预测各项税费支出,预定支出计划,让目标成本有可预见性和可控性。

9.2.2 规划设计阶段成本控制

房地产开发项目的规划设计对开发成本的全过程控制有十分重要的作用,是开发成本控制的关键,规划设计阶段的开发成本控制措施主要有以下几点:

1. 采用设计招标投标制

房地产企业应择优选择设计单位,开展设计招标投标制,将竞争机制引入设计环节,以提高工程设计质量,降低工程成本,提高投资效益。设计招标投标体制可以增强设计单位的直接竞争力,激发设计人员在设计过程中全面策划、用心设计,提供技术先进且经济合理的优秀设计方案。

2. 引进设计监理制度

监理制度的引进是我国项目管理体制的一项重大改革,但现阶段工程建设监理基本上只能覆盖到施工阶段,而对项目造价影响最大的设计阶段基本未展开该项工作。将工程监理工作前延到设计阶段,利用监理单位专业人员对项目全程的跟踪检查,为设计单位及业主提供宝贵的意见和建议。这样既能提高设计单位的设计水平,使设计趋于合理,实现资源的最优配置,又能有效提高工程设计质量,尽量减少设计过程中可能存在的缺陷与失误,有效控制工程成本。

3. 开展限额设计,有效控制造价

不少设计单位存在设计不精、深度不够的情况,这增加了工程造价的不确定因素。由于设计频繁变更,给工程造价控制带来一定的难度。依据开发经验和投资估算的要求,必须有效地确定设计限额,并建立奖惩考核激励机制。对哪个专业或哪一段突破了造价指标,必须分析原因,用设计修改的办法加以解决。克服那种只顾画图、不顾算账的倾向,变"画了算"为"边算边画",并利用同类建筑工程的技术指标进行科学分析、比较，优化设计，降低工程造价。

4．运用价值工程优选方案

对同一个项目而言，不同的设计单位、设计人员能够提供很多满足功能要求的方案，不同的方案其成本差异也会很大。优选设计方案可以通过设计单位招标竞选的方式来实现。要想取得效果好、成本优的方案，可以利用价值工程优选法对设计方案的功能、成本、工期等进行定量和定性分析，从中选出技术先进且经济合理的方案，这样不仅能满足功能要求，还能降低项目成本。

5．加强对施工图的审查工作和变更管理

将工程变更的发生尽量控制在施工之前。从设计阶段的设计成果来看，对设计方案的不足或缺陷加以克服时，所花费的代价最小，可取得的效果最好。在设计出图前加强对设计图纸的审核管理工作，以求得提高设计质量，避免将设计的不足带到施工阶段，减少不必要的浪费。

9.2.3 招标投标阶段成本控制

目前，开发项目的招标投标存在合同文件不够缜密、工程量清单差错率高、评标深度不够以及分标变更较大等问题，加大了管理难度，使隐形成本增加。开发项目招标投标的成本控制措施有以下几点：

1．把好招标工作文件编制关

招标文件是招标投标工作的法律基础，同时也是开发商对于工程从招标到实施整个过程的系统规范。招标文件既是开发商的愿景，也是投标人报价的参照物，招标文件的严谨和完整能够保证开发与投资的有序运行和健康发展。招标投标文件的合理编制有非常重要的作用，因此对于招标文件的编制要做到充分重视。在招标文件编制过程中，工程量清单在最重要的环节，工程量清单是编制招标工程标底和报价的依据，同时也是工程进度款和尾款的支付依据。作为整个工程各个方面计价的依据，工程量清单核算的是否精准决定了投标者的竞标项目是否公平、合理与公正，是整个建设项目的基础，也应该充分重视。总之，把好招标工作文件编制关是招标工作的重要环节，尤其是对于工程量清单的合理编制，更是招标文件中的重要环节。

2．科学合理地确定招标最高控制价和最低控制价

采用最低投标价法评标，设置招标最高控制价的目的是为了给评标提供一个参考价格的同时，防止投标人相互串通投标而哄抬投标报价；最低控制价是以项目的最低施工成本为依据设置的，为了避免和杜绝部分投标单位以低于成本价参与竞标。在设置控制价时，还应考虑到项目的未来运营成本，并在评标过程中尽量遵循合理低价且不低于成本价的原则。

3．建立合同交底制度

随着"按图施工"到"按合同施工"的施工管理理念升级，承包商们越来越重视对项目班子进行合同交底的重要性。在对合同进行总体分析和结构分解的基

础上，通过合同交底组织项目管理人员和各工程小组负责人学习合同条文和合同分析结果，使大家树立全局观念，避免合同执行中的违约行为。招标采购部组织合同交底的对象是工程管理部和设计管理部。通过详细的合同交底，使现场工程管理人员全面了解承发包双方的权利义务、合同中涉及价款调整的主要条款、主要合同风险等。一方面可以防止现场管理人员因行为失误导致的承包商索赔；另一方面有利于工程管理人员在明了主要风险的基础上事前制定风险控制措施。对设计管理部进行合同交底，使设计负责人了解有关设计变更和价款调整的主要条款，使其把握不同程度的设计变更对工程造价的影响程度，以便其在作设计变更决策时寻找依据、权衡利弊。

4. 严格把关施工单位资质

严格对施工单位的资质进行把关，必要时进行实地考察，防止施工质量低劣、财务状况差、信誉差的施工单位混入投标单位之列。施工队伍的优劣关系到开发项目成本控制的成败，因此要求施工企业具有足够的技术实力。

9.2.4 施工建设阶段成本控制

施工项目成本控制是施工成本管理的重要环节。施工项目成本控制是在满足工程承包合同条款要求的前提下，根据施工项目成本计划，对项目施工过程中所发生的各种费用支出采取一系列措施来进行严格的监督和控制，及时发现偏差，采取措施纠偏并总结经验，保证施工项目成本目标的实现。

1. 建立适应成本控制的组织机制

在房地产开发项目建设实施过程中，项目部是开发成本控制的实施主体，其作用和效能将直接关系到项目开发成本的控制情况。项目部在现场协调和施工管理职能岗位的基础上，应设置现场技术岗、材料岗和预算岗，使项目部内部管理自成体系，同时又能和公司的二线部门相互关联和监控，减少因二线部门对现场不了解、服务不及时造成的损失，提高工作效率和管理成效，使成本处于受控状态。

2. 建立适应成本控制的激励机制

成本控制要重视成本管理体系中的监督职能，对成本控制成绩明显的和好的部门及个人建议要进行奖励，充分调动员工参与成本控制的积极性。同时还要开阔思路，对项目的主体施工单位、监理单位建立相应的激励机制，充分挖掘、引导施工单位、监理单位的经验和先进的组织方法、高超的技术能力来降低成本，以加强企业控制成本的力度和广度，最终实现投资项目效益最大化。

3. 严格执行费用计划

在开发项目建设过程中，通过严格执行费用计划可以有效地控制开发项目成本，节约投资，提高经济效益。因此，必须始终对项目费用计划进行跟踪检查和控制。众所周知，开发项目投资的形成主要发生在施工阶段，在这一阶段需要投入大量的人力、物力、资金等，是工程项目建设费用消耗最多的时期，浪费投资的可能性比较大。因此，精心地组织施工，挖掘各方面的潜力，节约资源消耗，仍可以收到节约成本的明显效果。

4. 加强设计变更管理和现场签证管理

施工前，建筑方、设计方和施工方要对设计进行认真审核，施工方要严格遵守设计规划，对施工中可能出现的问题要在三方会审中解决，尽量减少在施工中出现设计变更，以免影响施工进度和质量。一旦出现返工现象，势必会造成一定的人力、物力浪费。

施工建设阶段现场可变因素多，如场地原因、材料供应等因素的影响，所以施工阶段的现场签证不可避免。有些开发企业或监理机构驻工地代表业务素质差，对预算和有关规定不熟悉、不了解，存在不应签证的盲目签证、签证不及时办理、随意签证等现象。这些现象不仅影响项目的投资控制，而且影响工程造价。因此，必须加强现场签证管理。现场监理和建筑单位技术人员要对现场签证进行质量把关，强调现场签证的及时性，对现场签证内容进行客观验证；隐蔽签证要以图纸形式呈现出来，还需要标明隐蔽部位。对于施工以外的现场签证要求写清信息，包括地点、时间、事由和几何尺寸等原始数据。

5. 做好安全管理，强化索赔控制

工程索赔是在工程承包合同履行中，当事人一方由于另一方未履行合同所规定的义务或者出现了应当由对方承担的风险而遭受损失时，向另一方提出赔偿要求的行为。项目开发中施工阶段的安全管理工作做得越出色，所节约的成本就越多，这不仅有利于增强成本控制效果，而且能够保证工程进度。

建筑工程涉及面很广，特别是地质情况复杂、技术难度较大的工程在施工过程中很可能会发生设计变更。这种特殊情况的出现，因为超出合同约定范围，责任不在施工方，由此造成的损失施工方自然要向建设方提出索赔。建设方也可以依据合同规定，对施工方不能履行约定进行反索赔，如工期延误、施工存在缺陷等。在施工索赔和反索赔实际操作中，要对索赔内容进行评估，尽量趋于合理，这对有效控制造价有重要帮助。

9.2.5 市场营销阶段成本控制

房地产企业只有将房子卖出去才能获得利润，因此营销费用是必不可少的。营销费用一般包括售楼处的建设装修、样板间的建设装修、营销人员工资、广告宣传费用等与营销相关的所有费用。

1. 制定恰当的营销策略

采用好的营销策略会提高楼盘的影响力，激起人们的购买欲，加快楼盘的销售速度，提高资金的回笼速度，最终降低项目成本。因此在选择营销策略时必须进行充分的市场调研，结合楼盘的情况做到扬长避短，用最少的营销费用达到最大的效果。现在社会上有专门的营销公司，房地产企业也可以将营销工作发包给营销公司，这也是节约成本的一种方式。

2. 编制详细的营销预算

在对市场进行广泛的调研之后，编制出广告宣传的资金预算及进度计划，可以更有效率、更有针对性地对营销成本进行管理。比如，如何确定楼市宣传册的制作要求、制作数量以及最能体现所开发项目文化内涵、规模档次、销售群体的制作形式；如何选择户外宣传的范围和宣传形式，分配多少宣传费用比较合理；如何确定广告媒体的宣传次数、宣传周期以及宣传费用。这些问题都要经过详细的市场调研和全面的分析才能得到答案。当然公司需要对这些专业公司的方案进行招标投标，实现以最低成本费用达到预期的要求和效果。

3. 控制售楼处的建设装修费用和样板间的建设装修费用

售楼处的建设规模、样板间的装修档次是开发商向顾客传递信息的重要工具，开发商和营销策划公司一般都比较重视。因此，售楼处的建设装修和样板间的建设装修是售楼成本中比例较大的一项投资。比如说，开发商会认为售楼处代表了销售项目的文化内涵和规模档次，因此在建设售楼处的时候往往是追求越大越好、装修越豪华越好。样板间是销售商品的一个模板、代表，开发商在装修时自然是用最好的装修材料和高档的室内家具陈设，这种过分追求高档奢华的结果就是使销售成本大大超出预算。为了将质量和成本之间的关系调整到最佳，必须要有科学的论证，编制出费用预算，既不能因简陋而失去售楼处和样板间的作用和意义，也不能为了追求效果而造成费用的加大、利润的减少。

4. 制定完善定价策略

定价之初，须对市场潜在需求、市场供需及竞争楼盘价格与销售态势进行全面摸底了解，改变原有传统随机定价思维模式，在蓄客阶段作客户价格试水分析，细分潜在需求价格承受区段，制定价格弹性分级控制区段。在项目推进过程中，价格终极目标以快速回笼资金、攫取高额利润为核心诉求。

5. 控制稳定的销售节奏

常规营销传播周期一般被划分为导入期、公开期、强销期和持续期，而充分把握销售节奏就需要把握销售时机。通常销售时机又受到自身项目客户蓄水量、工程进度、预售条件以及竞品开售时机等因素制约。产品入市、首期开售或新品加推均需要认清大势随行就市，譬如传统黄金周节点、春节旺销季、地方政府重大活动前都是销售的最佳时机。当然，基于客户拦截及项目竞争考虑，尤其是在销售淡季，蓄客量极为有限，在竞争对手公开销售前，也是项目提前释放客户转化认购的最好时机。

9.3 工程项目成本的分析与考核

9.3.1 工程项目成本分析的内容

工程项目成本分析是利用项目成本核算资料，对于成本的形成过程及影响成本升降的因素进行系统的分析,以寻找降低成本的有效途径。

成本分析是成本核算的延续,其内容应与成本核算对象相对应,并在单位工程成本分析的基础上进行工程项目成本的综合分析,以反映项目的施工活动及其成果。工程项目成本分析的主要内容,一般应当包括以下三个方面:

1. 按项目施工进展进行的成本分析

(1)分部分项工程成本分析。

针对已完的分部分项工程,从开工到竣工进行系统的成本分析,是项目成本分析的基础。

(2)月(季)度成本分析

月(季)度成本分析通过定期的、经常性的过程(中间)成本分析,及时发现问题、解决问题,保证项目成本目标的实现。

(3)年度成本分析

年度成本分析可以满足施工企业年度结算、编制年度成本报表的需要,而且可以总结过去、指出未来的管理措施。

(4)竣工成本分析

竣工成本分析可以以项目施工的全过程作为结算期,汇总该工程项目所包含的各个单位工程,并应考虑项目经理部的经营效益。

2. 按项目成本构成进行的成本分析

(1)人工费分析

人工费分析应在执行劳务承包合同的基础上,考虑因工程量增减、奖励等原因引起的其他人工费开支。

(2)材料费分析

材料费分析着重分析主要材料与结构件费用、周转材料使用费、采购保管费、材料储备资金等内容。

(3)机械使用费分析

机械使用费分析主要针对项目施工中使用的机械设备,尤其是按使用时间计算费用的设备,分析其完好率、利用率,以实现机械设备的平衡调度。

(4)其他直接费分析

其他直接费分析主要将实际发生数额与预算或计划目标进行比较。

(5)间接费分析

间接费分析主要将实际发生数额与预算或计划目标进行比较。

3. 按特定事项进行的成本分析

(1)成本盈亏异常分析

成本盈亏异常分析是指按照施工形象进度、施工产值统计、实际成本归集"三同步"的原则,彻底查明造成项目成本异常的原因,并采取措施加以纠正。

(2)工期成本分析

工期成本分析是指在求出固定费用的基础上,将计划工期内应消耗的计划成本与实际工期内所消耗的实际成本进行对比分析,并分析各种因素变动对于工期成本的影响。

(3)资金成本分析

资金成本分析一般通过成本支出率反映成本支出占工程(款)收入的比例,加强资金管理、控制成本支出,并联系储备金和结存资金的比例,分析资金使用的合理性。

(4)技术组织措施节约效果分析

技术组织措施节约效果分析紧密结合工程项目特点,分析采取措施前后的成本变化,并对影响较大、效果较好的措施进行专题分析。

(5)其他有利因素和不利因素对成本影响的分析

其他有利因素和不利因素包括工程结构的复杂性、施工技术的难度、施工现场的自然地理环境、物资供应渠道和技术装备水平等。

针对上述成本分析内容,应当形成工程项目成本分析报告。成本分析报告通常由文字说明、报表和图表等部分组成。它可以为纠正与预防成本偏差、改进成本控制方法、制定降低成本措施、完善成本控制体系等提供依据。

9.3.2 施工成本分析的依据

项目成本核算应通过会计核算、统计核算和业务核算相结合的方法,进行实际成本与预算成本、实际成本与计划目标成本的比较分析,从而找出具体核算对象成本节约或超支的原因,以便采取对策,防止因偏差积累而导致成本总目标失控。

1. 会计核算

会计核算以原始会计凭证为基础,借助一定的会计科目,运用货币形式,连续、系统、全面地反映和监督工程项目成本的形成过程及结果。成本核算中的很多综合性数据资料都是由会计核算提供的,而且会计核算有严格的审批程序。因此,它在项目成本核算中有极其重要的地位。

为了反映项目施工活动中各种费用的发生、汇总和分配,准确地核算项目的实际成本,会计核算一般应设置"工程施工""辅助生产""机械作业""待摊费用""预提费用"等生产费用科目。同时,为了详细反映和监督各项工程成本的实际发生情况,还应按成本核算对象设置分类明细账。

2. 统计核算

统计核算是根据大量的调查资料,通过统计、分析和整理,反映和监督工程项目成本的方法。统计核算中的数据资料可以用货币计量,也可以用实物量、劳动量等计量。它不仅可以反映当前工程项目成本的实际水平、比例关系,而且可以对未来的发展趋势作出预测。因此,统计核算在成本核算中具有重要意义。

3. 业务核算

业务核算是通过简单、迅速地提供某项业务活动所需的各种资料,以反映该项业务活动水平的一种方法。例如,某个作业班组的工日、材料、能源消耗情况等。业务核算的范围较广,不仅可以反映已经发生的情况,而且可以对尚未发生的事项或正在发生的事项进行核算,预计其未来的水平。

上述成本核算三种方法的特点和作用各不相同,应当相互补充、相互配合,形成一个完整的工程项目成本核算的方法体系。例如,进行作业队、作业班组的成本核算时,首先根据其完成的工程量计算应消耗的工日、材料、机械台班的数量,再统计出其实际消耗的数量,最后通过两者的比较分析节约或超支情况,评价其业绩。

9.3.3 工程项目成本分析的方法

工程项目成本分析的内容较多,所采用的方法也不尽相同。其中,常用的方法有对比法、连环替代法、差额计算法等。

1. 对比法

对比法又称比较法,是通过对技术经济指标的对比,检查计划的完成情况,分析产生的差异及原因,从而进一步挖掘项目内部潜力的方法。这种方法通俗易懂、简便易行、便于掌握,但必须注意各项技术经济指标之间的可比性。

应用对比法时,通常有以下几种形式:

(1)实际指标与计划指标对比

此项对比主要包括:实际工程量与预算工程量的对比分析,实际消耗量与计划消耗量的对比分析,实际采用价格与计划价格的对比分析,各种费用实际发生额与计划支出额的对比分析等。

(2)本期实际指标与上期实际指标对比

此项对比可用于研究相应指标发展的动态情况,反映项目管理的改善程度。

(3)与本行业平均水平、先进水平对比

此项对比可以反映本项目管理水平与平均水平、先进水平的差距,以采取措施,不断提高。

【例9-2】某工程项目本期计划节约材料费10000元,实际节约12000元,上期节约9500元,本企业先进水平节约13000元。

针对材料费节约额,表9-2同时反映了上述三种对比。

实际指标与上期指标、先进水平对比表　　　　　　　表9-2

指标	本期计划数	上期实际数	企业先进水平	本期实际数	对比差异		
					与计划比	与上期比	与先进比
节约数额	10000	9500	13000	12000	+2000	+2500	−1000

根据对比分析,在材料费节约这个成本控制指标上,本年实际数比计划目标数和上年实际数均有所增加,但是与本企业先进水平还有距离,说明有潜力可挖掘。

2. 连环替代法

连环替代法又称因素分析法或连锁置换法，它将某成本项目分解为若干个相互联系的原始因素，并用来分析各个因素变动对于成本形成的影响程度，进而针对主要因素，查明原因，提出改进措施，达到降低成本的目的。

应用连环替代法进行分析时，每次均考虑单一因素变动，然后逐个替换、比较结果。其具体步骤如下：

（1）确定分析对象，并计算出实际数与计划数的差额。

（2）确定各个影响因素，并按其相互关系进行排序。

（3）以计划（预算）数为基础，将各个因素的计划（预算）数相乘，并作为分析替代的基数。

（4）将各个因素的实际数按照上述排序逐一进行替换计算，并将替换后的实际数保留下来。

（5）将每次替换所得的结果与前一次计算结果相比较，两者的差额作为该因素对于分析对象的影响程度。

（6）各个因素的影响程度之和，应与分析对象的总差额相等。

【例9-3】某现浇混凝土工程，商品混凝土的计划成本为364000元、实际成本为383760元，实际超支19760元。现采用连环替代法，计算产量、单价、损耗率三个因素对于实际成本的影响程度。

根据表9-3所列资料以及"商品混凝土的实际成本=产量×单价×消耗量"，将分析结果列入表9-4。

商品混凝土的计划成本与实际成本对比表　　　　　表9-3

项目	计量单位	计划数	实际数	差异
产量	m^3	500	520	+20
单价	元	700	720	+20
损耗率	%	4	2.5	−1.5
成本	元	364000	383760	+19760

商品混凝土成本变动因素分析表（单位：元）　　　　　表9-4

顺序	连环替代计算	差异	因素分析
计划数	500×700×1.04=364000		
第一次替代	520×700×1.04=378560	+14560	由于产量增加20m^3，成本增加14560元
第二次替代	520×720×1.04=389376	+10816	由于单价提高20元，成本增加10816元
第三次替代	520×720×1.025=383760	−5616	由于损耗率下降1.5%，成本减少5616元
合计	14560+10816−5616	19760	

必须说明，在应用连环替代法时各个因素的排序应固定不变，否则将会得出不同的结论，而且在找出主要因素后还需利用其他方法进行深入、具体的分析。

3．差额计算法

差额计算法是因素分析法的一种简化形式，它利用各个因素实际数与计划数的差额来反映其对于成本的影响程度。

【例9-4】现以劳动生产率为例，说明差额计算法的应用，并将有关数据列于表9-5。

从表9-5可以发现，作为分析对象的劳动生产率提高了122元。其中，月平均工作时间的影响是，$(178-196) \times 13 = -234$元；工作效率的影响是，$(15-13) \times 178 = 356$元。于是，$356 - 234 = 122$元，即两者相抵使月劳动生产率提高了122元。

劳动生产率实际数与计划数对比表　　　　　　表9-5

项目	计量单位	计划数	实际数	差异
月平均工作时间	h	196	178	-18
工作效率	元/h	13	15	+2
月平均劳动生产率	元	2548	2670	+122

9.3.4　工程项目成本考核

工程项目成本控制与管理属于一项系统工程，而成本考核则是其中最后一个环节。通过定期和不定期的工程项目成本考核，可以贯彻项目经理责任制、项目成本核算制，更好地实现项目成本目标，促进成本管理工作的健康发展。

1．项目成本考核的层次与要求

项目成本考核应当分层进行，以实现项目成本目标的层层保证：

（1）企业对项目经理部进行成本管理考核。

（2）项目经理部对项目内部各岗位以及各作业队进行成本管理考核。

项目成本考核是贯彻项目成本核算制的重要手段，也是项目管理激励机制的重要体现。企业和项目经理部都应建立、健全项目成本考核组织，公正、公平、真实、准确地评价项目经理部及管理、作业人员的工作业绩与问题。

因此，项目成本考核应当满足下列要求：

（1）企业对施工项目经理部进行考核时，应以确定的责任目标成本为依据。

（2）项目经理部应以控制过程的考核为重点，控制过程的考核应与竣工考核相结合。

（3）各级成本考核应与进度、质量、安全等指标的完成情况相联系。

（4）项目成本考核的结果应形成文件，为对责任人实施奖罚提供依据。

2. 项目成本考核的内容

尽管目标成本的完成情况是各项工作的综合反映。但是，影响项目成本的因素很多，又有一定的偶然性，可能使有关人员的工作业绩无法体现在最终的成果之中。因此，项目成本考核的内容应当包括计划目标成本完成情况考核和成本管理工作业绩考核两个方面。

（1）企业对项目经理部考核的内容

1）项目成本目标和阶段成本目标的完成情况。

2）建立以项目经理为核心的项目成本核算制的落实情况。

3）成本计划的编制和落实情况。

4）对于各个部门、作业队伍责任成本的检查与考核情况。

5）在成本管理中贯彻责权利相结合原则的执行情况等。

（2）项目经理部对项目内部各岗位以及各作业队考核的内容

1）对于各个部门的考核内容，一般包括本部门、本岗位责任成本的完成情况，本部门、本岗位成本管理责任的执行情况等。

2）对于各个作业队伍的考核内容，一般包括对于劳务合同规定的承包范围和承包内容的执行情况，劳务合同以外的补充收费情况，对于作业班组施工任务单的管理情况以及作业班组完成施工任务后的考核情况等。

3. 项目成本考核的实施

在具体进行工程项目成本考核时，一般应注意以下事项：

（1）建立适当的评分制

根据项目特点及考核内容，建立适当的比例加权评分准则。例如，计划目标成本完成情况的权重为0.7，成本管理工作业绩的权重为0.3。

（2）与相关指标的完成情况相结合

例如，根据进度、质量、安全和现场标准化管理等指标的完成情况加奖或扣罚。

（3）强调项目成本的中间考核

中间考核可以及时地发现问题、解决问题，保证成本目标的实现。它一般包括月度成本考核和阶段成本考核两个方面，而按工程形象进度实施的阶段成本考核与其他指标结合又较为紧密。

（4）正确评价竣工成本

在工程竣工和工程款结算基础上编制的竣工成本是项目经济效益的最终反映，必须做到核算正确、考核正确。

（5）科学运用激励机制

为了调动有关人员工作的积极性，应当结合成本考核的情况，按照项目管理目标责任书及有关规定及时兑现奖惩。当然，由于月度成本、阶段成本的中间过程特点，其奖惩可留有余地，在竣工成本考核以后再做调整。

复习思考题

1. 简述开发成本控制的概念及内容。
2. 简述房地产开发项目成本控制的原则。
3. 简述赢值法的基本参数和评价指标。
4. 简述房地产开发项目各阶段成本控制措施。
5. 简述工程项目成本分析的内容。
6. 某施工项目计划砌砖工程量1200m³,按预算定额规定,每立方米耗用空心砖510块,每块空心砖计划价格为0.12元;而实际砌砖工程量1500m³,每立方米实耗空心砖500块,每块空心砖实际购入价为0.18元。采用连环替代法计算砌砖工程量、每立方米空心砖消耗量和空心砖价格三个因素对实际成本的影响。

项目验收管理

房地产开发项目竣工,经验收合格后方可交付使用。项目竣工验收是房地产开发项目建设过程的最后一个程序,是全面考核建设工作、检查是否符合设计要求和工程质量的重要环节,同时也是确保房地产开发项目质量的关键,对促进建设项目(工程)及时投产、发挥投资效果、总结建设经验有重要的作用。

10.1 房地产开发项目竣工验收概述

10.1.1 竣工验收相关概念

1. 竣工验收的定义

房地产开发项目竣工验收是指建设工程项目竣工后,由建设单位会同设计、施工、设备供应单位及工程质量监督等部门,对该项目是否符合规划设计要求以及建筑施工和设备安装质量进行全面检验后,取得竣工合格资料、数据和凭证的过程。房地产开发项目竣工验收建立在分阶段验收的基础之上,前面已经完成验收的工程项目一般在房屋竣工验收时就不再重新验收。

2. 竣工验收的对象

凡列入固定资产计划的建设项目或单项工程,按照批准的设计文件(初步设计、技术设计或扩大初步设计)所规定的内容和施工图纸的要求全部建成,具备投产和使用条件,不论新建、改建、扩建和迁建性质,都要经建设单位及时组织验收,并办理固定资产交付使用的移交手续。

有的建设项目(工程)基本符合竣工验收标准,只是零星土建工程和少数非主要设备未按设计规定的内容全部建成,但不影响正常生产,亦应办理竣工验收手续。对剩余工程,应按设计留足投资,限期完成。

3. 竣工验收的意义

(1)宏观角度

从宏观角度看,实行房地产开发项目验收制度是国家全面考核工程项目决策、设计、施工及设备制造安装质量,总结项目建设经验,提高房地产开发项目管理水平的重要环节。

(2)业主和建造商角度

从业主和建造商的角度看,项目验收是加强固定资产投资管理,促进工程项目达到设计能力和使用要求,提高项目运营效果的需要。

(3)项目管理团队角度

从房地产开发项目管理团队角度看,项目验收是业主和利益相关者对建造商所承担的工程建造任务的全面检查和认可,是建造商完成合同义务的标志。及时办理工程项目竣工移交手续,收取工程价款,有利于促进工程企业健康发展。

（4）项目本身角度

从项目本身看，通过竣工验收和移交有利于项目及早投入使用、发挥效益，也有利于发现并解决项目遗留问题。

10.1.2 竣工验收的依据和标准

1．竣工验收依据

（1）可行性研究报告。

（2）施工图设计及设计变更通知和补充图。

（3）技术设备说明书。

（4）现行的施工验收规范、质量检验评定标准。具体包括：

1)《建筑工程施工质量验收统一标准》GB 50300—2013。

2)《建筑地基基础工程施工质量验收标准》GB 50202—2018。

3)《砌体结构工程施工质量验收规范》GB 50203—2011。

4)《混凝土结构工程施工质量验收规范》GB 50204—2015。

5)《钢结构工程施工质量验收标准》GB 50205—2020。

6)《木结构工程施工质量验收规范》GB 50206—2012。

7)《屋面工程质量验收规范》GB 50207—2012。

8)《地下防水工程质量验收规范》GB 50208—2011。

9)《建筑地面工程施工质量验收规范》GB 50209—2010。

10)《建筑装饰装修工程质量验收标准》GB 50210—2018。

11)《建筑给水排水及采暖工程施工质量验收规范》GB 50242—2002。

12)《通风与空调工程施工质量验收规范》GB 50243—2016。

13)《建筑电气工程施工质量验收规范》GB 50303—2015。

14)《电梯工程施工质量验收规范》GB 50310—2002。

15)《智能建筑工程质量验收规范》GB 50339—2013。

16)《建筑节能工程施工质量验收标准》GB 50411—2019。

17)《住宅性能评定技术标准》GB/T 50362—2005。

18)《绿色建筑评价标准》GB/T 50378—2019。

（5）主管部门有关项目建设和批复文件。

（6）工程承包合同。

（7）建筑安装工程统计规定及主管部门关于工程竣工的规定。从国外引进的新技术和成套设备的项目以及中外合资房地产开发项目，还要按照签订的合同和国外提供的设计文件等进行验收。

（8）消防验收条件，主要包括以下七项：

1）土建

① 土建部分已按经消防监督部门审核同意的设计施工完毕。

② 防火墙、走道、房间分隔墙以及楼梯间、前室、消防中心、消防泵房、电

气室等重要或危险性较大的房间墙已砌筑至结构楼板。

③ 电缆、管道井每层或每隔2~3层，在楼板处用相当于楼板耐火极限的不燃材料严密封堵；电缆、管道穿过墙、板处形成的孔隙已严密封堵。

④ 防火门的闭门器已安装调试完毕，周围消防道路已畅通。

2）室外消防给水

① 建筑的消防给水系统与市政给水网已按设计接通。

② 室外消火栓、水泵接合器已安装完毕，并已开通。不同功能的接合器设置明显的标志。

3）固定灭火系统

① 系统已按设计安装、调试完毕，调试报告已制作完毕。

② 消火栓箱内水带、水枪、水喉已配全，其放置和水带接口的扎接能满足使用要求。

③ 消防泵的电源、主备泵的自切已到位。

④ 系统的色标已落实。

⑤ 系统经专业机构检测，各项技术指标符合规范要求。

4）火灾报警控制系统

① 系统已按设计安装、调试完毕。

② 消防中心具有强制启闭消防泵、喷淋泵、防排烟风机的功能。

③ 系统的报警、联动控制、应急广播、消防通信等功能经专业机构检测均符合规范要求。

5）消防供电

① 重要设备的消防电源已按设计接通，并在消防泵、喷淋泵、防排烟风机、消防电梯、事故照明等消防用电设备末端的控制箱二路电源能自动切换，应急发电机已调试，并投入运行。

② 安全出口、走道均按规定装有安全出口及疏散指示标志灯，并已接通电源，投入正常使用。

6）防排烟

① 系统已按设计安装、调试完毕。

② 风速、风压及排烟量经专业机构检测均达到设计指标。

7）安全管理

① 消防安全管理组织和人员已落实。

② 消防安全管理制度及应急方案已制定完成。

初验合格的大楼，局部已按消防监督审核的设计施工完毕，经消防验收合格后可先行使用，初验需具备的条件如下：

① 大楼的火灾报警控制、消防给水、喷淋灭火、防排烟等系统已调试开通，经专业机构检测，其技术指标均满足规范要求。

② 公共部位的土建施工已符合上述第一部分土建要求。

（9）人防工程施工验收总则

人防工程施工及验收，应遵照《人民防空工程施工及验收规范》GB 50134—2004有关规定执行，其则如下：

1）为了提高人民防空工程（以下简称"人防工程"）的施工水平，降低工程造价，保证工程质量，制定本规范。

2）本规范适用于新建、扩建和改建的各类人防工程的施工及验收。

3）人防工程施工前，应具备下列文件：

① 工程地质勘察报告。

② 经过批准的施工图设计文件。

③ 施工区域内原有地下管线、地下构筑物的图纸资料。

④ 经过批准的施工组织设计或施工方案。

⑤ 必要的试验资料。

4）工程施工应符合设计要求。所使用的材料、构件和设备应具有出厂合格证，并符合产品质量标准；当无合格证时，应进行检验，符合质量要求方可使用。

5）当工程施工影响邻近建筑物、构筑物或管线等的使用和安全时，应采取有效措施进行处理。

6）工程施工中应对隐蔽工程进行记录，并应进行中间或分项检验，合格后方可进行下一工序的施工。

7）设备安装工程应与土建工程紧密配合，土建主体工程结束并检验合格后方可进行设备安装。

8）工程施工质量验收时，应提供下列文件和记录：

① 图纸会审、设计变更、洽商记录。

② 原材料质量合格证书及检（试）验报告。

③ 工程施工记录。

④ 隐蔽工程验收记录。

⑤ 混凝土试件及管道、设备系统试验报告。

⑥ 分项、分部工程质量验收记录。

⑦ 竣工图以及其他有关文件和记录。

9）人防工程施工及验收除应遵守本规范外，尚应符合国家现行有关标准规范的规定。

10）人防工程施工时的安装技术、环境保护、防火措施等，必须符合有关的专门规定。

（10）安全防范工程设计、施工、检验和验收，应遵照《安全防范工程技术标准》GB 50348—2018规定执行。

（11）建筑节能分部工程验收，应遵照《建筑节能工程施工质量验收标准》GB 50411—2019规定执行。

2. 竣工验收标准

（1）土建工程验收标准

凡生产性工程、辅助公用设施及生活设施按照设计图纸、技术说明书、验收规范进行验收，工程质量符合各项要求，在工程内容上按规定全部施工完毕。即对生产性工程要求室内全部做完，室外明沟勒脚、踏步斜道全部完成，内外粉刷完毕，建筑物、构筑物周围2m以内场地平整、障碍物清除，道路及下水道畅通。对生活设施和职工住宅除上述要求外，还要求通水、通电、通道路。

（2）安装工程验收标准

按照设计要求的施工项目内容、技术质量要求及验收规范的规定，各道工序全部保质保量施工完毕。即工艺、燃料、热力等各种管道已做好清洗、试压、吹扫、油漆、保温等工作，各项设备、电气、空调、仪表、通信等工程项目全部安装结束，经过单机、联动无负荷及投料试车，全部符合安装技术的质量要求，具备形成设计能力的条件。

（3）人防工程验收标准

凡有人防工程或结合建设的人防工程的竣工验收必须符合人防工程的有关规定，并要求：按工程等级安装好防护密闭门，室外通道在人防密闭门外的部位增设防护门进、排风等孔口；目前没有设备的，做好基础和预埋件；具有设备以后即能安装的条件，应做到内部粉饰完工；内部照明设备安装完毕，并可通电；工程无漏水，回填土结束，通道畅通等。

（4）大型管道工程验收标准

大型管道工程（包括铸铁管和钢管）按照设计内容、设计要求、施工规格、验收规范全部（或分段）按质量敷设施工完毕和竣工，泵验必须符合规定要求达到合格，管道内部垃圾要清除，输油管道、自来水管道还要经过清洗和消毒，输气管道要经过通气换气。在施工前，对管道材质用防腐层（内壁及外壁）要根据规定标准进行验收，钢管要注意焊接质量，并加以评定和验收。对设计中选定的闸阀产品质量要慎重检验。地下管道施工后，对覆地要求分层夯实，确保道路质量。

更新改造项目和大修理项目，可以参照现行国家标准或有关标准，根据工程性质，结合当时当地的实际情况，由业主与承包商共同商定提出适用的竣工验收具体标准。

10.1.3 竣工验收类别划分

在房地产开发项目管理实践中，因承包的内容或范围不同，竣工验收的形式也会有所不同，一般分为以下三种类型：

1. 单位工程竣工验收

以单位工程或某专业工程为对象，独立签订建设工程施工合同的，达到竣工条件后，承包人可单独进行交工，发包人根据竣工验收的依据和标准，按施工合同约定的工程内容组织竣工验收，这种验收方式比较灵活地适应了工程承包的普遍性。

在此基础上，承包人施工完毕，征得发包人同意，或原施工合同已有约定的，还可进行分阶段验收。在施工合同"专用条款"中，双方一旦约定了中间交工工程的范围和竣工时间，如群体工程中哪个（些）单位工程先行交工，再如公路工程的哪个合同段先行交工等，则应按合同约定的程序进行分阶段竣工验收。这种验收方式在一些较大型的、群体式的、技术较复杂的建设工程中使用比较普遍，它可以有效控制分项、分部和单位工程的质量，保证建设工程项目系统目标的实现。

2. 单项工程竣工验收

单项工程竣工验收是指在一个总体建设项目中，一个单项工程已按设计图纸规定的工程内容完成，能满足生产要求或具备使用条件，承包人向监理人提交"工程竣工报告"和"工程竣工报验单"，经签认后应向发包人发出"交付竣工验收通知书"，说明工程完工情况、竣工验收准备情况和具体约定交付竣工验收的有关事宜。

对于投标竞争承包的单项工程施工项目，则根据施工合同的约定，仍由承包人向发包人发出交工通知书请予组织验收。竣工验收前，承包人要按照国家规定，整理好全部竣工资料并完成现场竣工验收的准备工作，明确提出交工要求，发包人应按约定的程序及时组织正式验收。

3. 建设项目竣工验收（全部工程竣工验收）

建设项目竣工验收是指整个建设项目已按设计要求全部建设完成，并已符合竣工验收标准，应由发包人组织设计、施工、监理等单位和档案部门进行全部工程的竣工验收。建设项目的竣工验收，一般是在单位工程、单项工程竣工验收的基础上进行的。对已经交付竣工验收的单位工程（中间交工）或单项工程，并已办理移交手续的，原则上不再重复办理验收手续，但应将单位工程或单项工程竣工验收报告作为全部工程竣工验收的附件加以说明。实际上，对一个建设项目竣工验收而言，大量的竣工验收基础工作已在单位工程和单项工程竣工验收中进行。

建设项目竣工验收的主要任务是：负责审查建设工程各个环节的验收情况；听取各有关单位（设计、施工、监理等）的工作报告；审阅工程竣工档案资料的情况；实地察验工程并对设计、施工、监理等方面的工作和工程质量、试车情况等作综合全面评价。

建设项目竣工验收大多由发包人组织，但承包人作为建设工程的施工主体，应全过程参与有关的工程竣工验收。

各类别工程竣工验收要求如表10-1所示。

各类别工程竣工验收要求   表 10-1

项目类型	项目定义	验收环节
单项工程	在一个建设项目中，具有独立的设计文件，能够独立组织施工，竣工后可以独立发挥生产能力或效益的工程。如一所学校的教学楼、实验楼、图书馆等	自检、竣工验收
单位工程	竣工后不可以独立发挥生产能力或效益，但具有独立设计，能够独立组织施工的工程。如土建、电器照明、给水排水等	自检、竣工预验收/竣工验收
分部工程	按照工程部位、设备种类和型号、使用材料的不同划分。如基础工程、砖石工程、混凝土及钢筋混凝土工程、装修工程、屋面工程等	自检、竣工预验收
分项工程	按照不同的施工方法、不同的材料、不同的规格划分。如砖石工程可分为砖砌体、毛石砌体两类，其中砖砌体可按部位不同分为内墙、外墙、女儿墙	自检、竣工预验收

10.2 房地产开发项目竣工验收程序

10.2.1 竣工验收的前提条件

建设单位在收到施工单位提交的工程竣工报告并具备以下条件后，方可组织勘察、设计、施工、监理等单位有关人员进行竣工验收：

（1）施工方施工完毕。施工方已经完成了工程设计和合同约定的各项内容。

（2）施工单位完成自检。施工单位对竣工工程质量进行了检查，确认工程质量符合有关法律、法规和工程建设强制性标准，符合设计文件及合同要求，并提出工程竣工报告。该报告应经总监理工程师（针对委托监理的项目）、项目经理和施工单位有关负责人审核签字。

（3）项目档案和资料完整。有完整的技术档案和施工管理资料。

（4）整改完毕。建设行政主管部门及委托的工程质量监督机构等有关部门责令整改的问题全部整改完毕。

（5）监理单位已出具工程质量评估报告。对于委托监理的工程项目，具有完整的监理资料，监理单位提出工程质量评估报告，该报告应经总监理工程师和监理单位有关负责人审核签字。未委托监理的工程项目，工程质量评估报告由建设单位完成。

（6）已出具质量检查报告（勘察、设计单位）。勘察、设计单位对勘察、设计文件及施工过程中由设计单位签署的设计变更通知书进行检查，并出具质量检查报告。该报告应经该项目勘察、设计负责人和各自单位有关负责人审核签字。

（7）规划、消防、环保验收认可。有规划、消防、环保等部门出具的验收认可文件。

（8）签署完工程质量保修书。有建设单位与施工单位签署的工程质量保修书。

10.2.2 竣工验收总程序

（1）根据房地产开发项目（工程）的规模大小和复杂程度，整个房地产开发项目（工程）的验收可分为初步验收和竣工验收两个阶段进行。规模较大、较复杂的房地产开发项目（工程）应先进行初验，然后进行全部房地产开发项目（工程）的竣工验收。规模较小、较简单的项目（工程），可以一次进行全部项目（工程）的竣工验收。

（2）房地产开发项目（工程）在竣工验收之前，由建设单位组织施工、设计及使用等有关单位进行初验。初验前由施工单位按照现行国家规范，整理好文件、技术资料，向建设单位提出交工报告。建设单位接到报告后应及时组织初验。

（3）房地产开发项目（工程）全部完成，经过各单项工程的验收，符合设计要求，并具备竣工图表、竣工决算、工程总结等必要文件资料，由项目（工程）主管部门或建设单位向负责验收单位提出竣工验收申请报告。

为了保证房地产开发项目竣工验收工作的顺利进行，一般按图10-1所示的程序来进行竣工验收。

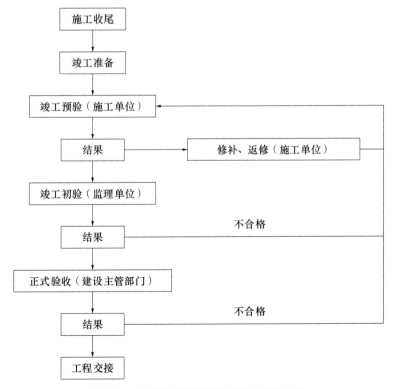

图10-1 房地产开发项目竣工验收程序流程图

10.2.3　各阶段的竣工验收程序

在实际施工和管理过程中，房地产开发项目的竣工验收工作分为施工收尾阶段、竣工准备阶段、竣工预验阶段、竣工初验阶段和正式验收阶段。

1．施工收尾阶段

施工收尾阶段是指工程施工临近竣工阶段，此时大工程量的施工活动已经完成，剩下的只是一些工程量不大但头绪很多的工作，影响竣工验收的进行。这一阶段应抓好以下几项工作：

（1）项目经理要组织有关人员逐层、逐段、逐部位、逐房间地进行查项，检查施工中有无丢项、漏项，一旦发现，必须立即交由专人定期解决，并在事后按期进行检查。

（2）保护成品和进行封闭，对已经全部完成的部位、查项后修补完成的部位要立即组织清理。保护好成品，依可能和需要按房间或层段锁门封闭，严禁无关人员进入，防止损坏成品或丢失零件（这项工作实际上在装修工程完毕之时即应进行）。尤其是高标准、高级装修的建筑工程（如高级宾馆、饭店、医院、使馆、公共建筑等），每一个房间的装修和设备安装一旦完毕，就要立即严加封闭，派专人按层段加以看管。

（3）有计划地拆除施工现场的各种临时设施和暂设工程，拆除各种临时管线，清扫施工现场，组织清运垃圾和杂物。

（4）有步骤地组织材料、工具以及各种物资的回收、退库以及向其他施工现场转移和进行处理工作。

（5）做好电气线路和各种管线的交工前检查，进行电气工程的全负荷试验。

2．竣工准备阶段

（1）组织工程技术人员绘制竣工图，清理和准备各项需向建设单位移交的工程档案资料，并编制工程档案资料移交清单。

（2）组织以预算人员为主，生产、管理、技术、财务、材料、劳资等人员参加或提供资料，编制竣工结算表。

（3）准备工程竣工通知书、工程竣工报告、工程竣工验收证明书、工程保修证书等。

（4）组织好工程自验（或自检），报请上级领导部门进行竣工验收检查，对检查出的问题应及时进行处理和修补。

（5）准备好工程质量评定的各项资料。按结构性能、使用功能、外观效果等方面，对工程的地基基础、结构、装修以及水、暖、电、卫、设备安装等各个施工阶段的所有质量检查资料进行系统的整理，包括分项工程质量检验评定、分部工程质量检验评定、单位工程质量检验评定、隐蔽工程验收记录以及工程质量事故发生情况和处理结果等方面的资料，为正式评定工程质量提供资料和依据，亦为技术档案资料移交归档做准备。

建设单位、施工单位、设计单位等正式验收，应将工程施工技术资料送当地质量监督部门检查，并填写建筑工程竣工核定申请表，提出核定申请。

3．竣工预验阶段

（1）预验的标准应与正式验收一样，主要依据是：国家（或地方政府主管部门）规定的竣工标准；工程完成情况是否符合施工图纸和设计的使用要求；工程质量是否符合国家和地方政府规定的标准和要求；工程是否达到合同规定的要求和标准等。

（2）参加自验的人员：应由项目经理组织生产、技术、质量、合同、预算以及有关的施工工长（或施工员、工作负责人）等共同参加。

（3）自验的方式：应分层分段、分房间由上述人员按照自己主管的内容逐一进行检查。在检查中要做好记录，对不符合要求的部位和项目，确定修补措施和标准，并指定专人负责，限期修理完毕。

（4）复验：在基层施工单位自我检查的基础上，对查出的问题全部修补完毕以后，项目经理应提请上级（如果项目经理是施工企业的施工队长级或工区主任级者，应提请公司或总公司一级）进行复验（按一般习惯，国家重点工程、省市级重点工程，都应提请总公司级的上级单位复验）。通过复验，要解决全部遗留问题，为正式验收作充分的准备。

4．竣工初验阶段

施工单位决定正式提请验收后，应向监理单位送交验收申请报告，监理工程师收到验收申请报告后，应按工程合同的要求、验收标准等进行仔细的审查。监理工程师审查完验收申请报告后，若认为可以进行验收，则应由监理人员组成验收班子，对竣工的项目进行初验；在初验时发现的质量问题，应及时以书面通知或以备忘录的形式告诉施工单位，并令其按有关的质量要求进行修理甚至返工。

5．正式验收阶段

在监理工程师初验合格的基础上，便可由监理工程师牵头，组织业主、设计单位、施工单位等参加，在规定的时间内对房地产开发项目进行正式验收。

（1）发出《竣工验收通知书》

在自验的基础上，确认工程全部符合竣工验收标准，具备了交付使用的条件后，即可开始正式竣工验收工作。施工单位应于正式竣工验收之日的前10天向建设单位发送《竣工验收通知书》。

（2）成立竣工验收小组，组织竣工验收工作

工程竣工验收工作由建设单位邀请设计单位及有关各方参加，同施工单位一起进行检查验收。列为国家重点工程的大型房地产开发项目，往往由国家有关部委邀请有关各方参加，组成工程验收委员会，进行验收。

（3）项目现场检查及项目验收会议

1）参加项目竣工验收各方，对竣工项目实体进行目测检查，并逐项检查项目竣工资料，看其所列内容是否齐备和完整。

2）承建单位代表介绍工程施工情况、自检情况以及竣工情况，出示全部项目竣工图纸、各项原始资料和记录。

3）监理工程师通报工程监理中的主要内容，发表竣工验收意见。

4）建设单位根据在竣工项目目测中发现的问题，按照合同规定对施工单位提出限期处理的意见。

5）经暂时休会，由质量监督部门会同建设单位和监理工程师讨论工程正式验收是否合格。

6）由竣工验收小组宣布竣工验收结果，质量监督部门宣布竣工项目质量等级。

（4）办理竣工验收证明书

竣工验收证明书必须有三方的签字、盖章方可生效。基本形式如表10-2所示。

项目竣工验收证明书　　　　　　　　　　　　　　　表10-2

工程编号			建设单位		工程地点	
工程名称			监理单位		开工日期	
建筑面积（m²）		结构		设计单位		评定日期	
总造价（万元）		层次		施工单位		检验日期	
验收意见	施工单位					
	设计单位					
	建设单位					
验收结论						
质量监督部门核检意见及认定质量等级			建设单位		设计单位	施工单位
（公章）检验员			（公章）负责人		（公章）工程负责人	（公章）工程负责人

10.2.4 竣工验收会议

在完成竣工预验收的整改工作后,建设单位组织竣工验收小组召开竣工验收会议,进入全部竣工验收阶段。

1. 竣工验收会议组织和参与者

由建设单位组织及主持竣工验收会议,工程勘察、设计、施工、监理单位及相关专家参与。验收组由建设单位上级主管部门、建设单位项目负责人、建设单位项目现场管理人员组成,验收组副组长应至少由一名工程技术人员担任。

专业组由勘察、设计、施工、监理单位和与项目无直接关系的技术负责人或质量负责人及有关专家组成(也存在验收组和专业组合并为验收组的情况)。

2. 竣工验收会议流程

竣工验收会议流程如图10-2所示。

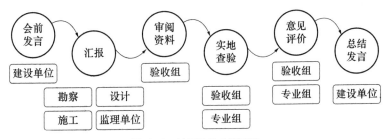

图10-2 竣工验收会议流程

(1)建设单位做会前简短发言、介绍工程竣工验收程序。

(2)工程勘察、设计、施工、监理单位分别汇报工程合同履约情况和在工程建设各环节执行法律、法规和工程建设强制性标准情况。

(3)验收组审阅建设、勘察、设计、施工、监理单位的工程档案资料。

(4)暂时休会,验收组和专业组人员对工程质量进行实地查验:检查工程是否按批准的设计文件建成;配套、辅助工程是否与主体工程同步建成;是否符合国家颁布的相关设计规范及工程施工质量验收标准;检查工程设备配套及设备安装、调试情况,国外引进设备合同完成情况;对建筑工程的使用功能进行抽查、试验,例如,厕所、阳台泼水试验,浴缸、水盘、水池盛水试验,通水、通电试验,排污主管通球试验及绝缘电阻、接地电阻和漏电跳闸试验等;检查联调联试、动态检测、运行试验情况。

(5)复会,验收组和专业组人员完成对工程质量的实地查验后发表意见,分别对工程勘察、设计、施工、设备安装质量和各管理环节等方面作出全面评价;验收组形成工程竣工验收意见,填写《建设工程竣工验收报告》并签名/盖公章(注:当竣工验收小组各方不能形成一致竣工验收意见时,应当协商提出解决办法,待意见一致后,重新组织工程竣工验收;如协商不成,应报建设单位行政主管部门或质量监督机构进行协调裁决)。

（6）会议结束，建设单位做总结发言。

10.2.5　竣工验收监督

建设工程质量监督机构在监督工程竣工验收时，重点对工程竣工验收的组织形式、验收程序、执行验收规范情况等实行监督，发现有违反建设工程质量管理规定行为的，责令改正，并将对工程竣工验收的监督情况列为工程质量监督报告的重要内容。工程竣工验收监督由监督站负责组织进行：

（1）监督站在审查工程技术资料后，对该工程进行评价，并出具《建设工程施工安全评价书》（建设单位提前15天把《工程技术资料》送监督站审查，监督站在5天内将《工程竣工质量安全管理资料退回单》返回给建设单位）。

（2）监督站在收到工程竣工验收的书面通知后（建设单位在工程竣工验收前7天把验收时间、地点、验收组名单以书面通知监督站，另附《工程质量验收计划书》），对照《建设工程竣工验收条件审核表》进行审核，并对工程竣工验收组织形式、验收程序、执行验收标准等情况进行现场监督，出具《建设工程质量验收意见书》。

10.3　房地产开发项目竣工验收备案

10.3.1　竣工验收备案

建设工程竣工验收备案是指建设单位在项目竣工验收后，将项目竣工验收报告和规划、公安、消防、环保等部门出具的认可文件或者准许使用文件报建设行政主管部门审核的行为。建设工程竣工验收完毕后，由建设单位负责在15天内向备案部门办理竣工验收备案。

1．工程竣工验收备案的组织

工程竣工验收备案由建设单位负责组织进行。

2．竣工验收备案的准备资料

（1）《建设工程竣工验收报告》。

（2）施工许可证。

（3）施工图设计文件审查意见。

（4）工程质量评估报告。

（5）工程勘察、设计质量检查报告。

（6）市政基础设施的有关质量检测和功能性试验资料。

（7）规划验收认可文件。

（8）消防验收文件或准许使用文件。

（9）环保验收文件或准许使用文件。

（10）由监督站出具的电梯验收准用证及分部验收文件。

（11）《建设工程质量保修书》。

（12）法律、规章规定必须提供的其他文件。

3．竣工验收备案的程序

（1）建设单位向备案机关领取《房屋建设工程和市政基础设施工程竣工验收备案表》。

（2）建设单位持加盖单位公章和单位项目负责人签名的《房屋建设工程和市政基础设施工程竣工验收备案表》一式四份及以上规定的材料，向备案机关备案。

（3）备案机关在收齐、验证备案材料后15个工作日内在《房屋建设工程和市政基础设施工程竣工验收备案表》上签署备案意见（盖章），建设单位、施工单位、监督站和备案机关各持一份。

10.3.2 竣工验收档案移交

房地产开发项目竣工档案是工程在建设全过程中形成的文字材料、图表、计算材料、照片、录音带、录像带等文件材料的总称，它是工程进行维修、管理、改造的依据和凭证，也是竣工投产交付使用的必备条件。因此，房地产开发项目竣工档案资料必须符合《建筑工程施工质量验收统一标准》GB 50300—2013的规定。项目竣工验收以后，应及时将竣工验收资料、技术档案等移交给生产单位或使用单位统一保管，包括项目交工技术档案和项目竣工技术档案两大类。

1．项目交工技术档案

项目交工技术档案既是证明项目目标控制可靠程度的技术文件，也是该项目管理、使用、维护、改建或扩建的技术资料。在办理工程移交时，应将其提交给建设单位保存，该档案内容主要包括：

（1）项目材料、构配件和设备质量合格证明。

（2）项目隐蔽工程验收记录。

（3）项目混凝土、砂浆和沥青砂浆试块的试压报告。

（4）项目施工图纸会审记录和设计变更通知单。

（5）项目变位测量记录以及项目沉降和变形观测记录。

（6）项目质量检验评定和事故处理资料。

（7）项目设备调压、试压和试运转记录。

（8）项目全部竣工图纸及其有关资料。

（9）项目未完工程中间交工验收记录。

（10）项目开工和竣工报告以及竣工证明。

2．项目竣工技术档案

项目竣工技术档案是承建单位积累施工经验的技术资料。其内容除了包括竣工技术档案全部资料外，还要包括：

（1）项目施工规划、单位工程施工规划和施工经验总结。

(2)项目技术革新试验记录。

(3)重大质量或安全事故档案,原因分析和补救措施记录,所采用的重要技术措施。

(4)项目重要技术决定以及引进技术实施记录。

(5)项目各种混凝土和砂浆配比资料。

(6)项目施工日记。

(7)项目冬期和雨期施工技术组织措施。

(8)项目施工技术管理经验总结。

10.3.3 竣工验收资料

1. 规划验收

在房地产开发项目竣工验收时,同时或之前需向规划局申请办理规划验收,规划验收不合格则说明项目建设违反了规划要求,就算项目验收的质量再好也不得竣工验收备案,需整改到符合规划要求方为规划验收合格,在项目验收合格后才可办理竣工验收备案。规划验收过程中需要的资料如表10-3所示。

规划验收相关资料　　　　　　　　　表10-3

验收名称	资料名称	需要准备的资料
规划验收	竣工测量资料	《建设用地规划许可证》及附图(复印件1份);《建设工程规划许可证》及附件(复印件1份);放线册(复印件1份);工程竣工图(原件3套);竣工图电子文件(1份)
	电子报批文件、技术初步审查检测资料	《XXX市建设工程规划验收测量记录册》;工程竣工图;竣工图电子文件(1份)
	规划局送案资料	建设工程规划验收业务立案申请表(原件1份);申请函(原件1份);授权委托书原件(原件1份);申请人身份证明复印件(复印件1份);代理人身份证明文件复印件(复印件1份);《建设工程规划许可证》、《建设用地批准书》及附图、附件复印件、《建设工程规划许可证》及附件复印件、同意调整的批复文件复印件(复印件1份);《电子报批审核办结通知书》(原件1份);竣工图电子文件(1份)

2. 环保验收

根据国家环境保护局令第14号《建设项目环境保护设施竣工验收管理规定》第六条,建设项目在正式投入生产或使用之前,建设单位必须向国务院环境保护行政主管部门提出环境保护设施竣工验收申请。环保验收过程中需要的资料见表10-4(以下为示例,具体以项目所在地环境保护行政主管部门要求为准)。

3. 消防验收

消防验收是指消防部门对企事业单位竣工运营时进行消防检测的合格调查。房地产企业进行消防验收时需要消防局进行安全检测排查,同时需要出具电气消防检查合格证明文件。电气消防检测已被国家公安部列为消防验收强制检查的项目,在验收过程中需要的资料如表10-5所示。

环保验收相关资料 表10-4

验收名称	资料名称	需要准备的资料
环保验收	排污口规范化登记资料	排污口规范化登记表（原件2份）；排污口标志分布图（原件2份）；排污口标志牌现场照片（原件2份）
	验收监测提交资料	加盖建设单位公章的书面委托书（原件1份）及办理业务人员代理授权书（原件1份）；网上审批资料上传委托书（原件1份）；《委托任务承接表》（原件2份）；环评报告书/表（复印件1份）；环境主管部门关于环评报告书/表的批复文件（复印件2份）；排污口规范化登记回执（复印件2份）及排污口标志分布图（复印件2份）；加盖建设单位公章的《环保设施情况登记表》（"三同时"）（原件1份）；建设单位提供施工期环境保护措施落实情况及证明材料并加盖相关单位公章（原件1份）；加盖建设单位公章的《建设项目竣工验收基本信息表》（原件1份）；废污水排放如采用纳管方式，需要提供纳管证明（排水证等）或委托污水处理厂处理的协议书或水务部门同意污水接驳的批复意见（复印件2份）；建设项目基本情况介绍：含建设项目报批、验收、变更等历史情况介绍、产品名称、设计规模、设计日产量、近期实际日产量、项目环境管理措施、环保设施清单、环保机构设置及规章制度等（原件1份）；工程设计和施工中的变更（或环评批复中已经发生变更项目）需提供相应的报批手续和批文（复印件2份）
	环保局送案资料	建设单位报批建设项目竣工环境保护验收的申请书（原件1份）；建设项目竣工环境保护验收申请或建设项目竣工环境保护验收登记卡（原件2份）；环评报告书、环评报告表的提交验收申请；环评登记表的提交验收登记卡；建设项目竣工环境保护验收监测报告（表）（1份）及环境保护验收调查报告或表（以生态恢复为主的项目）；建设项目竣工环境保护"三同时"验收登记表（1份）；竣工图（2份）；建设项目环境影响评价文件和批复意见（1份）；污染治理设施管理岗位责任制度和维修保养制（1份）；项目主体工程及环保设施现场照片（1份）；委托申请的应提交由申请人签字或盖章的委托书（一式2份）；其他部门意见：项目建设地点在市政集水范围内，必须提供水务部门出具的排水证明（如城市排水许可证）（1份）；排污口规范化回执及已挂"排污口"标志牌的现场照片（A4纸打印）（1份）

消防验收相关资料 表10-5

验收名称	资料名称	需要准备的资料
消防验收	消防局送案资料	建设单位出具的申请函、法人代表证明；申办人的法人授权委托书及有效身份证明；《建筑工程消防验收申报表》；历次有关该工程公安消防机构的审核意见、会审及专家论证意见的复印件（建筑内部装修工程验收提供所在建筑物的建筑工程消防验收合格意见书，1998年前存在且无消防报建手续的建筑物需提供有效证明文件）；土建、消防、装修设计施工单位的资质；高层公共建筑及超高层建筑工程消防验收提供的消防设施检测报告；钢结构防火喷涂施工记录；消防产品及防火材料的供货证明以及市场准入相关资料（消防产品证明文件分类）；装修材料的见证检验（注：二次装修，如只需调整喷头、报警探头，无需增消防产品时，不需提供产品的供货证明以及市场准入资料，但需提供消防设施开通报告）；完整的工程竣工图（高层民用建筑、地下建筑应提供建筑平面的光盘），包括：建筑图纸（总平面图、楼层平面图、能反映建筑高度的立面和剖面图）、装修图纸（楼层装修平面布置图、顶棚图、能反映地面及墙面装修材料的图纸，部分装修时应提供所在楼层的平面图）、消防系统图（报警系统、喷淋系统、消火栓系统、气体灭火系统、其他消防系统图）、消防平面布置图

4．人防验收

人防工程在竣工后投入使用前，应按照相应规定要求正确张贴人防工程标志牌，由建设单位组织参建各方在自验自评合格的基础上进行竣工验收，并由人防质监站派员监督验收的形式，验收需要的相关资料如表10-6所示。

人防验收相关资料　　　　　　　　　　　　　表10-6

验收名称	资料名称	需要准备的资料
人防验收	民防办送案资料	人防工程验收纪要；《人防工程专项竣工验收备案表》《建设单位授权委托证明书》《人防工程专项竣工验收备案申请表》《建筑工程施工许可证》《防空地下室建设意见书》《防空地下室专项审查意见书》；人防工程竣工图纸资料；人防工程平战转换预案；施工单位签署的工程质量保修书；防护设备安装单位签署的设备安装质量保修书；人防工程质量控制资料核查记录；人防工程设计质量检查报告；人防工程验收记录

5. 卫生验收

竣工验收后需要对项目进行卫生验收，验收过程中需要的相关资料如表10-7所示。

卫生验收相关资料　　　　　　　　　　　　　表10-7

验收名称	资料名称	需要准备的资料
卫生验收	室内空气质量检测资料	室内空气质量：苯、甲苯、二甲苯、甲醛、TVOC、一氧化碳、二氧化碳、细菌总数；生活水质检测（二次供水水质检测）：色度、浊度、细菌总数、余氯、pH值等；微小气候：温度、相对湿度、空气流速、新风量计算；照度：人工照度、采亮度；职业病危害控制效果评价报告
	验收送案资料	建设项目卫生学竣工验收评价申请函；建设项目卫生学竣工验收评价申请表；建设项目卫生学预评价报告或卫生审核意见；建筑竣工图、给水排水图；室内空气质量检测报告；集中空调通风系统卫生学评价（集中空调通风系统检测）报告及施工图；二次供水水质检测及评价报告

6. 节能验收

节能验收过程中需要的备案资料如表10-8所示。

节能验收备案资料　　　　　　　　　　　　　表10-8

验收名称	资料名称	需要准备的资料
节能验收备案	节能办送案资料	XX市民用建筑节能工程施工质量验收备案登记表
	建筑节能分部工程施工质量验收报告	建筑节能分部工程施工质量验收报告；备案建筑在小区中的平面位置示意简图（可用"建设工程批后公示图"代替）；建筑节能设计说明专篇和备案表（复印件）；经监理（建设）单位批准的《建筑节能施工组织设计（方案）报审表》；建筑节能分部工程质量验收记录（包括围护结构和设备安装部分）；质量监督部门出具的《建筑节能分部工程质量验收登记表》（包括围护结构和设备安装部分）；依据《广东省建筑节能工程施工质量验收规范》DBJ 15—65—2009附录A"建筑节能工程进场材料和设备的复验项目"要求，每个备案项目提供应检节能材料（设备）的检测报告一份；依据《广东省建筑节能工程施工质量验收规范》DBJ 15—65—2009附录B"建筑节能工程现场检测项目"要求，提供现场检测报告

7. 防雷验收

《防雷减灾管理办法》第十八条规定："出具检测报告的防雷装置检测机构，应当对隐蔽工程进行逐项检测，并对检测结果负责。检测报告作为竣工验收的技术依据。"防雷验收过程中需要的相关资料如表10-9所示。

防雷验收相关资料　　　　　　　　　　　　　　　表10-9

验收名称	资料名称	需要准备的资料
防雷验收	防雷检测资料	变更防雷施工单位的报告；防雷装置竣工检测信息表；防雷竣工图纸
	防雷办送案资料	变更防雷施工单位的报告；《防雷装置竣工验收申请书》《防雷装置设计核准书》；防雷工程施工单位资质证和施工技术人员资格证书；防雷检测机构出具的防雷装置检测报告书；防雷竣工图纸等技术资料；防雷产品出厂合格证、安装记录和符合国务院气象主管机构规定使用要求的证明文件；现场验收查阅材料；《新建建筑物防雷装置检测手册》；现场验收查阅材料：防雷施工合同复印件；现场验收查阅材料：防雷装置隐蔽工程记录

8. 安监验收

为了确保检验质量，必须严格执行验收制度，开展全面质量治理。在安监验收过程中需要的相关资料如表10-10所示。

安监验收相关资料　　　　　　　　　　　　　　　表10-10

验收名称	资料名称	需要准备的资料
安监验收	安监站送案（办理单位工程施工安全评价书）资料	《施工许可证》复印件《安全管理目标表》《工程项目部管理人员名册表》《施工过程安全检查评分表》《施工用电检查验收表》《外脚手架（排栅）分段验收表》《模板工程安全检查验收表》《中小型机具检查验收表》；塔吊、施工电梯、钢井架、附着式升降脚手架检测合格证及备案牌；安全网检测合格证及产品销售单；《工伤事故登记表》；安全文明施工的荣誉证书

9. 质量验收

由建设单位组织勘察、设计、施工、监理单位和其他有关各方的专家组成验收组进行工程验收，监督站对工程质量验收的组织形式、验收程序、执行验收标准等情况实施现场监督。质量验收过程中需要的相关资料如表10-11所示。

质量验收相关资料　　　　　　　　　　　　　　　表10-11

验收名称	资料名称	需要准备的资料
质量验收	现场验收资料	《工程质量验收申请表》；工程质量评估报告；工程勘察、设计文件质量检查报告；经质量监督机构抽查的完整的质量控制和工程管理资料；建设单位已按合同约定支付工程款的证明；施工单位签署的《工程质量保修书》；电梯的准许使用文件；市政基础设施有关质量检测和功能性试验资料；单位工程施工安全评价书

10.4 房地产开发项目经验总结与工程保修

10.4.1 项目经验总结

一个房地产开发项目完成，通过竣工验收后，施工单位要认真做好总结。就承包合同执行情况，工程技术、经济方面的经验、教训进行分析总结，以利于不断提高技术水平和管理水平。

工程项目经验总结的主要内容包括：

（1）工程技术经验总结。工程技术经验方面主要总结工程项目所采用的新技术、新材料、新工艺等方面的情况，以及为保证施工项目质量和降低施工项目成本所采取的技术组织措施情况。

（2）工程经济经验总结。工程经济经验总结是指通过计算工程项目各项经济指标，与同类工程进行比较，从而总结其经验教训。此项经验总结的内容主要包括：工程项目承包合同履行情况、工程报价、成本降低率、全员劳动生产率、设备完好率和利用率以及工程质量和施工安全状况。

（3）管理经验总结。管理经验方面主要总结工程项目在管理方面所采取的措施和不足。其中包括项目的目标管理、施工管理、内业管理等方面，为今后工程项目的实施总结经验。

总结应该实事求是，简明扼要，用数据、事实说话，力求系统地、概括地全面总结出本工程项目实施过程中较有价值的成功经验和失败的教训，以利于在后续工程项目中加以借鉴。

10.4.2 工程保修

1. 保修期限

（1）一般工业和民用建筑、公共建筑和构筑物的土建工程，保修期为1年。

（2）室内照明、电气、上下水管道安装工程，保修期为6个月。

（3）室内供热和供冷系统保修期为一个采暖期或供冷期。

（4）室外上下水管道和小区道路，保修期为1年。

（5）工业建筑设备、电气、仪表、工艺管线等，无明确规定的，一般保修期可定为3~6个月。

2. 保修范围

在项目施工完毕经竣工验收后，项目施工单位应向建设单位送交《建筑安装工程保修证书》。保修证书中应列明：工程简况、使用注意事项、保修范围、保修时间、保修说明，并附有工程保修情况记录栏。

在工程保修期内，如项目运行中发生质量问题影响项目正常运转时，用户可及时向有关保修部门说明情况，要求其派人进行检修。有关保修部门得到用户的检修请求后，须尽快派人前往，会同用户和监理工程师共同对发生的质量问题做出鉴别，拟定修理方案，并组织人力、物力进行修理。

当检修完毕排除故障项目进入正常运行后，保修人员须在保修证书的"保修情况记录栏"内填好检修记录，并经用户和监理工程师验收签证。

3．保修费用

房地产开发项目施工完毕动用验收时，虽经过各方面的严格检查，但仍可能存在如屋面漏雨、建筑物基础出现不均匀沉降、采暖系统供热不佳等质量问题或其他质量隐患。这些质量问题或隐患会在项目投入运行后在运行过程中逐渐暴露出来。为了确保房地产开发项目处于良好的运行状态，建设监理工程师应注意督促有关单位及时做好工程保修工作，同时做好工程保修期间的投资控制工作，要求监理工程师根据具体的工程质量问题，明确其责任与具体的返修内容，并与应返修单位协调质量问题的处理办法及有关费用的支付责任。常见的质量责任单位及处理方法为：

（1）因设计原因造成的工程质量问题，应由原设计单位承担责任，并由其修改设计方案，所需费用自己负责。建设单位委托施工单位对工程进行施工处理，所需施工费用由原设计单位负责。监理工程师还应认真确定由此给建设单位造成的生产经营上的经济损失，向原设计单位提出索赔，以便得到补偿。

（2）因施工安装原因造成的工程质量问题，则应由施工安装单位承担责任。由施工安装单位进行保修，费用由施工安装单位自己负责。监理工程师确定由此给建设单位造成的经济损失，向施工安装单位提出索赔。

（3）因设备质量原因造成的问题，则应由设备供应单位承担责任。由设备供应单位进行保修，其费用由设备供应单位自己负责。监理工程师确定因此给建设单位造成的经济损失，向设备供应单位提出索赔。

（4）因用户使用不当而造成的问题，应由用户承担责任。由用户与施工单位协商进行修理，费用由用户负责支付。

10.4.3 项目回访

房地产开发项目在竣工验收交付使用后，按照合同和有关规定，在一定的期限即回访保修期内，应由项目经理部组织原项目人员主动对交付使用的竣工工程进行回访，听取用户对工程的质量意见，填写质量回访表，报有关技术与生产部门备案处理。

1．回访形式

回访一般采用三种形式：

（1）季节性回访。大多是雨期回访屋面、墙面的防水情况，冬期回访采暖系统的情况，发现问题，采取有效措施、及时解决问题。

（2）技术性回访。主要是了解在工程施工过程中所采用的新材料、新技术、新工艺、新设备等的技术性能和使用后的效果，发现问题及时加以补救和解决。同时也便于总结经验，获取科学依据，为改进、完善和推广创造条件。

（3）保修期满前的回访。在保修期内，属于施工单位施工过程中造成的质量问题，要负责维修，不留隐患。一般施工项目竣工后，承包单位的工程款保留5%左右作为保修金，按照合同在保修期满后退还承包单位。

2．回访内容

在执行回访和保修制度的时候，施工单位应定期向用户进行回访。一般在保修期内每个项目至少要回访一次，若保修期为一年，可半年左右回访一次，到一年时进行第二次回访。回访的内容包括：

（1）项目回访卡，如表10-12所示。

项目回访卡　　　　　　　　　　　表10-12

用户		接待人	
回访单位		回访人	
工程名称		回访时间	
用户意见			
处理意见			
处理结果	施工方面		
	用户方面		

（2）听取用户意见。施工单位应针对不同的回访形式，有目的地询问用户的使用情况，并耐心地倾听他们的意见与建议。将这些记录在案后整理归档，再采取相应的措施。

（3）查询和察看现场由施工原因造成的问题。

（4）分析问题产生的原因。

（5）商讨施工项目返修事宜。

施工单位在接到用户来访、来信的质量投诉后应立即组织力量维修，发现影响安全的质量问题应组织有关人员进行分析、制定措施，作为进一步改进和提高质量的依据。同时，对所有的回访和保修都必须予以记录，并提交书面报告，作为技术资料归档。项目经理还应不定期地听取用户对工程质量的意见。对于某些质量纠纷或问题应尽量协商解决，若无法达成统一意见，则由有关仲裁部门负责仲裁。

复习思考题

1. 简述房地产开发项目竣工验收的依据。
2. 简述房地产开发项目竣工验收的前提条件。
3. 简述房地产开发项目竣工验收备案准备资料。
4. 简述房地产开发项目竣工验收资料构成。

参 考 文 献

[1] 刘亚臣. 房地产经营管理（第六版）[M]. 大连：大连理工大学出版社，2012.

[2] 刘宁. 房地产投资分析（第二版）[M]. 大连：大连理工大学出版社，2016.

[3] 中国房地产估价师与房地产经纪人学会. 全国房地产估价师执业资格考试用书——房地产开发经营与管理[M]. 北京：中国建筑工业出版社，2019.

[4] 国家发展与改革委员会. 建设项目经济评价方法与参数（第三版）[M]. 北京：中国计划出版社，2006.

[5] 全国一级建造师执业资格考试用书编写委员会. 建设工程经济（第四版）[M]. 北京：中国建筑工业出版社，2021.

[6] 全国造价工程师执业资格考试培训教材编审委员会. 建设工程造价管理[M]. 北京：中国计划出版社，2020.

[7] 全国注册咨询工程师（投资）资格考试教材编写委员会. 项目决策分析与评价[M]. 北京：中国计划出版社，2019.